STUDY ON CONTEMPORARY OVERSEAS MARXIST PHILOSOPHY

当代国外
马克思主义哲学研究丛书
张一兵　主编

国家出版基金项目

南京大学
建设世界一流大学一流学科工程项目

Community, Capitalist Society
and Civil Society
A Study on Hirata Kiyoaki's Civil Society Theory

共同体、资本家社会与市民社会

平田清明的市民社会理论研究

丁瑞媛　著

北京师范大学出版集团
BEIJING NORMAL UNIVERSITY PUBLISHING GROUP
北京师范大学出版社

总　序

今天中国的改革开放创造了一个前所未有的华夏讲文明的时代，中国人文社会科学学术研究领域中那种单向的"去西方取经"一边倒的情形，已经转换为世界各国的科学家和思想家纷纷来到中国这块火热的大地上，了解这里发生的一切，与中国的学者进行面对面的交流。在作为中国马克思主义哲学研究重镇的南京大学，德里达来了，齐泽克[①]

[①]　斯拉沃热·齐泽克(Slavoj Žižek，1949—　)：当代斯洛文尼亚著名思想家，欧洲后马克思思潮主要代表人物之一。1949年3月21日生于斯洛文尼亚的卢布尔雅那市，当时，该市还是南斯拉夫西北部的一个城市。1971年在卢布尔雅那大学文学院哲学系获文科(哲学和社会学)学士，1975年在该系获文科(哲学)硕士，1981年在该系获文科(哲学)博士。1985年在巴黎第八大学获文科(精神分析学)博士。从1979年起，在卢布尔雅那大学社会学和哲学研究所任研究员(该所从1992年开始更名为卢布尔雅那大学社会科学院社会科学研究所)。主要著作：《意识形态的崇高对象——悖论与颠覆》(1989)、《斜视》(1991)、《延迟的否定——康德、黑格尔与意识形态批判》(1993)、《快感大转移——妇女和因果性六论》(1994)、《难缠的主体——政治本体论的缺席中心》(1999)、《易碎的绝对——基督教遗产为何值得奋斗?》(2000)、《视差之见》(2006)、《捍卫失败的事业》(2008)、《比无更少》(2012)等。

来了，德里克①来了，凯文·安德森②来了，凯尔纳③来了，阿格里塔④

来了，巴加图利亚⑤来了，郑文吉⑥来了，望月清司⑦来了，奈格里⑧

①　阿里夫·德里克(Arif Dirlik, 1940—2017)：土耳其裔历史学者，美国著名左派学者，美国杜克大学、俄勒冈大学教授。代表作：《革命与历史——中国马克思主义历史学的起源，1919—1937》(1978)、《中国革命中的无政府主义》(2006)、《后革命时代的中国》(2015)等。

②　凯文·安德森(Kevin B. Anderson, 1948—)：美国当代西方列宁学家，社会学家，加利福尼亚大学圣塔芭芭拉分校教授。代表作：《列宁、黑格尔和西方马克思主义：一种批判性研究》(1995)等。

③　道格拉斯·凯尔纳(Douglas Kellner, 1943—)：马克思主义批判理论家，美国加利福尼亚大学洛杉矶分校教授，乔治·奈勒教育哲学讲座教授。代表作：《后现代转折》(1997)、《后现代理论——批判性的质疑》(1991)、《媒体奇观：当代美国社会文化透视》(2001)等。

④　米歇尔·阿格里塔(Michel Aglietta, 1938—)：法国调节学派理论家，法国巴黎第五大学国际经济学教授，法国巴黎大学荣誉教授。代表作：《调节与资本主义危机》(1976)等。

⑤　巴加图利亚(G. A. Bagaturija, 1929—)：俄罗斯著名马克思主义文献学家和哲学家。

⑥　郑文吉(Chung, Moon-Gil, 1941—2017)：当代韩国著名马克思学家。1941年11月20日出生于韩国庆尚北道大邱市；1960—1964年就读于大邱大学(现岭南大学)政治系，1964—1970年为首尔大学政治学研究生，获博士学位；1971年起，任教于高丽大学，1975年任副教授，1978年任教授；2007年，从高丽大学的教职上退休。1998—2000年间，郑文吉任高丽大学政治科学与经济学院院长。代表作：《异化理论研究》(1978)、《青年黑格尔派与马克思》(1987)、《马克思的早期论著及思想生成》(1994)、《韩国的马克思学视域》(2004)等。

⑦　望月清司(Mochizuki Seiji, 1929—)：日本当代新马克思主义思想家。1929年生于日本东京，1951年就读于日本专修大学商学部经济学科，1956年就任该大学商学部助手，1969年晋升为该大学经济学部教授。1975年获得专修大学经济学博士，并从1989年开始连任专修大学校长9年，直至退休为止。代表作：《马克思历史理论的研究》(1973)等。

⑧　安东尼·奈格里(Antonio Negri, 1933—)：意大利当代著名马克思主义哲学家。1956年毕业于帕多瓦大学哲学系，获得哲学学士学位。同年加入意大利工人社会党。20世纪60年代曾参与组织意大利工人"自治运动"(Autonomia Operaia)。1967年获得教授资格。1978年春季，他应阿尔都塞的邀请在巴黎高师举办了一系列关于马克思《政治经济学批判大纲》的讲座，其书稿于1979年分别在法国和意大利出版，即《〈大纲〉：超越马克思的马克思》。1979年，奈格里因受到红色旅杀害时任意大利总理阿尔多·莫罗事件的牵连而被捕。释放后流亡法国14年，在法国文森大学(巴黎第八大学)和国际哲学学院任教。1997年，在刑期从30年缩短到13年后，奈格里回到意大利服刑。在狱中奈格里出版了一批有影响的著作。1994年，奈格里与哈特合作出版了《酒神：国家形式的批判》。之后，二人又相继合作出版了批判资本主义全球化的三部曲：《帝国》(2000)、《诸众》(2004)、《大同世界》(2011)等。

和普舒同①来了，斯蒂格勒②和大卫·哈维③这些当代的哲学大师都多次来到南京大学，为老师和学生开设课程，就共同关心的学术前沿问题与我们开展系列研讨与合作。曾几何时，由于历史性和地理性的时空相隔，语言系统迥异，不同文化和不同的政治话语语境，我们对国外马克思主义哲学的研究，只能从多重时空和多次语言转换之后的汉译文本，生发出抽象的理论省思。现在，这一切都在改变。我们已经获得足够完整的第一手文献，也培养了一批批熟练掌握不同语种的年轻学者，并且，我们已经可以直接与今天仍然在现实布尔乔亚世界中执着抗争的欧美亚等左派学者面对

① 穆伊什·普舒同（Moishe Postone，1942—2018），当代加拿大马克思主义历史学家、哲学家和政治经济学家。1983年获德国法兰克福大学博士学位，代表作《时间、劳动和社会支配：对马克思批判理论的再解释》在国际马克思主义学界产生了很大影响。普舒同教授曾于2012年和2017年两次访问南京大学马克思主义社会理论研究中心，为师生作精彩的学术演讲，并与中心学者和学生进行深入的研讨与交流。

② 贝尔纳·斯蒂格勒（Bernard Stiegler，1952— ）：当代法国哲学家，解构理论大师德里达的得意门生。早年曾因持械行劫而入狱，后来在狱中自学哲学，并得到德里达的赏识。1992年在德里达的指导下于社会科学高级研究院获博士学位（博士论文：《技术与时间》）。于2006年开始担任法国蓬皮杜中心文化发展部主任。代表作：《技术与时间》（三卷，1994—2001）、《象征的贫困》（二卷，2004—2005）、《怀疑和失信》（三卷，2004—2006）、《构成欧洲》（二卷，2005）、《新政治经济学批判》（2009）等。

③ 大卫·哈维（David Harvey，1935— ）：当代美国著名马克思主义思想家。1935年出生于英国肯特郡，1957年获剑桥大学地理系文学学士，1961年以《论肯特郡1800—1900年农业和乡村的变迁》一文获该校哲学博士学位。随后即赴瑞典乌普萨拉大学访问进修一年，回国后任布里斯托大学地理系讲师。1969年后移居美国，任约翰·霍普金斯大学地理学与环境工程系教授，1994—1995年曾回到英国在牛津大学任教。2001年起，任教于纽约市立大学研究生中心和伦敦经济学院。哈维是当今世界最重要的马克思主义思想家，提出地理—历史唯物主义，是空间理论的代表人物。其主要著作有《地理学中的解释》（1969）、《资本的界限》（1982）、《后现代的状况——对文化变迁之缘起的探究》（1989）、《正义、自然与差异地理学》（1996）、《希望的空间》（2000）、《新自由主义简史》（2005）、《跟大卫·哈维读〈资本论〉》（第一卷，2010；第二卷，2013）、《资本社会的17个矛盾》（2014）、《世界之道》（2016）等。

面地讨论、合作与研究，情况确实与以前大不相同了。

2017 年 5 月，我们在南京召开了"第四届当代资本主义研究暨纪念《资本论》出版 150 周年国际学术研讨会"和"《政治经济学批判大纲》专题讨论会"。在这两个会议上，我们与来到南京大学的国外马克思主义哲学研究者们，不仅共同讨论基于原文的马克思《1857—1858 年经济学手稿》中的"机器论片断"，也一同进一步思考当代数字资本主义社会出现的所谓自动化生产与"非物质劳动"问题。真是今非昔比，这一切变化都应该归因于正在崛起的伟大的社会主义中国。

2001 年，哲学大师德里达在南京大学的讲坛上讨论解构理论与当代资本主义批判之间的关系，他申辩自己不是打碎一切的"后现代主义者"，而只是通过消解各种固守逻辑等级结构的中心论，为世界范围内的文化、性别平等创造一种新的思维方式。如今，这位左派大师已经驾鹤西去，但他的批判性思想的锐利锋芒，尤其是谦逊宽宏的学术胸怀令人永远难忘。

2003 年以来，我们跟日本学界合办的"广松涉与马克思主义哲学国际学术研讨会"已经举行了六届，从南京到东京，多次与广松涉①夫人及

---

① 广松涉(Hiromatsu Wataru，1933—1994)：当代日本著名的新马克思主义哲学家和思想大师。广松涉 1933 年 8 月 11 日生于日本的福冈柳川。1954 年，广松涉考入东京大学，1959 年，在东京大学哲学系毕业。1964 年，广松涉在东京大学哲学系继续博士课程的学习。1965 年以后，广松涉先后任名古屋工业大学讲师(德文)、副教授(哲学和思想史)，1966 年，他又出任名古屋大学文化学院讲师和副教授(哲学与伦理学)。1976 年以后，广松涉出任东京大学副教授、教授直至 1994 年退休。同年 5 月，任东京大学名誉教授。同月，广松涉因患癌症去世。代表作：《唯物史观的原像》(1971)、《世界的交互主体性的结构》(1972)、《文献学语境中的〈德意志意识形态〉》(1974)、《资本论的哲学》(1974)、《物象化论的构图》(1983)、《存在与意义》(全二卷，1982—1983)等。

学生们深入交流，每每谈及广松先生从 20 世纪 60 年代就开始直接投入左翼学生运动狂潮的激情，尤其是每当聊到广松先生对马克思主义哲学的痴迷和以民族文化为根基，以马克思主义哲学为中轴，创立独具东方特色的"广松哲学"的艰辛历程时，广松夫人总是热泪盈眶、情不能已。

2005 年，卡弗①访问了南京大学马克思主义社会理论研究中心，每当谈起马克思恩格斯的《德意志意识形态》等经典哲学文本时，这位严谨的欧洲人认真得近乎固执的治学态度和恭敬于学术的痴迷神情总是会深深打动在场的所有人。2018 年，卡弗再一次来到南京大学时，已经带来了我们共同关心的《德意志意识形态》手稿版和政治传播史的新书。2006 年，雅索普②在我们共同主办的"当代资本主义国际研讨会"上受邀致闭幕词，其间他自豪地展示了特意早起拍摄的一组清晨的照片，并辅以激情洋溢的抒怀，他对中国社会和中国文化的欣赏与热情展露无遗，令与会者尽皆动容。

令我记忆深刻的还有 2007 年造访南京大学的哲学家齐泽克。在我

---

①　特雷尔·卡弗(Terrell Carver，1946—　)：英国布里斯托大学政治学系教授，当代著名西方马克思学学者。1974 年在牛津大学贝列尔学院获得政治学博士学位，1995 年 8 月至今任英国布里斯托大学政治学系教授。代表作：《卡尔·马克思：文本与方法》(1975)、《马克思的社会理论》(1982)、《弗里德里希·恩格斯：他的生活及思想》(1989)、《后现代的马克思》(1998)、《政治理论中的人》(2004)、《〈德意志意识形态〉手稿》(2016)等。

②　鲍勃·雅索普(Bob Jessop，1946—　)：当代重要的西方马克思主义理论家。毕业于英国兰卡斯特大学，从事社会学研究并获得学士学位。在英国剑桥大学获得博士学位后，任剑桥大学唐宁学院的社会与政治科学研究员。1975 年他来到艾塞克斯大学政府学院，开始教授国家理论、政治经济学、政治社会学和历史社会学，现为英国兰卡斯特大学社会学教授。代表作：《国家理论：让资本主义国家归位》(1990)、《国家的过去、现在与未来》(2016)等。

与他的对话中，齐泽克与我提到资本主义全球化中的那一双"童真之眼"，他说，我们应该为芸芸众生打开一个视界，让人们看到资本的逻辑令我们看不到的东西。在他看来，这，就是来自马克思主义批判的质性追问。也是在这一年，德里克访问南京大学，作为当代中国现代史研究的左翼大家，他在学术报告中提出后革命时代中马克思主义的不可或缺的意义。不久之后，在我的《回到马克思》英文版的匿名评审中，德里克给予了此书极高的学术评价，而这一切他从来都没有提及。

2008年，苏联马克思主义研究院的那位编译专家巴加图利亚，为我们带来了自己多年以前写作的关于《德意志意识形态》的哲学博士论文和俄文文献。也是这一年，韩国著名马克思文献学学者郑文吉应邀来南京大学访问，他在为南京大学学生作的报告中告诉我们，他的学术研究生涯是"孤独的30年"，但是，在他退休之后，他的研究成果却在中国这样一个伟大的国家得到承认，他觉得过去艰难而孤独的一切都是值得的。2011年，日本新马克思主义思想家望月清司访问南京大学，他将这里作为40年前的一个约定的实现地，此约定即谁要是能查到马克思在《资本论》中唯一一次使用的"资本主义"（Kapitalismus）一词，就请谁喝啤酒。已经初步建成《马克思恩格斯全集》电子化全文数据库的我们都喝到了他的啤酒。

最令我感动的是年过八旬的奈格里，他是怀中放着心脏病的急救药，来参加我们2017年"第四届当代资本主义研究暨纪念《资本论》出版150周年国际学术研讨会"的，曾经坐过十几年资产阶级政府大牢的他，一讲起意大利"1977运动"的现场，就像一个小伙子那样充满激情。同样是参加这次会议的八旬老翁普舒同，当看到他一生研究的马克思《资本论》手稿的高清扫描件时，激动得眼泪都要流出来了。不幸的是，普舒同教授离开中国不久就因病离世，在南京大学的会议发言和访谈竟然成了他留给世界最后的学术声音。

2015—2018 年，斯蒂格勒四次访问南京大学，他连续三年为我们的老师和学生开设了三门不同的课程，我先后与他进行了四次学术对话，也正是与他的直接相遇和学术叠境，导引出一本我关于《技术与时间》的研究性论著。[①] 2016—2018 年，哈维三次来到南京大学，他和斯蒂格勒都签约成为刚刚成立的南京大学国际马克思主义研究院的兼职教授，他不仅为学生开设了不同的课程，而且每一次都带来了自己的最新研究成果。我与他的哲学学术对话经常会持续整整一天，当我问他是否可以休息一下时，他总是笑着说："我到这里来，不是为了休息的。"哪怕在吃饭的时候，他还会问我："马克思的异化概念到底是什么时候形成的？"

对我来说，这些当代国外马克思主义哲学家和左派学者真的让人肃然起敬。他们的旨趣和追求是真与当年马克思、恩格斯的理想一脉相承的，在当前这个物质已经极度富足丰裕的资本主义现实里，身处资本主义体制之中，他们依然坚执地秉持知识分子的高尚使命，在努力透视繁华世界中理直气壮的形式平等背后深藏的无处控诉的不公和血泪，依然理想化地高举着抗拒全球化资本统治逻辑的大旗，发出阵阵发自肺腑、激奋人心的激情呐喊。无法否认，相对于对手的庞大势

---

① 张一兵：《斯蒂格勒〈技术与时间〉构境论解读》，上海，上海人民出版社，2018。

力而言，他们显得实在弱小，然而正如传说中美丽的天堂鸟①一般，时时处处，他们总是那么不屈不挠。我为有这样一批革命的朋友感到自豪和骄傲。

其实，自 20 世纪 80 年代以来，中国马克思主义理论界接触、介绍和研究国外马克思主义哲学已经有 30 多个年头了。我们对国外马克思主义哲学家的态度和研究方法也都有了全面的理解。早期的贴标签式的为了批判而批判的研究方式早已经淡出了年轻一代的主流话语，并逐渐形成了以文本和思想专题为对象的各类更为科学的具体研究，正在形成一个遍及中国的较高的学术探讨和教学平台。研究的领域也由原来对欧美马克思主义哲学的关注，扩展到对全球马克思主义哲学研究的全景式研究。在研究的思考逻辑上，国内研究由原来零星的个人、流派的引介和复述，深入到对国外马克思主义哲学的整体理论逻辑的把握，并正在形成一批高质量的研究成果。各种国外马克思主义论坛和学术研讨活动，已经成为广受青年学者关注和积极参与的重要载体和展示平台，正在产生重要的学术影响。可以说，我们的国外马克思主义哲学学科建设取得了喜人的进展，从无到有，从引进到深入研究，走过的是一条脚踏实地的道路。

从这几十年的研究来看，国外马克思主义哲学研究对于我国的马克思主义学术理论建设，对于了解西方当代资本主义社会的变迁具有极为

---

① 传说中的天堂鸟有很多版本。辞书上能查到的天堂鸟是鸟，也是一种花。据统计，全世界共有 40 余种天堂鸟，在巴布亚新几内亚就有 30 多种。天堂鸟花是一种生有尖尖的利剑状叶片的美丽的花。但是我最喜欢的传说，还是作为极乐鸟的天堂鸟，在阿拉伯古代传说中是不死之鸟，相传每隔五六百年就会自焚成灰，在灰中获得重生。

重要的意义。首先，国内的马克思主义哲学研究由于长期受到苏联教条主义教科书的影响，在取得了重大历史成就的同时也存在着一些较为严重的缺陷，对这些理论缺陷的反思，在某种意义上是依托对国外马克思主义哲学的研究和比较而呈现出来的。因而，在很大的意义上，国外马克思主义哲学的研究推动了国内马克思主义研究在理论和方法上的变革。甚至可以说，国外马克思主义哲学研究和国内马克思主义哲学研究是互为比照，互相促进的。其次，我们对国外马克思主义哲学的研究同时也深化了对西方左翼理论的认识，并通过这种研究加深了我们对于当代资本主义现实的理解，进而也让我们获得了中国特色社会主义道路自信最重要的共时性参照。

当然，随着当代资本主义的发展，国外马克思主义哲学理论逻辑也发生了重大变化，比如，到 20 世纪 60 年代，以阿多诺的《否定的辩证法》和 1968 年"红色五月风暴"学生运动的失败为标志，在欧洲以学术为理论中轴的"西方马克思主义"在哲学理论逻辑和实践层面上都走到了终结，欧洲的马克思主义哲学研究出现了"后马克思"转向，并逐渐形成了"后马克思思潮"、"后现代马克思主义"、"晚期马克思主义"等哲学流派。这些流派或坚持马克思的立场和方法，或认为时代已经变了，马克思的理论和方法已经过时，或把马克思的理论方法在新的时代条件下加以运用和发展。总的来说，"后马克思"理论倾向呈现出一幅繁杂的景象。它们的理论渊源和理论方法各异，理论立场和态度也各异，进而对当代资本主义的认识和分析也相去甚远。还应该说明的是，自意大利"1977 运动"失败之后，意大利的马克思主义理论研究开始在欧洲学术界华丽亮相，出现了我们并没有很好关注的所谓"意大利激进思潮"①。在 20 世纪 60 年代曾经达到学术高峰的日本马克思主义哲学研究界，昔日的辉煌不再，青年一代的马克思追随者还在孕育之中；而久被压制的韩国马克思主义哲学研究，才刚刚进入它的成长初期；我们对印度、伊朗等第三世界国家的马克思主义哲学研究还处于关注不够、了解不深的状况之中。这些，都是我们在今后的国外马克思主义哲学研究中需要努力的方向。

本丛书是关于国外马克思主义哲学研究的专题性丛书，算是比较完整地收录了近年来我所领导的南京大学马克思主义哲学研究学术团队和学生们在这个领域中陆续完成的一批重要成果。其中，有少量原先已经出版过的重要论著的修订版，更多的是新近写作完成的前沿性成果。将这一丛书作为南京大学"双一流"建设工程的重要成果之一，献礼于马克思诞辰 200 周年，我深感荣幸。

张一兵

2018 年 5 月 5 日于南京大学

---

① 意大利激进理论的提出者主要是 20 世纪六七十年代意大利新左派运动中涌现出来的以工人自治活动为核心的"工人主义"和"自治主义"的一批左翼思想家。工人运动缘起于南部反抗福特主义流水线生产的工会运动，他们 1961 年创刊《红色笔记》，1964 年出版《工人阶级》，提出"拒绝工作"的战略口号。1969 年，他们组织"工人运动"，1975 年，新成立的"自治运动"取代前者，成为当时意大利学生、妇女和失业者反抗斗争的大型组织。1977 年，因一名自治主义学生在罗马被法西斯分子杀害，引发"1977 运动"的爆发。因为受红色旅的暗杀事件牵连，自治运动的主要领导人于 1979 年 4 月全部被政府逮捕入狱，运动进入低潮。这一运动的思想领袖，除去奈格里，还有马里奥·特洪迪 (Mario Tronti)、伦涅罗·潘兹尔瑞(Raniero Panzieri)、布罗那(Sergio Bologna)以及马西莫·卡西亚里(Massimo Cacciari)、维尔诺(Paolo Virno)、拉扎拉托(Maurizio Lazzarato)等。其中，维尔诺和拉扎拉托在理论研讨上有较多著述，这些应该也属于广义上的意大利激进理论。这一理论近期开始受到欧美学术界的广泛关注。

目　录

导　论

市民社会问题是马克思主义哲学科学唯物史观形成过程中的一条重要线索，是马克思主义资本主义批判理论的起点，也是西方政治学、经济学、社会学研究中的重要内容。自古希腊先哲亚里士多德谈及"市民社会"概念至今，市民社会理论在东、西方不同语境下经历了漫长的历史嬗变，"市民社会"概念的内涵与指称也随之不断变化。古典市民社会理论所指认的"市民社会"是一个文明、自由的理想社会，而随着近代文艺运动和启蒙时代的兴起，亚当·斯密等古典政治经济学家开始从近代意义上使用"市民社会"概念，为该概念注入了经济内容，"市民社会"的概念开始区别于自然状态，不再是共同体政治社会或者以社会契约论为核心的政治市民社会。黑格尔在《法哲学原理》

中明确指出，市民社会具有三层含义，将市民社会与政治国家相分离，市民社会不再是仅与野蛮或不安全的自然状态相对立的概念，而是一个对立于家庭、自然状态和国家、政治社会的特殊的伦理范畴。黑格尔的"国家高于市民社会"的架构颠覆了传统的市民社会观念，从伦理道德的层面上揭示了市民社会的经济本质，较为系统地、完整地提出了现代市民社会理论。青年马克思最先从黑格尔的《法哲学原理》中沿袭了"市民社会"（bürgerliche Gesellschaft）①的用法，并对此进行了理论改造。"市民社会"概念在马克思、恩格斯著作中具有不同的含义，不同时期、不同历史语境下，马克思对"市民社会"概念的界定也存在一定的差异，针对这一问题，国内、外学者曾专门进行研究和讨论，并取得了众多对于马克思主义政治和经济理论研究具有重大理论和现实意义的研究成果。进入 20 世纪之后，市民社会研究热潮不减，先后于 30 年代以葛兰西为代表、80 年代末以哈贝马斯等人为代表掀起了两股讨论热潮，研究者们对市民社会的分析视角，也在近代从主要以经济角度规定市民社会，转向从社会联系和文化的角度来规定市民社会，他们认为市民社会不仅仅指经济交往领域，还包括自治的民间社团及其活动所构成的公共领域。从不同学科领域来看，古典经济学从市场出发研究市民社会问题，现代法哲学从市民社会角度讨论政治学领域的"国家科学"问题，康德的《历史理性批判文集》在古典哲学中反思性地探讨市民社会问题，孔德、斯宾塞的社会学研究同样不乏市民社会的讨论，马克思的社会政治理论从市民社会的批判展开资本主义批判，如此种种，市民社会在各学科各

---

① 详解参见本书第一章第二节第（一）部分。

领域一直是一个重要的关键词，对市民社会的解析与批判无论是在历史上还是现今都具有重要的研究意义。

本书的研究对象是第二次世界大战以后日本马克思主义研究的代表人物平田清明及其市民社会理论，平田注重采用回归马克思原初语境的研究方法，主张马克思的历史理论首先是关于资本主义的历史认识，并关注到如"所有"、"交往"、"市民社会"等马克思创立唯物史观时极为重要却在当代马克思主义哲学体系中"缺失的范畴"，提出了针对当时日本现代化进程的具有独创性的市民社会理念。不仅平田从马克思原初语境中进行考察论证的方法在哲学方法论上具有重要意义，而且其对亚洲社会的独特性认识，也为研究中国市民社会问题的学者开辟了一条新的道路。20 世纪 80 年代后半期在遭遇了葛兰西的市民社会思想和当时在巴黎风潮正盛的调节学派之后，平田开始试图以葛兰西市民社会、国家论，以及调节理论为媒介，对现代市民社会进行分析，开始在另一层不同的意义上使用"市民社会"概念。平田清明具有独创性的市民社会理论的形成，离不开日本当时的历史、社会环境，其市民社会概念正是对现代日本进行批判性考察的论点之一，其市民社会理论是在批判性继承第二次世界大战前"讲座派"、高岛善哉、内田义彦的理论研究的基础之上完成的新超越。实际上，日本的市民社会理论研究在第二次世界大战前已经展开，日本作为东亚最早研究马克思主义的国家，是 20 世纪初期中国接受马克思主义的主要渠道之一，从 20 世纪 30 年代"讲座派"提出的日本"市民社会"的特殊性认识，到由高岛善哉引领的 40 年代前半期从亚当·斯密研究的角度来关注市民社会问题，再到第二次世界大战之后"近代主义"与"马克思主义"两大理论体系的市民社会理论，市民社会理论在日本得到了充分的发展。"讲座派"的大批学者，以及高岛善哉等亚当·斯密研究专家基于对日本资本主义社会现实的剖析，将之与欧洲意义上的"市民社会"相比较，得出日本"市民社会"的特殊性认识。尽管第二次世界大战前、期间日本学者对市民社会问题的研究受到种种历史和现实条件的制约，但正是这种对日本社会特殊性的审视和关切，为第二次世界大战后日本市民社会理论的展开提供了基础。第二次世界大战后日本市民社会理论主要分为两大理论体系，即以丸山真男、大塚久雄为代表的以批判日本封建性为主旨的"近代主义"市民社会理论，和以内田义彦、平田清明、望月清司为代表的针对日本"现代化"课题的马克思主义市民社会理论。日本学者面对资本主义发展和日本自身的特殊性，提出了诸多特色鲜明的市民社会理论，这是日本马克思主义发展中的一个重要环节。

第二次世界大战后日本马克思主义研究中有一支新的力量，即诞生于20世纪60年代的日本新马克思主义，在反对斯大林教义体系中形成了特定的马克思主义学术研究思潮，该流派的主要奠基人广松涉、平田清明、望月清司无一例外地关注到了市民社会问题，他们形成了一系列个性鲜明的理论成果，在日本马克思主义研究中具有特殊意义，对于当下正在转型的中国社会发展具有重要的理论与现实意义，成为我国马克思主义哲学研究的一个新关注点。日本"新马克思主义"的概念是由南京大学张一兵先生提出的新学术范畴，用以指称第二次世界大战后日本出现的具有特殊意义的马克思主义研究流派。他们既不同于从根本上追随苏联的日本共产党正统理论家的"教条主义"，也不同于西方"人本学"的马克思主义，主张在当代学术思潮的对话中坚持和发展马克思主义哲学，针对马克思不同时期的文本进行集中讨论和重新建构。随着众多译著的出版，国内学界开始关注这一流派，对其中的代表学者展开研究与学术讨论，取得了一批学术研究成果。纵观国内、外学界相关研究成果我们可以发现，对日本新马克思主义中的市民社会理论的研究，国内、外学界反映出不同的理论兴趣点，如广松涉的物象化范式，平田清明、望月清司的市民社会理论，近几年引起了学术界的关注。国内外学者对他们的研究取得了不同程度的、有价值的研究成果，但是仍存在一定的缺憾，亟须深化与拓展。譬如，国内学者侧重于译介层面，系统化、理论化的研究有待强化，对日本新马克思主义市民社会理论的译介还不够系统，导致对相关理论的纵向与横向的比较研究困难重重，致使无法把握该学派的总体特征，其为中国社会带来的理论与实践效应的研究更是鲜有论及；国外学者对日本新马克思主义代表人物的市民社会理论研究，从宏观上的把握居多，大多针对日本的现代化进程进行批判性讨论，但研究过于零散，无法把哲学、经济学和政治理论有机地勾连起来，对日本新马克思主义与国内外学者理论的比较仍有较大的研究空间。

本书选择日本新马克思主义奠基人之一的平田清明作为研究对象，一方面，试图通过对平田独创性的市民社会理论的考察来回归马克思原初语境。日本新马克思主义在研究中注重对马克思不同时期的文本进行深层解读，还原其中的"异化"、"交往"、"分工"、"共同体"、"所有"、"物象化"等核心概念，将先前马克思主义研究中被忽视的市民社会论重新复位于马克思主义。这种从马克思原初语境考察论证的方法，在哲学方法论上具有重要意义，值得我们借鉴吸收。另一方面，日本新马克思主义研究中的市民社会理论，为国内学界的市民社会理论研究提供了崭新的理论视角，在当代中国语境下将发挥其巨大效应。诸如，物象化范式的广松涉哲学构境、平田清明的"社会主义体制下的市民社会"设想、望月清司对"市民社会"的三重规定等观点，对于当下正在转型的中国社会发展具有重要的启示意义。在研究中我们会发现，日本新马克思主义学派中代表学者的市民社会理论具有一定的延续性与差异性。该学派主要奠基人广松涉、平田清明、望月清司的市民社会理论，虽各具特性，但在对不同时期马克思世界观的逻辑判定、马克思历史理论的理解等主张上不谋而合，这些关链性考察有利于加深理解日本新马克思主义学派的特征与理论主张。在对平田清明市民社会理论的思想史考察的基础之上，分析和把握日本新马克思主义研究中的市民社会理论的关链与社会效应，也是本书的重要关切点。

(一)平田清明的学术小传及其三大思想分期

平田清明(1922—1995)是第二次世界大战后日本马克思主义研究的代表人物、经济学家，他的研究涉猎广泛，包括马克思主义经济学研究、古典经济学研究、社会主义理念与现实研究、调控理论的日本化问题研究、日本经济分析研究、文明论的国际比较研究、社会运动言论研究、大学改革提案等诸多领域。其刊行于1969年的《市民社会与社会主义》(岩波书店)一书，对马克思的市民社会概念进行了重新建构。他要求马克思研究者重新认识马克思的市民社会概念，回归马克思的原初语境，用市民社会范畴来解释马克思所创立的新历史观。该书一出，立即成为日本该年的年度最佳畅销书，在日本马克思主义学界掀起轩然大波，并引起了国内、外各界的广泛关注与激烈争论。

平田清明有着极富传奇色彩的一生，1922年出生于东京千代田区；

1940 年 4 月麻布中学毕业之后，进入东京商科大学预科学习；1942 年
10 月至 1947 年 9 月，就读于东京商科大学(现一桥大学)，师从高岛善
哉先生①。平田清明在回忆与马克思思想的邂逅时曾经这样说过，"我
在大学时，完全没有考虑过要去学习经济学。昭和十五年在东京商科大
学就读期间，一方面，我接触到李凯尔特②、马克斯·韦伯和深受其影
响的左右田喜一郎，以及本多谦三的著作；另一方面，大学里弥漫着学
习亚当·斯密、大卫·李嘉图等古典经济学的强烈氛围，在这样的学习
氛围中，我遇到了马克思"③。在大学期间，平田读到了马克思著作的
译本，深刻感受到马克思对资本主义制度下诸多矛盾的批判。但由于当
时日本的马克思文本译介的局限性，平田在这一时期对马克思的理解也
仅限于此。太平洋战争时期，日本由于劳动力不足，动员大量学生参加
劳动生产。平田在 1943 年响应国家号召加入海军部队，1945 年日本战
败之后重新回到大学，先后担任名古屋大学经济系教授，巴黎第七大
学、巴黎第三大学客座教授，京都大学经济系主任、教授，神奈川大学
副校长，鹿儿岛经济大学校长，长期从事研究与教育工作。直至 1995
年 3 月于鹿儿岛逝世，平田在众多领域展开了广泛的研究与写作，为学
界留下了大量宝贵的著述与论文。

---

① 高岛善哉(1904—1990)，日本经济学家、社会学家、亚当·斯密研究专家。
② 海因里希·约翰·李凯尔特(Heinrich John Rickert，1863—1936)，德国哲学家
和历史学家，新康德主义弗赖堡学派的代表人物。从认识意味着承认超越的价值这一观
点出发，他致力于价值哲学的体系化，师承文德尔班的学说，指出自然科学和文化科学
在方法论上的区别。
③ ［日］平田清明：「所有論と歴史認識」，『極北の思想』4 号(廃刊号)，102 页，日
本札幌，北海道解放大学出版会，1971。

平田清明的作品涉猎广泛、著述众多。笔者 1993 年年底对平田学术作品进行统计，其主要著作达 21 本（其中独著 13 本），论文达 415 篇，而且每部著作及论文都是长篇阔论、内容丰富①。依据日文著作出版的时间顺序，其核心著作主要包括：《经济科学的创造——"经济表"与法国革命》（1965）、《市民社会与社会主义》（1965）、《经济学与历史认识》（岩波书店，1971）、《社会形成的经验与概念》（1980）、《评论〈资本〉》（1980）、《关于政治经济学批判的方法叙述》（1982）、《新的历史形成的探索》（1982）、《与异文化的接口》（1987）、《通往自由时间的接口》（1987）、《市民社会与调节》（1993）、《市民社会思想的古典与现代——卢梭、魁奈、马克思与现代市民社会》（1996）等。

从当时的历史背景和平田的人生轨迹来看，平田的理论研究主要可以分为三大思想分期：魁奈（Quesnay）研究时期——马克思研究时期——法国调节学派研究时期。具体来说，第一阶段是以魁奈研究为中心的经济学史分析研究，第二阶段是以马克思研究为中心的市民社会论研究，第三阶段是以法国调节学派研究为中心的现代经济社会论研究。

第一阶段的研究主要集中在 20 世纪 50 年代至 60 年代。在这个时期，早期平田清明的关注重点主要是魁奈及经济表，除此之外，其研究对象还包括亚当·斯密、卢梭、西斯蒙第等学者。1955—1956 年，日本经济出现了良好的发展势态，平田开始关注资本主义的力本说

---

① 据统计，平田清明的 13 本独著的总页数（仅限正文部分）达 4780 页，平均每本 368 页（其中最长篇幅为 574 页，最短篇幅为 164 页）。

(Dynamism)，同时重新审视社会主义国家的现实与日本的革新政党问题。这一时期，平田主要致力于法国古典经济学研究、浪漫主义研究、马克思研究。这个阶段最为重要的论著是《经济科学的创造——"经济表"与法国革命》（岩波书店，1965），主要研究魁奈的经济周期循环论与社会再生产问题。

第二阶段的研究是平田清明对市民社会问题，尤其是对马克思市民社会理论进行重新解读的时期，主要集中在 20 世纪 60 年代后半期至 80 年代中期。这一时期是中期平田清明的 20 年市民社会理论研究的重要时期，对日本学界产生了巨大影响。期间，平田陆续出版了专著《市民社会与社会主义》（1969）、《经济学与历史认识》（1971），主张社会主义的真正形式是对"个体所有"的重建。1970 年后，平田多次赴法国巴黎大学学习与研究，在目睹了 20 世纪 70 年代末资本主义日新月异的发展变化之后，平田开始尝试将信息全球化与知识产业化引入社会科学中，同时指出日本企业的发展需要的正是共同体的重组。这个阶段的主要论著包括：《社会形成的经验与概念》（1980）、《评论〈资本〉》（1980）、《关于政治经济学批判的方法叙述》（1982）、《新的历史形成的探索》（1982）等。

第三阶段的研究是从 20 世纪 80 年代后半期直至平田逝世的 1995 年，晚期平田清明将研究重心从对社会主义的理论、思想研究转向到对法国、欧洲发生的现实社会变革的关注，主要观点体现在《市民社会与调节》（岩波书店，1993）一书中。平田不仅对法国调节学派的理论产生了浓厚的兴趣，而且对自主管理社会主义论、现存社会主义论、日欧比较论、国家论等众多课题颇有兴趣，总而言之，这可以归结为现代经济社会论研究。这个阶段的主要论著包括：《与异文化的接口》(1987)、《通往自由时间的接口》(1987)、《市民社会与调节》(1993)、《市民社会思想的古典与现代——卢梭、魁奈、马克思与现代市民社会》(1996)等。

(二)平田清明的市民社会理论的主要问题域

对平田清明各个时期的著作及思想进行梳理，我们可以发现，平田在不同时期的市民社会概念及其理论内涵具有一定的延承性，同时也具有各时期的不同指称，这与当时日本的社会现实背景、平田本人的理论积淀、关注重点等因素密切相关。

1. 魁奈的经济周期循环论与社会再生产问题

平田在对古典经济学进行研究时发现，斯密的经济学从本质上解释了诸多先前存疑的问题，同时，内田义彦在著作《经济学的诞生》(1953)中以斯密研究来解读马克思的方式让平田大受启发，平田开始思考从魁奈研究进入马克思的研究是否可行。在对魁奈进行了长达十数年的研究之后，平田于1965年出版了早期著作《经济科学的创造——"经济表"与法国革命》，主要研究魁奈的经济周期循环论与社会再生产问题。可以说，该书为平田在分析经济社会问题时提供了基础视角。平田在该书的后记中明确指出，1955—1956年之后，"探寻出新的经济学研究基准从而为历史认识注入新鲜生气，成为我所有研究的一个突出课题。生活在经济空间——由资本的周期循环所决定的历史空间——中的人们，再生产了其充满市民实感的日常生活，并由此开始了对外化于物质产业关系之外的人际关系的再生产，而关于这种再生产过程的结构论，我们需要虚心向古典学习"①。可见，此时平田所关注的内容聚焦在1955—1956年之后的日本问题上，并且将解决日本问题的关键归结到资本周期循环中，以及存在于市民日常生活中的人们客观创造的再生产结构理论中，即作为周期循环的结果而存在的再生产结构论，而此时文中所提及的古典理论，即魁奈的《经济表》。魁奈在《经济表》中最先分析了社会总资本的再生产和流通过程，其关于社会资本的再生产的学说和对经济体系的全面总结，为平田探寻新的经济学研究基准、解决经济高速发展时期的日本问题提供了视角。

魁奈的《经济表》异于重商主义的"让渡利润论"，它从生产领域来说明剩余价值，从生产领域出发研究不同阶级之间的交换，为社会总产品在不同部类间的交换提供了前提，把剩余价值起源的问题从流通领域转向生产领域，为科学分析资本主义经济提供了基础。《经济表》用范式简明地标识出资本主义社会财富的生产、流通、分配的规律性运行过程，是魁奈的重大理论贡献。魁奈主张在经济运行中必须严格遵循自然秩序，这种自然秩序正是不以人的意志为转移的自然规律。统治市场运行的利益机制是自然秩序，市场运行要自由放任以利于自然秩序发挥作用，魁奈认为"利己心"会促使人选择优越的有利的事业，在自身利益的制导下，人们自由选择最有利的市场行为，实现市场繁荣。平田认为魁奈所探讨的经济周期循环论与社会再生产问题，是借以解决日本经济高速发展时期的问题的关键。

---

① ［日］平田清明：『経済科学の創造——「経済表」とフランス革命』，564頁，東京，岩波書店，1965。

这一时期，1955—1956 年之后的日本问题凸显，资本主义迅速发展，诸多社会问题随之而生，平田认为此时反观对资本主义进行自我认识的经济学极为重要，因此，在理论方面，平田对斯密、卢梭、魁奈等经济学的重要代表学者进行了对照考察，其中尤以斯密与魁奈的理论结构上的关联与差异分析最为重要。通过分析，平田发现斯密于 1765 年在巴黎期间结识魁奈之后，对重农主义有了更切身的共通感，其《国富论》将关注点放在"生产的劳动"、"积累"、"地租"、"货币"、"财政"等问题上，与其近距离接触到魁奈和重农主义的思想不相关联。但两者在宏观视角与微观视角、个人主义与整体主义、交换理论与生产理论等问题上存在差异。平田认为魁奈的《经济表》从全社会经济的综合运动着眼进行宏观分析，而斯密等学者更关注以个体经济单位活动为对象的微观分析。魁奈崇尚自然法思想，强调在经济运行中必须严格遵循自然秩序，平田将人的自然权利与市民的社会权利的接点聚焦在所有和权利的问题上，魁奈的这一主张对平田后来创立的市民社会理论产生了极大的影响。

2. 回到马克思的原初语境："市民社会"概念的重新解读

平田清明早在大学阶段，就曾接触到高畠素之①译的马克思《资本论》(改造社出版)，深刻感受到马克思对资本主义制度下诸多矛盾的批判，但真正与马克思的思想产生共鸣，是平田在重新回到大学从事研究之后。19 世纪四五十年代，平田在陆续完成马克思《哲学的贫困》、《给维·伊·查苏利奇的复信》的翻译工作后，对于其中蕴含的马克思主义

---

① 高畠素之(1886—1928)，日本社会思想家、哲学者，国家社会主义的倡导者，日文《资本论》10 卷本的翻译者。

新世界观，以及马克思所提出的"一种私有制变为另一种私有制形式"、"以自己的劳动力为基础的私有制"、"以剥削他人劳动即以雇佣劳动为基础的资本主义私有制"等表述产生共鸣，这成为平田后来提出著名的"个体所有论"思想的重要理论渊源。完成《经济科学的创造——"经济表"与法国革命》之后的平田清明，将研究的重心集中到马克思的身上，在此后的 20 年间，他主要以对马克思的重新建构为课题展开了"市民社会论"的研究工作。平田最为重视的马克思的文献是《政治经济学批判大纲》（德语：*Grundrisse*，也称《1857—1858 年经济学手稿》），以及法文版《资本论》（*Le Capital*），这在当时的日本学界是刚刚可以被利用的文献，遗憾的是这也是一直被学界所忽视的文献①。平田最早切入的正是马克思《政治经济学批判大纲》，刚刚从《经济科学的创造——"经济表"与法国革命》的问题意识中走出的平田很自然地将切入口定位在循环论（或循环积累论）这一课题上。平田在论文《马克思的经济学与历史认识》（《思想》1966 年 4、5、8、11 月号，后收录在其 1971 年《经济学与历史认识》一书中，改题为《循环积累与历史认识》）中明确指出了其经济学的基轴为"循环积累论"。这里的"循环积累论"是平田的独特用语，可以理解为"资本循环论中所理解的资本积累论"、"循环论的延长线上的积累论"。平田指出，马克思最初的经济学体系建立在"资本积累即循环、周转"理论的基轴之上，因此，资本追求价值增殖必然带来资本走向世界市场，以及"文明化作用"等问题。通过对《政治经济学批判大纲》的研

---

① 《政治经济学批判大纲》的日文版本于 1958—1965 年出版，法语版《资本论》的极东书店版讲义则在 1967 年出版。

究，平田将《经济表》研究时期以来的"循环积累论"视角拓展至"世界市场"这一崭新的问题领域中。简言之，平田从魁奈对"循环、周转与再生产结构"的问题设定转向了马克思的"循环、周转与世界市场"的问题域。平田主张，马克思的历史理论首先是关于资本主义的历史认识，在对其基础即"市民社会"进行考察的基础上确立马克思独特的历史唯物主义。他认为，"市民社会"是马克思用于表述近代社会本质的基本范畴，也是马克思在创立唯物史观原初语境中使用最频繁的概念之一。

平田清明对马克思理论的重新理解并不仅限于此，他还关注马克思的《资本主义生产以前的各种形式》。众所周知，《资本主义生产以前的各种形式》的相关内容在《资本论》之前就为人所熟知，其中马克思提出了三种共同体模式，即亚细亚共同体、古典古代共同体（罗马共同体），以及日耳曼共同体（封建共同体），这三种共同体模式的说法在经济史研究中被广为使用。然而，平田从中研读到的除了共同体三种模式论之外，更为重要的是关于所有的各种形式论，其研究关切点移向马克思如何在"循环积累论"中展开所有论分析的问题，即此时平田的研究视角已经从"循环积累论"推演至"所有论"研究。无论是对于马克思还是对于平田而言，"所有"（资本家的私人所有）的本质，都必须要通过"循环积累论"的研究来思考，而其中极为重要的一个问题，即"领有法则（领有权法）①的转变"问题，这是一个解开从基于自身劳动基础上的"市民所有"向建立在他人劳动基础上的"私人资本家领有"的转变之秘密所在的理论问题。这种领有法则（领有权

① "领有"一词，多见于平田清明的著作，是平田相对于"所有"而言的独特用语。主要是指强行占有共同使用的或他人所有之物，即马克思所指认的不平等的根源。

法)的转变，从理论上看存在于资本的"第 2 次循环结束"时，即"布尔乔亚所有的本质可以从对循环积累论的研究中批判性地得到解明"①。

这种"领有法则(领有权法)的转变"视角，内藏着"市民社会"(市民所有)与"资本主义"(私人的资本家所有)的问题设定，这成为平田清明后来研究和把握近代社会及现代社会的基本视角。可以说，平田从马克思《资本论》中解读出的所有论(领有法则转变论)，在平田《市民社会经济学批判——作为所有论的〈资本论〉体系》一文中曾有明确的表述："《资本论》……即所有论。基于自身劳动基础上的个体私人所有转变为资本家的私人所有，并且在这种转变确立之际，从法律上隐蔽了这种资本家领有，使之成为社会的公认法则，《资本论》中批判的正是这一点。换句话来讲，他批判性地解剖了从市民社会向资本家社会的转变，并且通过批判该转变时市民社会的公共认知来对整个理论过程进行批判研究。"②总而言之，平田清明继魁奈研究之后，将研究视角从"资本循环与再生产结构"向马克思研究的两个方向展开，即"循环积累论与世界市场"和"循环积累论与所有论"。而后者更是重中之重，这里所有论的核心在于对领有法则(平田用语，即领有权法)的转变理论加以认识，这是将所有论引向"市民社会与资本主义"问题域的强有力的媒介，在这条延长线上，平田清明的市民社会理论正式登场。

3. 平田清明的"市民社会"所谓何指

在平田清明那里，"市民社会"究竟所谓何指，它实际上并没有一个

---

① 　[日]平田清明：『経済学と歴史認識』，40 頁，東京，岩波書店，1971。

② 　[日]平田清明、内田义彦等：『市民社会経済学批判——所有論としての「資本論」体系』，334 頁，東京，築摩書房，1970。

明确的表述。其原因主要在于"市民社会"这一用语从欧洲词源上来看存在"société bourgeoise"和"société civile"两种说法，且具有多重意味，而在日语语言中两者的区别与关联也并不明确①。平田在使用该用语时注入了多样的含义。市民社会的第一层意义，从根本上看是个人所形成的自由、平等的社会，这在《市民社会与社会主义》一文中有明确表述，

> 市民社会，首先应当是人以市民的形式进行彼此间交往的社会。这里所谓市民，指的是日常的经济生活中，普通的、具体的人，是自由平等的法主体的真实存在。②

由此可见，由"自由平等的法主体"所构成的社会，是平田清明市民社会理论的始发点，这是近代西欧社会的产物，是西欧历史过程中在"共同体"解体的基础之上形成的社会。从这层意义上看，平田所谓市民社会，是西欧近代自由、平等的私人所有者的社会，其中蕴含了与"共同体"（共同所有）相对立的意味。这种共同体与市民社会的观点，可以延伸至日本（或是亚洲）与西欧的比较文明论的课题上。在这里，共同体与市民社会的主要区别在于"个体"或者"个体所有"。平田指出，市民社会中，个体所有存在于私人所有的内层，是一个在不断产生个体所有的过程中将个体所有转化为私人所有的社会。他认为，"市民社会成员的所有，从表面来看是私人的、排他性的所有，但是从市民社会内部来看，却是

---

① 参见［日］新村聪：「戦後日本の社会科学と市民社会論」，『経済科学通信』1996年(80)。

② ［日］平田清明：『市民社会と社会主義』，79 頁，東京，岩波書店，1969。

不具备排他性的个体所有。市民社会客观上产生了上文所述的'个体'、'个体劳动'、'个体所有'等概念。……市民社会虽然受到私人排他性的制约，但是，由于其明确了自他之间的区别，因此可以清晰地意识到'个'与'类'之间的关联与区别，从而将作为'个'的自我认知为自己"①。平田主张客观地评价市民社会中的自由、平等，以达到对市民社会进行客观全面的批判。

市民社会的第二层意义，是市民日常生活过程中形成的社会。平田认为，市民社会反映了"生产、交往、消费"的发展过程，以及从事这些"生产、交往、消费"的人们的"物质的"、"精神的"生活。平田在论著中曾指出，"随着这种市民生产方式的不断发展，终有一日会结构化为生产、交往关系或是'生产关系的总体'……生产、交往、消费的分离及其过程的统一体，即再生产方式的展开，才构成了市民社会的真正理论内涵。此时的生产、交往、消费，不仅是单纯意义上的物质的存在，同时也是精神层面的存在。……市民社会这一经济的社会形态，正是建立在经济过程的发展基础之上的社会形态。……市民社会，是所有、分工在经济、社会层面的发展过程"②，换言之，在平田眼中，物象化之前的具体的人所进行的"生产、交往、消费"诸过程的社会才是市民社会。

市民社会的第三层意义，也是平田清明最为强调的一点，即与资本家社会形成鲜明对比的市民社会的概念。至少，在近代欧洲，市民社会

---

① ［日］平田清明：『市民社会と社会主義』，88—89，92 頁，東京，岩波書店，1969。
② 同上书，174—175 页。

存在于资本家社会的基底，对社会、历史的理解必须从市民社会与资本家社会两层意义上加以理解。市民社会是近代欧洲的第一次社会形成，在此基础上产生了第二次社会形成，即资本家社会。而市民社会向资本家社会转变的中介理论则是领有法则转变理论。平田强调，马克思的《资本论》以及唯物史观，都对这一点做出了明确说明。平田主张"市民社会向资本家社会不断转变的过程中，现实的市民社会依然存在，而此时资本家社会也同时存在。因此，在马克思那里，市民社会概念中，本身就包含了资本家社会这层含义。……所谓市民社会阶段本身并不存在，在市民社会的第一次社会形成向资本家社会的第二次社会形成的不断转变的过程中，现实的社会形成才得以完成"①。平田提出的这种近代社会的形成是"市民社会向资本家社会的不断转变"的主张，包含了对俄国马克思主义，乃至日本马克思主义的强烈批判意识，可以说平田清明的市民社会理论在20世纪60年代后半期在学界引起巨大反响的重要原因就在此。当时日本马克思主义关注的重点是资本家对劳动者的阶级对立一元论，以及延长线上的资本主义对社会主义的体制转换一元论。这一视点在一定程度上很容易走向"市民社会＝布尔乔亚社会＝资本主义"，从而完全否定并批判市民社会，这是当时解读马克思文献时极易走入的误区。在平田看来，"简单地从阶级一元论上对马克思思想进行理解，才是完全歪曲了马克思的原意"②。

4. 社会主义体制下的市民社会

在充分厘清以上问题的基础之后，平田形成了对马克思社会主义社

---

① ［日］平田清明：『市民社会と社会主義』，52—53 页，東京，岩波書店，1969。

② 同上书，66 页。

会再构建的理论，即著名的"个体所有的再建构"理论，他认为市民社会"表面上为私人所有，而内在实为个体所有"。在《市民社会与社会主义》一书中，平田曾对马克思社会主义概念做了精辟论述。"社会主义与资本主义并不是简单的断裂这么简单。近代市民社会中，被私有制扭曲的劳动人民的个体性、个体劳动、个体所有，在社会主义社会中都可以得到真正发展。否定之否定的社会革命的积极意义就在于扬弃了私人所有。因此，我们必须看到，资本主义向社会主义的转变，不仅是世界历史上截然不同的两个阶段，同时也是存在继承关系的两个历史阶段。只有认识到社会主义与市民社会之间的这层继承关系的人，才真正有资格来讨论社会主义问题。"①

在对市民社会的异化进行考察后，平田指出对市民社会异化本质的扬弃，是对私人所有的扬弃，而这种扬弃并非从社会中剔除"所有"，而是要实现"个体所有的再建构"。平田在对社会主义社会的阶段特征进行分析之后提出了一个全新设想，即"社会主义体制下的市民社会"。平田清明指出，建立在以私人劳动形式存在的个体劳动基础上的"个体私人所有"，向"资本家私人所有"的转变是一种否定，即"资本家私人所有"对"以个体劳动为基础的个体的私人所有"的否定，而对资本家私人所有的否定，是对资本家社会进行革命的扬弃，也是一种否定。依据否定之否定的三段论逻辑，这是一种对"资本主义私有制"的否定之否定。近代市民社会中被私人所有遮蔽了的个体所有，通过对资本家所有以及私人所有的一般性否定而被重新设定。为此，平田设想了一个否定之否定的

---

① 　［日］平田清明：『市民社会と社会主義』，103—104 頁，東京，岩波書店，1969。

未来社会，通过"个体所有"的概念将市民社会与社会主义结合起来，他认为未来的社会主义社会应该是一个以"个体所有"为基本所有制形式的社会。在平田看来，"建立在扬弃私人所有基础上的社会主义，实际上正是以协作、土地等生产资料的共同占有这一'资本家时期的成果'为基础，重建劳动者的个体所有的社会体制"①。社会主义社会，是劳动者个体所有重新建构的社会，是劳动者个体的劳动以社会劳动的形式直接得以发展的社会，是人类劳动作为具体的个体劳动、社会劳动获得全面解放的社会。

5. 遭遇葛兰西之后：文化霸权与调节理论

1970 年之后，平田多次赴法国巴黎大学学习与研究，在目睹了 20 世纪 70 年代末资本主义日新月异的发展变化之后，平田开始尝试将信息全球化与知识产业化引入社会科学，同时指出日本企业的发展需要的正是共同体的重组。20 世纪 70 年代后的欧洲之行，使平田清明的西欧市民社会的理想化图景破灭，平田开始将马克思的"市民社会"概念等同于"资本家社会"，同时认为马克思社会变革的理念不再是"市民社会"，而是"联合体"（association）。从 20 世纪 80 年代后半期直至平田逝世的 1995 年，平田将研究重心转向对现代经济社会论的研究，晚年开始热衷于法国调节学派的理论，而促使平田真正进入调节理论领域进行研究的是邂逅葛兰西的契机。

葛兰西，意大利共产党的创始人之一，1926 年被捕入狱后总结欧洲革命的失败与教训，在狱中写出了著名的《狱中札记》，开创了从社会

---

① ［日］平田清明：『市民社会と社会主義』，143—144 頁，東京，岩波書店，1969。

文化领域理解"市民社会"的新维度，通过研究社会主义俄国，葛兰西提出了独特的市民社会概念。在葛兰西那里，市民社会意指"一个社会集团通过像社会、工会或学校这样的所谓私人组织而行使整个国家的领导权"，葛兰西使用"阵地战"来表述争夺"市民社会领导权"的斗争，同时认为这类斗争通常是以文化或意识形态对立的方式展开的。葛兰西的著作在日本公开出版是 1961—1965 年，合同出版社出版日语版《葛兰西全集》（全六卷，代久二、藤泽道郎编），校订版的《狱中札记》全四卷于 1975 年正式出版。平田清明与葛兰西思想的邂逅是在 20 世纪 80 年代后半期，在《现代资本主义与市民社会》一文中平田提及葛兰西，并接受了其"现代国家＝政治社会＋市民社会"的思想，提出"历史变革的关键概念即市民社会概念"①。1989 年，平田在论文《葛兰西的市民社会概念》中指出，葛兰西是"从霸权论角度讨论社会"的代表人物，同时也是"为现代社会的调节（法语：régulation）理论的构筑奠定基石的人物"②。同年，在《市民社会与霸权》一文中，平田再次指出，"市民社会"（civil society）"并非仅仅指区别于国家而存在的私人的领域，而是社会性的'阶级斗争的阵地'，是性、人种、世代等诸斗争的场所"，市民社会是"确立霸权的场所"。③

可见，平田对葛兰西从社会文化领域界定"市民社会"产生了共鸣，

① ［日］平田清明、山田鋭夫、八木記一郎編：「現代資本主義と市民社会」，『現代市民社会の旋回』，6 頁，京都，昭和堂，1987。
② ［日］平田清明：『市民社会とレギュラシオン』，271 頁，東京，岩波書店，1993。
③ ［日］平田清明、八木記一郎、太町慎浩編：『市民社会思想の古典と現代—ルソー、ケネー，マルクスと現代市民社会』，288、311 頁，東京，有斐閣，1996。

他意识到要实现在《市民社会与社会主义》中所提出的"个体所有的重建"，并不是凭借革命就可以一蹴而就的，而是需要通过与思想转换相结合的社会运动来逐步实现的，而进行社会运动的场所正是市民社会本身。借用葛兰西的话，这是一场与直接夺取权力的机动战相对立的阵地战，是市民社会内部获得霸权的战壕战。国家立于市民社会的基础之上，与市民社会内部的经济的、社会的再生产结构，以及市民思想的表现等因素密不可分。葛兰西将"市民社会"视作各种利害关系对立且并存的社会，即一种"被调和了的社会"（regulated society）。他认为，国家的前提是同意和要求同意。确立"文化领导权"，并不是统治阶级自上而下的"文化操纵"，而是在从属阶级的积极参与过程中获取同意、认同的过程，强调阶级妥协，实行霸权（强制与同意）。葛兰西的这种将市民社会视作"被调和了的社会"的思想，从某个层面来看，是将市民社会在政治方面进行调节（妥协）的体现，而这一点与在经济层面进行讨论的调节理论非常接近。

如果说平田在《市民社会与社会主义》一书中重新解读马克思的市民社会概念，在某种意义上将其解读为一种抽象的市民社会论，那么，这种作为方法论的市民社会真正得以现实化、具体化，成为一种现代市民社会的认识，是在平田清明接触到法国调节学派①的理论之后。平田在

---

① 调节学派是 20 世纪 70 年代在法国最早形成的理论学派，开创者主要有阿格里塔（Michel Aglietta）、鲍耶（Robert Boyer）和利比兹（Alain Lipietz）。法文 régulation（英文 regulation）一词在经济学中一般被译作"管制"，在我国理论界，一般将该理论及学派称作"调节理论"和"调节学派"。鲍耶在该学派使用该词的含义时指出，"各种调节理论构成了一个研究领域，它集中关注分析资本主义经济的长期转变"。

留法期间接触到当时在巴黎风潮正盛的调节学派，该学派继承了马克思的雇佣关系(雇佣劳动关系)与劳务关系、由一般等价物即货币所构成的流通关系等概念，不仅如此，从他们将大众消费与管理通货制纳入理论的维度进行研究来看，调节学派同时受到了马克思主义和凯恩斯主义经济理论的启发和影响，同时又力图超越两者。所谓经济的调节(regulation)，目的是使内在于雇佣劳动关系与货币制约中的矛盾达到动态的平衡，这并不是其自然而然的均衡化，也非通过政府的介入，而是一种新的调节方式的确立，并且依赖于确保合理的对各种制度的准备。例如，价格信息，以及生产与消费的规范等都发挥了极大的作用。面对当时日本经济社会发展的状况，平田清明产生了理论共鸣，在他看来，葛兰西的文化霸权理论和"被调和了的社会"思想为市民社会指明了政治理论方向，而此时法国调节学派的调节模式(mode of regulation)、积累体制(all accumulation regime)等重要思想为市民社会指明了经济理论的方向。

通过对平田清明主要问题域的梳理可以发现，平田早期理论的关注重心主要在于第二次世界大战前日本资本主义论争与第二次世界大战后日本经济高速成长的问题，重点研究资本的循环周转与人们客观的再生产结构问题。其后，平田将研究视角扩大到经济、政治、社会、文化领域的总体的、动态的"循环"，与马克思的所有论相结合之后形成了其著名的市民社会理论。20世纪80年代后期，平田遭遇了西方马克思主义思想家葛兰西的市民社会思想。在葛兰西"文化霸权"思想的影响下，平田赋予了其20世纪六七十年代提出的市民社会理论以新的含义。同时通过葛兰西与法国调节学派理论的渊源关系，平田开始以葛兰西市民社会、国家论为媒介，在充分研究调节理论的基础上，展开对现代市民社会的分析，这是平田清明对现代市民社会认识的重要特征。

(三)本书的基本逻辑结构

本书依照平田清明各时期的文本及思想发展变化，以平田对马克思市民社会理论的重新解读为线索展开分析，主要分为导论、正文六章和结语三大部分。

第一章"溯源：市民社会理论的历史系谱"，从市民社会理论在西方的发展渊源谈起，从思想史角度对市民社会概念追根溯源，通过对"市民社会"概念所蕴含的社会历史文化内涵的厘清，考察市民社会理论在东西方不同文化语境中的不同指称。对日本市民社会理论的宏观历史性描述，为本书研究平田清明市民社会理论存在的历史背景提供了一个全面的理论梳理。

第二章"始点：从魁奈《经济表》到马克思"，从平田清明重新解读马克思时发挥重要作用的古典政治经济学理论积淀入手，魁奈是平田早期重要的研究对象，其经济周期循环论与社会再生产理论为平田分析经济社会问题提供理论积淀和基础视角。平田与马克思的邂逅，促使平田对马克思文献进行系统解读，重新理解马克思思想的原意，并思考西欧理性的产物对日本的适用性问题。日本社会的发展从原先的"近代化"课题转向"现代化"课题，面对日本资本主义现代化的全面发展，平田从日本社会现实状况出发，重新解读马克思所提出的市民社会的理论基础，并提出了针对日本现代化进程的、具有独创性的市民社会理念。

第三章"回归：还原马克思的原初语境"，针对日本学界的马克思研究中出现的问题，平田提出从马克思本人的固有视角还原马克思原意。从对马克思历史唯物主义的重新解读开始，平田对马克思提出的亚细亚共同体、古典古代共同体和日耳曼共同体三种模式进行分析，指出市民社会与共同体（collective）两种历史存在形式之间的对立是市民社会理论批判的前提。在此基础上，对马克思创立唯物史观时极为重要却在当代"马克思主义哲学"体系中缺失的若干范畴进行剖析，不同于单纯地从消极层面来分析市民社会的观点，平田看到了马克思所指认的市民社会积极层面的意义，这为其设想的否定之否定的未来社会提供了依据。

第四章"扬弃：商品论视域下的市民社会异化考察"，主要是从商品论视域对货币异化、劳动异化、分工与交往方面进行考察，以此批判市民社会中人与人之间的异化，即市民社会的异化问题。平田在对马克思异化理论的解读的基础上指出，异化即原为私人所有的劳动产品以商品的形式外化、转让给他人，以及自身劳动从客观上为他人所支配、领有，而市民社会中产生的异化现象从根本上源自私人所有。依据平田所提出的商品论来讲，市民社会是一种由私人商品生产者或私人劳动所构成的"社会分工的体制"。平田在对交往关系的异化进行分析时指出，交往的第一概念是"交换"，并从货币拜物教以及劳动二重性、抽象的人与具体的人等角度来对交往关系的异化问题展开分析。最后得出结论：只有客观、全面地对市民社会进行批判，才能真正指向对市民社会异化本质的扬弃，即马克思所提出的共产主义道路。

第五章"蓝图：社会主义体制下的市民社会设想"，平田清明通过对市民社会中异化现象的考察，指出对市民社会异化本质的扬弃是对私人所有的扬弃，而这种扬弃并非从社会中剔除"所有"，而是要实现"个体所有的再建构"。在对社会主义的阶段性特征进行分析之后，平田讨论了社会主义与"国家"的关系，设想了一个对资本家私人所有的否定之否定的未来社会，通过个体所有的概念将市民社会与社会主义结合起来，他认为未来的社会主义社会应该是一个以个体所有为基本所有制形式的社会。平田清明"社会主义体制下的市民社会"的设想，对中国社会主义和谐社会的建构具有一定的启示意义，为推动中国经济现代化、政治民主化、先进文化的建设提供了理论和实践的指导。

第六章"定位：平田清明市民社会理论的理性审视"，对平田 20 世纪 60 年代市民社会理论进行特征性分析，在其理论延长线上探讨 70 年代后半期至 80 年代接受葛兰西市民社会思想和法国调节学派理论的影响之后平田的市民社会概念内涵的变化，并从其理论贡献、日本学界的评价、同日本其他新马克思主义学者的比较等方面对平田清明理论进行理论审视。在对平田清明的市民社会理论进行探讨之后，本章将理论推至广松涉、望月清司等该学派重要学者的理论。除去对马克思原初语境的考察论证这一日本新马克思主义研究中的通识之外，该学派代表学者的市民社会相关理论各具特性，但在对不同时期马克思世界观的逻辑判定、马克思历史理论的理解等主张上不谋而合。

结语"平田清明市民社会理论在中国语境中的当代反思"，将在对平田清明市民社会理论的思想史考察的基础之上，分析和把握该理论与当代中国社会的关链与社会效应。

第一章　｜　溯源：市民社会理论的历史系谱

市民社会理论是马克思构建唯物史观科学理论体系过程中的一条重要线索，对市民社会问题的研究在西方国家由来已久，从 20 世纪 80 年代末开始，随着我国市场经济体制的初步建立与发展，越来越多的学者开始研究探索中国现代化、民主化道路的理论，市民社会理论研究逐步西学东渐，并引起了我国学术界的日益关注。在不同的文化圈与社会背景下，人们使用"市民社会"概念表达的理论诉求与现实关切不尽相同。市民社会概念的指称与内涵在不同的历史发展阶段具有不同的特点，对于这样丰富而复杂的概念，我们需要从特定的历史语境中对其进行理解，因此，对"市民社会"概念所蕴含的历史的、具体的内涵进行厘清极为必要。

一、市民社会理论的思想渊源

市民社会理论在西方经历了一个漫长而含义纷杂的历史发展过程，要回答"市民社会"所谓何指的问题并非易事，正如哈贝马斯所言："要在有关书籍中寻找关于市民社会的清晰定义自然是徒劳的。"①从古希腊时期至今，人们一直在不断地探索和研究。市民社会概念在不同的历史语境中存在不同的界定，现今学术界所讨论的市民社会理论，对古希腊时期、启蒙运动时期的思想家，以及后来的黑格尔、马克思的市民社会思想是有延续性的，要充分理解市民社会理论的内质，我们首先从思想史角度对该概念追根溯源，就其历史演变过程进行分析考察。

（一）古典市民社会理论：文明自由的理想城邦

讨论"市民社会"概念的起源与内涵，最早可以追溯到亚里士多德和西塞罗。古希腊先哲亚里士多德（Aristotle）在其著作《政治学》中首先提出了"Politike Koinonia"的概念。亚里士多德所指认的"Politike Koinonia"意指城邦国家或政治共同体，即"自由和平等的公民在一个合法界定的法律体系之下结成的伦理—政治共同体"②，其中不仅包含了地理意义上的城邦国家，同时也代表了政治和经济意义上的城邦，蕴含了诸如"国家"、"政治社会"、"市民社会"、"文明社会"、"公民社会"等多重含

---

① ［德］哈贝马斯：《公共领域的结构转型》，曹卫东等译，序言，29页，上海，学林出版社，1999。

② ［美］柯亨（Jean L. Cohen）、阿托拉（Andrew Arato）：*Civil Society and Political Theory*，Cambridge，The MIT Press，1992，p. 84。

义，亚里士多德的理论奠定了古典市民社会理论的基础。古罗马政治理论家西塞罗（Ciero）所指认的市民社会是"Civilis Societas"（拉丁文），他认为"市民社会"

> 不仅指单个国家，而且也指业已发达到出现城市的文明政治共同体的生活状况。这些共同体有自己的法典（民法），有一定程度的礼仪和都市特性（野蛮人和前城市文化不属于市民社会）、市民合作及依据民法生活并受其调整，以及"城市生活"和"商业艺术"的优雅情致。①

从这一点来看，西塞罗所指认的市民社会，有着自己的都市文明、工商业生活、政府和法律，是一种城市的文明政治共同体、一个道德的集体，其目的在于实现公平和正义的原则，从而区别于野蛮人的社会或野蛮状态。西塞罗第一次明确了传统意义上的市民社会概念的含义，他对市民社会的规定被 14 世纪的欧洲人广为采用，将之译为"Civil Society"。

综上所述，在古典市民社会理论家的眼中，"国家"、"市民社会"、"文明社会"、"公民社会"、"政治社会"等概念并没有本质的区分，他们所给定的"市民社会"概念，往往同时包含上述几层意义，而其中道德判断的意味尤其深重。他们将市民社会视为与野蛮社会（契约论思想家们称为自然状态或自然社会）相区别的文明政治共同体，人们只有自愿组成政治共同体才能过上最美好的生活。同时，他们认为区别于野蛮社会

---

① ［英］戴维·米勒、［英］韦农·波格丹诺编，邓正来主编：《布莱克维尔政治学百科全书》，中国问题研究所等译，125 页，北京，中国政法大学出版社，1992。原文有改动。

的一个很重要的特征在于拥有政府和法律等政治文明因素。文明自由的理想社会，正是古典市民社会理论所指认的"市民社会"，此时市民社会是与政治权力混同的。

(二)近代自由主义的市民社会理论：从洛克、孟德斯鸠到亚当·斯密

随着近代文艺复兴运动和启蒙时代的兴起，"市民社会"的概念开始区别于自然状态(State of Nature)，但其含义仍旧是指与自然状态相对的政治社会或国家，而不是指与国家相对的实体社会。这一时期，以卢梭、霍布斯、康德、洛克等为代表的契约论思想家提出关于国家与社会起源的、具有划时代意义的"社会契约论"，反对为专制王权提供理论依据的"君权神授"思想。在这些契约论思想家看来，自然状态存在缺乏安全与人身保障等自身所无法克服的弊端，因而它必然要促使身处其中的人们用订立契约的方式自愿让渡自己的部分或全部权利给国家，以此来换取国家对个人的保护，以这样的方式过渡到人类发展的另一个阶段，即市民社会或政治社会。在启蒙思想家那里，市民社会概念往往等同于国家，意指以法律保障市民权利及利益的文明进步的理想社会。

尽管学术上通常将黑格尔视为把市民社会与政治社会作为对立概念进而将国家与市民社会做出区分的第一人[1]，但是，早在17世纪以洛克为代表的自由主义思想家们已经模糊地意识到了国家与社会的不同，其

---

[1] 参见邓正来、[英]J.C.亚历山大编：《国家与市民社会——一种社会理论的研究路径》，87页，北京，中央编译出版社，1999。

思想已表现出市民社会的非政治倾向。在洛克看来，自然状态存在着一定的缺陷：第一，缺少作为是非标准和裁判纠纷的共同尺度的法律；第二，缺少执行法律的公正的裁判者；第三，缺少维护判决的权力。[①] 为了克服这种缺陷，人们通过社会契约建立国家，用以实现自然状态所隐含的自由与平等。当国家违背契约、侵犯人民的权益时，人民可以凭借恢复自然自由的权利推翻国家统治。洛克认为国家只是处于社会中的个人为达到某种目的而形成契约的结果，社会是一个独立于国家的存在，洛克的市民社会理论实际上是一种"市民社会先于国家或外于国家"的架构。

与持有自然权利基础上的市民社会观点的洛克不同，法国启蒙思想家孟德斯鸠强调的是政治权力制衡基础上的市民社会，更立足于政治维度。正如泰勒对孟德斯鸠的评价：

> 如果说洛克学派揭示了有关社会具有非政治相度的观念，那么孟德斯鸠的贡献则在于他提出了自己的社会图景，亦即社会是根据其政治组织来界定的，但是这种界定依照国家架构则是多种多样的，因此需要在各个独立的力量之间分配权力。[②]

在孟德斯鸠看来，政府是一个强大且不可或缺的存在，社会秩序是由社会的整体结构即"法的精神"来决定的，与此同时，社会中还存在一个具

---

① 参见[英]洛克：《政府论》下卷，叶启芳、瞿菊农译，78 页，北京，商务印书馆，1964。

② 邓正来、[英]J.C. 亚历山大编：《国家与市民社会——一种社会理论的研究路径》，27 页，北京，中央编译出版社，1999。

有同等重要意义的并不是为了政治目的而成立的独立社团，它们共同构成了政治体系中权力分立及多样化的基础。其中要紧的并不是它们外在于政治体系的生命，而是它们被整合入政治体系的方式，以及它们在该体系中的作用。以中间团体为核心的市民社会"拥有外在于政治结构的生命，而且，这也的确是它们的主要目的和它们具有力量的基础。但是，为使政治健康发展，它们在政治中发挥作用也就具有了十分重要的意义"①，其作用在于限制政府权力、维护法治体制内的制约与均衡。如此一来，无政治性或无政府状态的问题被消解了，激进的自决权也被消解了。

然而，政治自由主义者大多没有对社会之所以外于或先于国家的内在规定性的问题做出明确的、合理的解释，其研究仍然停留在社会与国家的形式结构上。而此时受到商品经济发展驱动的重农主义与古典经济学所进行的经济层面的努力，无疑与政治自由主义不谋而合，并为市民社会与国家的分离提供了可能。以《经济表》(1758)一书闻名的法国经济学家魁奈②及重农学派是近代自由主义经济学的鼻祖，其哲学基础是"自然秩序"。他们指出，人类社会也存在"自然秩序"这一不以人的意志为转移的客观规律，其本质在于个人利益与公众利益的统一，并且只有在自由经济体系之下才能真正实现两者的统一。人身自由和私有财产是天赋人权的基本内容，是自然秩序所规定的人类的

---

① 邓正来、[英]J.C.亚历山大编：《国家与市民社会——一种社会理论的研究路径》，27页，北京，中央编译出版社，1999。

② 以魁奈研究为中心的经济学史分析研究是平田清明于20世纪50年代至60年代的主要研究内容，平田的著名论著《经济科学的创造——"经济表"与法国革命》(岩波书店，1965)，主要研究魁奈的经济周期循环论与社会再生产问题。该书为其后平田在分析经济社会问题时提供了基础视角。

基本权利。由此可见，重农主义从对自然秩序的研究延伸至经济的自由观，市民社会逐渐开始从政治的干预下解放出来，成为人们自由追逐个人利益的领域。

弗格森、休谟、亚当·斯密等苏格兰启蒙思想家开始对物质的文明化进行讨论，他们接受了古典自由主义传统，强调市民社会先于国家的基础性地位，将经济内容注入"市民社会"概念之中，市民社会不再仅仅是共同体政治社会或以社会契约论为核心的政治市民社会，同时还是一种"经济社会"、"市场社会"。亚当·斯密是"第一个而且远远早于黑格尔从经济上懂得了市民社会"①的学者，从经济学的层面对市民社会进行解剖，在《国富论》(1776)一书中使用市民社会来指认现代文明社会。他发展了重农主义的经济自由观，以个人主义作为其"天赋自由经济制度"的基础。他认为，社会收入是个人收入的总和，在"看不见的手"的指挥下，个人利己行动和个体间的交换行为会影响到整个社会的资源配置和利益分配。"各个人都不断地努力为他自己所能支配的资本找到最有利的用途。固然，他所考虑的不是社会的利益，而是他自身的利益，但他对自身利益的研究自然会或者毋宁说必然会引导他选定最有利于社会的用途。"②这双"看不见的手"所体现的规律性力量为原子式的市民构建起来的市民社会提供了合法性的基础，即利益与公益的自然融合，追求个人利益不违反正义律，这也是自由主义的最基本主张。此时，市民

---

① ［法］皮埃尔·罗桑瓦隆：《乌托邦资本主义——市场观念史》，杨祖功、晓宾、杨齐译，76页，北京，社会科学文献出版社，2004。

② ［英］亚当·斯密：《国民财富的性质和原因的研究》下卷，郭大力、王亚南译，25页，北京，商务印书馆，1983。

社会不再被视作政治上的共同体，而是市场交换的场所，在斯密那里市民社会基本等同于商业社会。

由此可见，无论是强调社会的前国家或非国家身份从而认为社会与国家相区别的政治自由主义，还是主张经济自律不受国家干预进而主张社会拥有区别政治的经济内容的经济自由主义，都在试图突破国家权力疆界的限定，通过一系列的研究和探索反对政治专制，实现人与社会的政治上的解放①。尽管他们的努力还存在一定的不足和局限性，以斯密为例，由于缺少生产关系的视角，斯密的市民社会理论无法把握社会内在的矛盾结构，在对分工和交换这两个市民社会的重要机制进行分析时，斯密也仅仅关注到分工和交换的生产力属性，忽略了社会分工与工场内分工的本质性区别。马克思曾说过：

> 恰恰是古典政治经济学的最优秀的代表人物，像亚·斯密和李嘉图，把价值形式看成一种完全无关紧要的东西或在商品本性之外存在的东西。……如果把资产阶级生产方式误认为是社会生产的永恒的自然形式，那就必然会忽略价值形式的特殊性，从而忽略商品形式及其进一步发展——货币形式、资本形式等等的特殊性。②

但是，不可否认斯密的市民社会理论构成了马克思回到现实的重要契

---

① 参见《马克思恩格斯全集》第 1 卷，334 页，北京，人民出版社，1956。
② 《马克思恩格斯文集》第 5 卷，98—99 页，北京，人民出版社，2009。

机，在斯密的市民社会理论的基础之上，马克思得以深入把握社会在资本主义生产方式中的存在、生产力与生产关系的内在矛盾。可以说，近代自由主义的市民社会理论客观上为其后从理论上完成市民社会与国家的分离提供了理论基础。

(三)黑格尔对传统市民社会观念的颠覆："国家高于市民社会"的架构

泰勒在《市民社会的模式》中曾将市民社会的理论源流和模式归纳出三种思想路径：洛克学派的"社会先于或外在于政府"；孟德斯鸠学派的"社会是根据其政治组织来界定的，但是这种界定依照国家架构是多种多样的，因此需要在各个独立的力量之间分配权力"；黑格尔学派的"国家高于市民社会"①。看似不同的三种思想路径，实则在黑格尔这里，在汲取既有的理论成果的基础上形成了市民社会理论的新主张。黑格尔"市民社会"理论与洛克渊源颇深，洛克强调的建立于自然权利基础上的市民社会的理论经由苏格兰启蒙运动，将"市民社会"更深地纳入对资本主义经济关系的体认中，这对黑格尔"市民社会"理论的形成产生了极大的影响。孟德斯鸠主张的政治权力制衡基础上的市民社会理论，经由卢梭和康德以一种曲折的方式对黑格尔产生了重要的影响。② 黑格尔充分吸收了前辈学者的理论成果，从学理上对市民社会与政治国家两个范畴

---

① 邓正来、[英]J. C. 亚历山大：《国家与市民社会——一种社会理论的研究路径》，1—31 页，北京，中央编译出版社，1999。

② 参见张一兵、周嘉昕：《市民社会：资本主义发展的自我认识——来自于马克思主义的一种谱系学分析》，载《南京大学学报(哲学·人文科学·社会科学版)》2009 年第 2 期。

进行了明确区分，提出了现代意义上的市民社会概念[①]。M. Riedel曾对黑格尔的功绩做过如下评价：

> 透过市民社会这一术语，黑格尔向其时代观念所提出的问题并不亚于近代革命所导致的结果，即通过政治集中而在君主……国家中产生了非政治化的社会，将关注的重心转向了经济活动。正是在欧洲社会的这一过程中，其"政治的"与"市民的"状态第一次分离了，而这些状态在此之前(即传统政治的世界中)，意指的是同一回事。[②]

在当时的社会历史条件下，黑格尔将市民社会研究的重心转向经济领域。市民经济活动的发展，资产阶级革命的成熟，无一不促使着黑格尔从经济的角度去考察市民社会，对市民社会经济本性展开透彻思考。有学者认为，在"市民社会"理论的集大成者黑格尔那里，"市民社会"实际上就是"资产阶级社会"："各个成员作为独立的单个人的联合，因而也就是在形式普遍性中的联合，这种联合是通过成员的需要，通过保障人身和财产的法律制度，和通过维护它们特殊利益和公共利益的外部秩序而建立起来的"[③]，是资产阶级的想象共同体。

[①] 1767 年，重农学者亚当·弗格森出版了 *An Essay on the History of Civil Society* 一书，次年，该书被翻译成德文发表，"civil society"一词被译作"bürgerliche Gesellschaft"。黑格尔使用该术语正是阅读并借鉴了弗格森的著作。

[②] M. Riedel, "The Concept of Civil Society and the Problem of its Historical Origin", in Z. A. Peleynski, ed. *The State and Civil Society*, pp. 3-4.

[③] 张一兵、周嘉昕：《市民社会：资本主义发展的自我认识——来自于马克思主义的一种谱系学分析》，载《南京大学学报(哲学·人文科学·社会科学)》2009 年第 2 期。

黑格尔在《法哲学原理》中明确提出，市民社会具有三层含义：

> 第一，通过个人的劳动以及通过其他一切人的劳动与需要的满足，使需要得到中介，个人得到满足——即需要的体系。第二，包含在上列体系中的自由这一普遍物的现实性——即通过司法对所有权的保护。第三，通过警察和同业公会，来预防遗留在上列两体系中的偶然性，并把特殊利益作为共同利益予以关怀。[①]

从黑格尔对市民社会的规定可以看出，"市民社会"到了黑格尔这里不再是仅与野蛮或不安全的自然状态相对的概念，而是一个对立于家庭、自然状态和国家、政治社会的特殊的伦理范畴。黑格尔强调，市民社会是各个社会成员作为独立的单个人的联合，因而是在抽象普遍性中的联合。这种联合是基于成员的需要，通过保障人身和财产权利的法律制度，维护他们的特殊利益和公共利益的外部秩序而建立起来的。每个独立的个体都以自身为目的，在追逐一己私利的过程中，寻找满足彼此物质生活和物质利益的需求，形成一套相互依赖的关系，黑格尔将市民社会的成员称为"自然必然性与任性的混合体"。黑格尔从伦理精神的视角对市民社会进行剖析，指出家庭是直接或自然的伦理精神，并通过自然形式的爱结合起来；市民社会是个体的集合，是伦理精神的分裂和特殊化；国家是伦理精神的现实化，伦理精神具有"家庭"、"市民社会"、

---

① ［德］黑格尔：《法哲学原理》，范扬、张企泰译，203 页，北京，商务印书馆，1979。

"国家"这由低级向高级发展的三个阶段。具体如表1所示①。

表1

三一式范畴	正题	反题	合题
逻辑学	存在	本质	概念
	个别	特殊	普遍
	感性	知性	理性
法哲学	家庭	市民社会	国家
	直接的伦理精神	特殊的伦理精神	完成了的伦理精神
	血缘关系	私人利益	统一的归宿

黑格尔认为，市民社会是个人私利欲望驱动的非理性力量导致的状态，是由非道德的因果规律支配的世界，具有其特殊性，是独立于国家的存在。由于伦理上的不自足，市民社会需要国家这个普遍利益的代表来加以补充。因此，不能离开国家来单独考察市民社会，否则市民社会只会陷入伦理层面的无政府状态。市民社会中的活动关注的是个人的权利和特殊利益，因而是一个私欲间的无休止的冲突场所，是个人私利的战场。黑格尔强调市民社会的欠缺和不足无力凭借自身能力来克服，国家是"伦理理念的现实——是作为显示出来的、自知的实体性意志的伦理精神"，是"绝对自在自为的理性东西"②。外在的、最高的公共机构，是普遍利益的代表，具有弥补市民社会自然缺陷的能力，通过人本身之外的国家或国家力量建立起来且又回归并凌驾于家庭与市民社会之上。因此，黑格尔主张，并非市民社会决定国家，而是国家根据市民社会的

---

① 肖岁寒：《"市民社会"的历史考察》，载《天津社会科学》1999年第3期。

② ［德］黑格尔：《法哲学原理》，范扬、张企泰译，253页，北京，商务印书馆，1979。

需要，从外部强制性地为家庭和市民社会立法，确立法治社会秩序来规范市民社会的特殊利益关系，即国家高于市民社会。黑格尔将市民社会从政治社会中分离出来，明确区分了国家和市民社会。市民社会是"需要的体系"，是个人满足自己物质利益和需要的场所，是一个与家庭、国家相对立的私人经济领域。这种特殊利益关系关联起来的市场自发秩序需要国家来规范，国家是普遍理性的代表。

总而言之，黑格尔颠覆了传统意义上的市民社会理论，他从伦理道德的层面揭示了市民社会的经济本质，较为系统地、完整地提出了现代市民社会理论。同时，黑格尔还意识到要由国家来纠正市民社会道德上的不自足性，这有其合理之处。然而，对市民社会进行分析的视角属于伦理精神的角度，缺乏现实考量，因而不可避免地存在缺陷。譬如，他认为家庭的"私人利益体系"要素属于伦理精神发展的单一性阶段，故未将其包含在市民社会之内；他过分强调属于伦理精神发展的普遍性阶段的国家的合理性，颠倒了国家与市民社会的关系，由此得出国家高于市民社会的结论；他过度强调市民社会这一伦理精神发展的特殊性阶段的非理性方面，因而将司法制度和警察等政治国家机构也纳入市民社会之列。黑格尔的唯心主义历史观利用伦理精神来克服资本主义市场经济的内在矛盾，并没有达到其真正的目的。马克思的市民社会理论研究正是从对黑格尔的法哲学批判开始的。

(四)从黑格尔到马克思——"市民社会—国家"框架的修正

马克思对市民社会概念的认识在现实语境和理论发展等因素下，在不同时期、不同著作中呈现出不同的态势。实际上，不同于西塞罗等学者有专门论述市民社会的著作，或者黑格尔有专门阐述市民社会概念的章节，马克思没有一篇完整地论述市民社会概念的文章或著作。① 西方学者杰·亨特曾指出，马克思的成熟著作中"市民社会"一词已经不再是一个对资本主义社会的关键性理论指认，而是转喻为一种掩盖了更基本的剥削性生产关系的商品交换关系的意识形态指认。② 他认为马克思建构出三条具有差异性和贯通性的理论道路：在 1843 年之前这个概念是同"国家"和"法"相对立的，且基本上是黑格尔式的；19 世纪 40 年代中期，在以《德意志意识形态》为代表的著作中，"市民社会"意味着总的"社会关系"；在《资本论》及其手稿中，作为一个基本理论概念的"市民社会"便很少出现。③ 马克思对市民社会概念经历了借用、质疑、批判、改造的过程，甚至弃置并使用新的概念，到马克思晚年对国家和社会起源的再思考，马克思在对市民社会的解剖与批判中完成了哲学改造与革命，形成了马克思唯物史观。

1842 年之前，马克思作为青年黑格尔派的成员，是黑格尔理论的忠实追随者，他不仅直接沿袭黑格尔在《法哲学原理》中对市民社会概念和国家理论的理解，而且将其作为理论工具探讨历史、法学、国家哲学等问题。随着《博士论文》的写作和《莱茵报》时期接触到大量社会现实，马克思对黑格尔哲学的抽象理性主义原则逐渐产生怀疑。正如马克思所

---

① 参见张一兵：《文本学解读语境的历史在场——当代马克思哲学研究的一种立场》，90—120 页，北京，北京师范大学出版社，2004。

② 参见阎月梅编译：《西方学者杰·亨特谈马克思的市民社会概念发展的三个阶段》，载《国外理论动态》1996 年第 24 期。

③ 参见［英］G. 亨特：《马克思的市民社会概念的发展》，载《马克思恩格斯列宁斯大林研究》1996 年第 2 期。

言，"为了解决使我苦恼的疑问，我写的第一部著作是对黑格尔法哲学的批判性的分析"①。马克思以对黑格尔法哲学的批判为突破口，进入市民社会的哲学研究领域。正如马克思在《黑格尔法哲学批判》中所指出的，黑格尔把市民社会和政治社会的分离看作一种矛盾，这是他较深刻的地方。但错误的是，他满足于只从表面上解决这种矛盾，并把这种表面当作事情的本质。②

马克思批判地分析了黑格尔在国家和市民社会关系问题上的唯心主义观点，抛弃了"契约论"和"理性国家观"，提出"市民社会决定国家与法"的主张，这是马克思在社会历史研究中确立的唯物主义的基本原则。马克思在《黑格尔法哲学批判》（1943）中批判了黑格尔对"国家与市民社会"关系的分析，认为黑格尔在市民社会与国家关系问题上制造了主词和宾词的颠倒。在黑格尔那里，"观念变成了主体，而家庭和市民社会对国家的现实的关系被理解为观念的内在想像活动"，"把它们结合成国家的不是它们自己的生存过程，而是观念的生存过程，是观念使它们从它自身中分离出来"③，针对这一观点，马克思认为，"家庭和市民社会都是国家的前提，它们才是真正活动着的；而在思辨的思维中这一切却是颠倒的"④，"政治国家没有家庭的自然基础和市民社会的人为基础就不可能存在。它们对国家来说是必要条件"⑤。这一思想显然受到了费

---

① 《马克思恩格斯选集》第2卷，32页，北京，人民出版社，1995。
② 参见《马克思恩格斯全集》第1卷，338页，北京，人民出版社，1956。
③ 《马克思恩格斯全集》第3卷，10—11页，北京，人民出版社，2002。
④ 同上书，10页。
⑤ 同上书，12页。

尔巴哈人本学的影响，马克思运用费尔巴哈从存在到思维、从物质到精神的唯物主义认识路线，指出国家、政治制度属于上层建筑，是从属性的、第二性的，缺少了家庭的"天然基础"和市民社会的"人为基础"，政治国家将不复存在，市民社会、经济关系的领域才是决定性的、第一性的因素，市民社会是"私人"活动的领域，"个人自由和对这种自由的应用构成了市民社会的基础"①，因为这种自由基于私人财产，所以它具有一种利己主义特征，"任何一种所谓的人权都没有超出利己的人，没有超出作为市民社会成员的人"②。马克思重新恢复了黑格尔颠倒了的市民社会与国家的关系，提出"市民社会决定国家"的主张，是马克思思想发展中的一个重大转折，也标志着马克思开始从市民社会的角度来探究政治国家的根源。

尽管此时的马克思受到费尔巴哈的影响，将市民社会、国家等"特质社会形式"视为人的本质的实现和人的本质的客观化，把建立在私有制基础上的政治国家视为人的本质的异化。同时由于缺乏政治经济学方面的研究，马克思还未能从市民社会中划分出经济关系与生产关系。但是，马克思已经有了物质利益关系决定社会意识以及国家政治法律制度的观念，他在《政治经济学批判》序言中曾明确指出，"法的关系正像国家的形式一样，既不能从它们本身来理解，也不能从所谓人类精神的一般发展来理解，相反，它们根源于物质的生活关系，这种物质的生活关系的总和，黑格尔按照 18 世纪的英国人和法国人的先例，概括为'市民社会'，而对市民社会的解剖应该到政治经济学中去寻求"③。自马克思

---

① 《马克思恩格斯全集》第 3 卷，184 页，北京，人民出版社，2002。
② 同上书，184—185 页。
③ 《马克思恩格斯全集》第 13 卷(6)，12—13 页，東京，岩波文庫版『経済学批判』，1964。

开始对黑格尔法哲学的批判以来，市民社会问题慢慢进入马克思的视野，马克思在研究中发现对"市民社会的解剖应该到政治经济学"中去寻找，从 1843 年开始马克思经由对市民社会的批判转向对政治经济学的研究。马克思开始系统地研读经济学著作，尤其是英国古典政治经济学著作，并开始了长达 20 多年的资产阶级政治经济学批判。随着马克思政治经济学研究的推进，马克思的"市民社会决定国家"的命题开始转换为"经济基础决定上层建筑"。

马克思在《1844 年经济学哲学手稿》中从异化劳动理论出发，展开对黑格尔辩证法哲学的批判，在对市民社会的剖析中，马克思提出了原创性的劳动价值论和以揭示私有财产的本质为基础的共产主义学说。孙伯鍨先生曾指出，《1844 年经济学哲学手稿》存在"两条逻辑"的区分和演变，即"以抽象的人的本质为出发点的思辨逻辑和以现实的经济事实为出发点的科学逻辑"①。马克思通过对私有财产的分析，指出私有财产是宗教异化、国家、法、意识形态异化的现实基础，体现的是劳动与资本的对立，是无产阶级与资产阶级的对立，是市民社会的本质矛盾，以私有财产为基础的市民社会是异化的社会，马克思把批判的眼光从宗教与政治问题转向更为根本的社会问题——市民社会的异化。值得注意的是，马克思在这一文本中描绘资本主义的经济现实时，采用了当时社会主义者从否定意义上使用的"私有制社会"来取代"资本家社会"的表述，"在《1844 年手稿》中，马克思使用'bürgerliche Gesellschaft'次数开始

①　孙伯鍨：《探索者道路的探索——青年马克思恩格斯哲学思想研究》，177 页，南京，南京大学出版社，2002。

明显减少，并且他没有直接使用'bourgeois'的概念，这是马克思进入一个全新逻辑视域后对自己原有思考学统的暂时搁置"①。从中我们可以看到马克思对于私有制、私有财产的态度。通过创立劳动异化理论发现私有财产的秘密之后，马克思对此进行了批判性阐述，揭示出市民社会的异化本质，并探索扬弃异化的道路，而这条路正指向共产主义。用马克思的话来说就是，

> 共产主义是私有财产即人的自我异化的积极的扬弃，因而是通过人并且为了人而对人的本质的真正占有；因此，它是人向自身、向社会的(即人的)人的复归，这种复归是完全的、自觉的而且保存了以往发展的全部财富的……它是人和自然界之间、人和人之间的矛盾的真正解决，是存在和本质、对象化和自我确证、自由和必然、个体和类之间的斗争的真正解决。它是历史之谜的解答，而且知道自己就是这种解答。因此，历史的全部运动，既是这种共产主义的现实的产生活动即它的经验存在的诞生活动，同时，对它的能思维的意识说来，又是它的被理解到和被认识到的生成运动。②

简言之，共产主义是对私有财产的真正意义上的扬弃，要达到这个目标，需要现实的和理论的革命运动。

1845 年，马克思、恩格斯合作撰写《关于费尔巴哈的提纲》，被誉为"包含着新世界观的天才萌芽的第一个文件"和"历史唯物主义的起源"，其中马克

---

① 张一兵、周嘉昕：《资本主义理解史——马克思恩格斯资本主义科学批判构架的历史生成》第 1 卷，193 页，南京，江苏人民出版社，2009。

② 《马克思恩格斯全集》第 42 卷，120 页，北京，人民出版社，1979。

思初步形成了科学的实践理念，对费尔巴哈实现了科学的扬弃和整合。马克思意识到费尔巴哈把神化的人的本质归结于他的世俗基础，与静止的、无矛盾的、"理想的"社会共同体相对立的，正是"不理想的"市民社会。马克思对此提出异议，认为这样的理论视域无法达到对市民社会的真正理解，他提出，

> 世俗基础使自己从自身中分离出去，并在云霄中固定为一个独立王国，这只能用这个世俗基础的自我分裂和自我矛盾来说明。因此，对于这个世俗基础本身应当在自身中、从它的矛盾中去理解，并在实践中使之革命化。[①]

可见，此时的马克思已经看到市民社会作为经济基础对意识形态和政治结构的上层建筑的决定作用。"人的本质不是单个人所固有的抽象物，在其现实性上，它是一切社会关系的总和"[②]，是由市民社会的生产关系与社会关系决定的。

《德意志意识形态》(1846)正是在对黑格尔哲学和费尔巴哈哲学进行科学扬弃的基础上写作而成的，马克思创立了以历史唯物主义为基础的新世界观，完成了世界观的革命性转变。这是马克思市民社会理论在哲学高度上升华的产物。马克思在书中从广义上对市民社会做出规定：

> 在过去一切历史阶段上受生产力制约同时又制约生产力的交往

---

① 《马克思恩格斯选集》第 1 卷，55 页，北京，人民出版社，1995。
② 同上书，56 页。

形式，就是市民社会。

市民社会包括各个人在生产力发展的一定阶段上的一切物质交往。……"市民社会"这一用语是在 18 世纪产生的，当时财产关系已经摆脱了古典古代的和中世纪的共同体[Gemei nwesen]。真正的市民社会只是随同资产阶级发展起来的。①

此时的市民社会，并非指资本家社会，而是物质交往方式，是以经济交往为本质的经济基础，在"生产力"与"国家"和其他上层建筑中间获得了新的理论所指。马克思认为市民社会是从生产与交换中发展起来的，并在一切时代都构成国家的基础及任何其他观念的上层建筑的基础。市民社会是经济基础，是经济结构、生产关系的总和，是总的社会关系，政治国家和意识形态是建立经济基础之上的上层建筑，市民社会从专指资本家社会的狭义走向广义。

到了《哲学的贫困》(1847)中，马克思正式用"生产关系"概念取代了《德意志意识形态》中的"交往关系"、"交往形式"、"交往方式"等尚未定性和统一的表述，《德意志意识形态》中的"分工—所有制—现代私有制社会"逐步被"生产力—经济关系—生产方式—社会"的分析话语所取代，"市民社会"概念在马克思、恩格斯那里使用从频繁到减少甚至被搁置，生产力与生产关系的辩证运动规律得到关注。《共产党宣言》(1848)中，恩格斯将市民社会指认为近代资本主义所产生的物质生活关系的总和，马克思采用"生产力和生产关系"、"生产方式"等新的术语取代"市民社会"概念来分析资本主义社会与人类社会。马克思在对生产关系的历史本性的理解的基础上，

① 《马克思恩格斯选集》第 1 卷，87，130 页，北京，人民出版社，1995。

第一次全面透彻地分析了"资本"概念，同时还重新界定了"市民社会"（资产阶级社会）概念……即在机器工业生产力（分工）基础上形成的资产阶级社会（bürgerliche Gesellschaft），其中居于统治地位的是"资本"这样一种特定的资产阶级的社会生产关系。①

到《资本论》及手稿中，"市民社会"概念已经很少作为基本理论概念出现，一般被译作"资产阶级社会"。而"市民社会"的说法，到了 1867 年《资本论》第一卷中，

只有区区不到十处提到了该词，这固然与《资本论》专注于政治经济学批判有关，但更重要的一个原因是新的概念框架逐渐确立，对于资本主义现实的指认不再依托于一个容易引起误解的"市民社会"，而是直接诉诸更加科学的概念——资本主义生产方式。②

马克思使用新的术语来描述资产阶级社会，与 1848 年欧洲革命失败之后无产阶级革命和资产阶级统治方式变化这一社会背景不无关联，同时马克思意识到"市民社会"的真正主体并非资本家，而是资本，是从生产中衍生出来的资本，其人格化的表现正是市民（资产阶级），马克思最终

---

① 张一兵、周嘉昕：《资本主义理解史——马克思恩格斯资本主义科学批判构架的历史生成》第 1 卷，327—328 页，南京，江苏人民出版社，2009。

② 张一兵、周嘉昕：《市民社会：资本主义发展的自我认识——来自马克思主义的一种谱系学分析》，载《南京大学学报（哲学·人文科学·社会科学）》2009 年第 2 期。

拨开资本主义社会物象化的迷雾，指向共产主义。

综上所述，马克思继承和发展了黑格尔的市民社会理论，肯定了其中合理性的部分，指出并恢复了被黑格尔颠倒了的市民社会和国家的关系，提出了属于经济基础的范畴的"市民社会"概念，将着眼点放在"物质的生活关系"上，揭示了资本主义生产方式的内在矛盾。马克思认为，市民社会是政治国家的基础，超越市民社会的唯一途径是人类解放。

(五)现代市民社会理论的研究视角：市民社会的社会文化领域考量

西方马克思主义学者中的众多问题意识，譬如，卢卡奇的阶级意识、葛兰西的文化领导权理论、阿尔都塞的意识形态问题、哈贝马斯的交往理论等，无不与市民社会问题息息相关。20世纪之后，西方学界掀起了两次市民社会讨论热潮。第一次是30年代葛兰西(Antonio Gramsci)发起的，第二次是80年代末以哈贝马斯(Jugen Habermas)等人为代表的，对市民社会的分析视角从近代的经济角度规定市民社会，转变为从社会联系和文化的角度来规定市民社会，他们认为市民社会不仅仅是经济交往的领域，还是自治的民间社团及其活动所构成的公共领域。

葛兰西作为西方马克思主义理论的创始人之一，从社会文化领域赋予了"市民社会"以全新的内涵。他主张市民社会是被纳入上层建筑的范畴，既不同于黑格尔从伦理精神层面批判的市民社会，也不同于马克思视作经济基础的市民社会。葛兰西提出"国家＝政治社会＋市民社会"①

---

① ［意］安东尼奥·葛兰西：《狱中札记》，葆煦译，222页，北京，人民出版社，1983。

的范式，认为国家是政治社会和市民社会的结合体，强调现代国家意识形态领导权的重要性，重视知识分子在现代国家中的作用。葛兰西在其著作《狱中札记》中明确指出两个上层建筑：

> 一个可称作"市民社会"，即通常称作"私人的"组织的总和，另一个是"政治社会"或"国家"。这两个阶层一方面相当于统治集团通过社会行使的"霸权"职能，另一方面相当于通过国家和"司法"政府所行使的"直接统治"或管辖职能，[①]

将市民社会纳入上层建筑的范畴。在葛兰西那里，"政治社会"意指国家和政府政治活动的领域，"市民社会"则作为一切"私人的组织的总和"，代表着文化伦理和意识形态领域。

在葛兰西的市民社会理论中，文化与意识领导权尤为突出，在市民社会权力关系上，表现出"武力和同意，统治和文化领导权，暴力和文明"的二元结构，国家体现出"强力＋领导权"的双重性质。葛兰西提出"文化领导权"理论，他指出，"这个市民社会的活动是既没有'制裁'，也没有绝对的'义务'，但是在习惯、思想方式和行为方式、道德等等方面产生集体影响并且能达到客观的效果"[②]。因此，统治阶级要维持对被统治阶级的统治，不能仅仅依靠强制性的、暴力性的国家机器，必须同时行使对被统治

---

① ［意］安东尼奥·葛兰西：《狱中札记》，曹雷雨等译，7 页，北京，中国社会科学出版社，2000。

② ［意］安东尼奥·葛兰西：《狱中札记》，葆煦译，191—192 页，北京，人民出版社，1983。

阶级的文化"领导权"。他认为，在市民社会取得相对发达形式的社会里，政治的强制性开始弱化，文化和意识形态的领导权开始突出，传统国家的性质与功能也开始发生某种变化。在这种意义上，市民社会的概念与文化领导权的概念是不可分的。可见，在葛兰西那里，"市民社会"是资产阶级意识形态领导权得以实现的根本途径和载体。同时，葛兰西还强调，掌握"市民社会"的文化领导权，是掌握"政治社会"的国家领导权的先决条件。正因如此，葛兰西提出，西方无产阶级要取得胜利，必须实施以争夺文化领导权为核心的文化革命战略，而此时"有机知识分子"在争夺文化领导权的过程中起着至关重要的作用，因而葛兰西得出了必须依靠有机知识分子的力量批判资本主义文化意识形态并夺取文化意识形态领导权的结论。

葛兰西将对市民社会的理论研究从经济交往领域引领至意识形态和文化的领域，其市民社会理论具有特殊意义，对后马克思主义的市民社会理论以及哈贝马斯的市民社会理论都产生了深远的影响。法兰克福学派著名理论家哈贝马斯继承了葛兰西的用法，在其理论向度内引入"公共领域"和"生活世界"的概念，作为剖析资本主义社会的工具。

尽管哈贝马斯对市民社会问题的研究路径沿袭了葛兰西的理论，但两者存在着明显的差异。不同于葛兰西将市民社会纳入上层建筑的范畴，哈贝马斯认为市民社会是独立于、对立于政治国家领域的，哈贝马斯同样强调文化领域是市民社会的重要部分，但并非仅限于该领域，而认为文化领域是以经济交往的私人领域为基础的。在哈贝马斯看来，资本主义市场经济促使私人个体领域的确立，市民社会由此而生，其内容包括两大部分，其一是以资本主义私人占有为基础的市民体系；其二是指公共领域，包括"教会、文化团体和学会，还包括了独立的传媒、运动和娱乐协会、辩论俱乐部、市民论坛和市民协会，此外还包括职业团体、政治党派、工会和其他组织等"①，是由私人组成的、独立于国家的社会文化体系，是市民社会的主体。这是哈贝马斯对市民社会问题的探讨的第一个阶段，从政治国家(公共权力领域)来分析市民社会(经济领域＋公共领域)，基本与黑格尔和马克思对市民社会的理解一致。哈贝马斯对市民社会问题探讨的第二阶段，主要从"交往行为"和"生活世界"的视角界定市民社会，强调建构"理想的生活世界"，将"公共领域"概念发展成"生活世界"概念，哈贝马斯在这一阶段对市民社会的分析，主要反映的是晚期资本主义的社会现实，他提出，修复理想市民社会结构的必要前提是工具理性和交往理性。

总而言之，马克思之后的时代，自由竞争的市场经济时代已基本结束，市场社会的总体结构和运作方式发生了巨大变化，上层建筑、社会文化领域中的各种问题日益凸显。与此同时，随着民族解放运动和民主运动的展开，社会的政治结构逐渐形成国家的社会化和社会的国家化。新的历史形势下的市民社会与政治国家的关系需要新的市民社会理论来进行分析，葛兰西和哈贝马斯正是在这样的背景下从文化层面界定市民社会的，为市民社会注入了新的理论内涵。

二、日本市民社会理论的历史性描述

通过对市民社会在西方政治理论中漫长而含义纷杂的历史演进的梳

---

① ［德］哈贝马斯：《公共领域的结构转型》，曹卫东等译，序言，29 页，上海，学林出版社，1999。

理，我们可以发现，这一概念在历史发展的不同时期具有不同的指称与内涵，古典和中世纪时期的市民社会被视作政治性的有组织的共同体，现代早期的市民社会是由生产、个人利益、竞争和需求带来的一种文明，到了现当代时期，市民社会则成为以自由为目的、制约中心权力的中介性机构组成的公共领域。[①] 西方市民社会理论的发展如上所述，不同时期其含义各不相同，在拥有不同历史背景的东西方语境中，市民社会的含义也同样存在着差异。本书的研究个案是，第二次世界大战后日本马克思主义的代表人物平田清明的市民社会理论，在进入该理论的探讨之前，我们有必要对日本的市民社会理论进行一个宏观的历史性描述，从而为平田清明市民社会理论存在的历史背景提供一个立体的、全面的理解。

(一)日本"市民社会"概念的确立：从马克思原著的日文翻译版展开

日语"市民社会"概念的第一次公开使用是在佐野学于 1923 年翻译的马克思《政治经济学批判》一书中，"这种物质的生活关系的总和，黑格尔按照 18 世纪的英国人和法国人的先例，概括为'市民的社会'"[②]。确切地讲，当时的表述为"市民的社会"。这一翻译后来作为福田德三[③]

---

① Ehrenberg，John，*Civil Society：The Critical History of an Idea*，New York University Press，1999，p. 6.

② 『経済学批判』，佐野学訳、福田德三校註，『マルクス全集』第 10 册，3 頁，東京，大鐙閣，1923。中文译本一般译作："这种物质的生活关系的总和，黑格尔按照 18 世纪的英国人和法国人的先例，概括为'**市民社会**'。"

③ 福田德三(1874—1930)接受德国古典学派及马克思经济学影响，在日本建立经济理论、经济史、社会政策等门类，并介绍《资本论》，被视为日本的西方经济学的开山鼻祖。

校注的大镫阁版《马克思全集》（全十二册，1920～1924 年）的第十分册
公开出版。这里"市民的社会"的原文为"bürgerliche Gesellschaft"，但
是，除了上文引用之处，该译著的其他地方所出现的"bürgerliche"均译
作了"资本家的"，"bürgerliche Gesellschaft"均译作了"资本家的社会"。
例如，马克思《政治经济学批判》序言的开头部分就被翻译如下：

> 我考察资本家的经济组织是按照以下的顺序：资本、土地所有
> 制、雇佣劳动；国家、对外贸易、世界市场。在前三项下，我研究
> 现代资本家的社会分成的三大阶级的经济生活条件。①

同时，在该译著中收录了《政治经济学批判》导言，其中所采用的译语同
样也是"资本家的社会"，文中是这样表述的："这倒是对于 16 世纪以来
就进行准备，而在 18 世纪大踏步走向成熟的'资本家的社会'的预感。"②
这样的翻译看似很奇怪，但仔细阅读后似乎可以看出其中的缘由。马克思
在该书中使用的"bürgerliche Gesellschaft"一词所指认的是《资本论》中的
"资本主义社会"，因此，"bürgerliche"这一形容词变形的名词"Bürger"（市
民）实际上指的是"资本家"，由此"bürgerliche Gesellschaft"被译作"资本家
的社会"。然而，在鲜少谈及"资本主义"概念的黑格尔那里，该词只能译

---

① 『経済学批判』，佐野学訳、福田徳三校註，『マルクス全集』第 10 册，1 頁，東
京，大鐙閣，1923。中文译本一般译作："我考察**资产阶级经济**制度是按照以下的顺序：
资本、土地所有制、雇佣劳动；国家、对外贸易、世界市场。在前三项下，我研究现代
资产阶级社会分成的三大阶级的经济生活条件。"

② 同上书，11 页。中文译本一般译作："这是对于 16 世纪以来就作了准备，而在
18 世纪大踏步走向成熟的'**市民社会**'的预感。"

作字面意义，即"市民的社会"。因此，佐野学在翻译马克思的文章时，倘若提及的是黑格尔的用语，一般都译作"市民的社会"。

真正将"bürgerliche Gesellschaft"译作"市民社会"的，是在 1925 年 6 月同人社书店出版的佐野文夫译《关于费尔巴哈的提纲》一书中。佐野文夫将《关于费尔巴哈的提纲》第十条译为："旧唯物主义的立脚点是'市民'社会。新唯物主义的立脚点则是人类社会或社会化了的人类。"[①]同年 11 月，同人社书店出版久留间鲛造、细川嘉六译马克思《论犹太人问题》，书中同样使用了"市民的社会"的译语，但译者对该用语加上了如下译注：

> 此处暂把 bürgerliche Gesellschaft 译作市民的社会。尽管译者也感该译法并不完全贴切，但是却想不出更为适合的日文译法。这样一个蕴含浓厚历史底蕴和复杂内涵的词汇，从严格意义上来看几乎是不可译的。尤其是从马克思在文中频出该词的上下文中可知，该词本身具有特殊含义，同黑格尔在其法哲学中的界定。……倘若撇开其他各种关系，此处的"市民的社会"也可译作"个人中心的社会"，亦或者"商品生产社会"。[②]

由此可见，日本学者在翻译马克思经典著作时对于"bürgerliche Gesell-

---

① 『フォイエルバッハ論綱』(フォイエルバッハ論)，佐野文夫訳，172 頁，東京，同人社書店，1925。(1929 年收录于岩波文库)

② 『猶太人問題を論ず』，久留間鮫造、細川嘉六訳，85、87 頁，東京，同人社書店，1925。(1928 年收录于岩波文库)

schaft"的确煞费苦心，他们关注到了早期马克思使用该词时沿袭了黑格尔《法哲学原理》中的特殊指称，指出该词可以译为"个人中心的社会"，同时考虑到马克思之后的用语规范，该词也可表达为"商品生产社会"。

尽管此时"市民社会"的表述已经作为马克思的术语在日语中出现，但是学界仍然以"资本家的社会"、"布尔乔亚社会"的表述居多。1926年丛文阁书店出版的宫川实译的《政治经济学批判》中采用了"资本家的社会"①的译法。同年新潮社出版的《马克思著作集》第一卷、1929年改造社出版的《马克思恩格斯全集》第七卷中收录的猪俣津南雄译的《政治经济学批判》（《政治经济学批判》导言）中，使用的都是"市民社会"的译法，只是"市民"一词上加了"布尔乔亚"②的脚注，而《政治经济学批判》序言中又直接采用了"布尔乔亚社会"③的译法。同一部著作中对于同一个词语采用了"市民社会"、"资本家的社会"、"布尔乔亚社会"三种不同的译法，或者在译文中加上"尽管译者也感该译法并不完全贴切，但是却想不出更为适合的日文译法"之类的译注，这难免让阅读者感到困惑不已，但这就是马克思著作的日文翻译版的最初状态。

（二）"讲座派"对日本资本主义的认知：日本"市民社会"的特殊性

第一次在马克思著作译本之外的文本中出现"市民社会"的日语表

---

① 『経済学批判』，宮川実訳，3頁，東京，叢文閣，1926。

② 『経済学批判』，猪俣津南雄訳，『マルクス・エンゲルス全集』第七巻，384頁，東京，改造社，1929。

③ 同上书，414—415页。

述，是在"讲座派"马克思主义者的著作中。所谓日本"讲座派"，指的是20世纪30年代出现的一个对日本马克思主义研究产生深远影响的学者团体，这些马克思主义研究者的成果多集结于岩波书店出版于1932—1933年的《日本资本主义发展史讲座》系列丛书中，"讲座派"之名由此而来。20世纪20年代后半期，为了满足当时日本无产阶级革命斗争的需要，运用唯物史观研究日本资本主义的著作多有出版。当时，日本马克思主义研究分为两大潮流，即"讲座派"与"劳农派"，"讲座派"强调日本资本主义的半封建性质，"劳农派"则以《劳农》杂志为阵地批判前者，否定日本资本主义的半封建性质，代表人物主要有猪俣津南雄、山川均、向坂逸郎、土屋乔雄等。两派对资本主义的认知存在诸多分歧，围绕明治维新及日本资本主义性质等许多问题展开了旷日持久的论争，史称"日本资本主义论争"①。劳农派主张应立即进行社会主义革命，强调金融资本的统治作用和农业的资本主义化。讲座派则提出"两阶段革命论"，他们认为日本存在着半封建地主制的统治和以其为基础的绝对主义天皇制，因而，在进行社会主义革命之前，日本首先要进行推翻天皇制的资产阶级民主革命，以扫除封建残余。山田盛太郎的《日本资本主义分析》、小林良正的《日本产业的构成》、平野义太郎的《日本资本主义社会的结构》是"讲座派"的三部代表作，被誉为"讲座派三大经典"。"市

---

① "讲座派"与"劳农派"的争论主要围绕三大问题：第一，对明治维新后农业生产关系中封建因素的认识，前者认为这是半封建的寄生地主土地所有制，后者认为这是向资本主义过渡的近代土地所有制；第二，对日本天皇制的认识，前者认为这是绝对君主专制制度，后者认为这是资产阶级君主制度；第三，对明治维新性质的评价，前者认为这不属于资产阶级革命，后者认为这属于资产阶级革命。

民社会"一词的表述正是出现在"讲座派"马克思主义者平野义太郎的著作《日本资本主义社会的结构》(1934)中。

平野义太郎(1897—1980)在该书中关注的对象是包含"经济结构"，以及在此基础上形成的"上层建筑"在内的"资本主义社会"。平野在书中明确指出："本书在对日本资本主义进行分析的基础之上，将经济基础之上组织、整合起来的社会机构、阶级分化、社会组成，以及政治关系，在与经济结构的相互关联中加以把握。"[1]在平野看来，"意味着人类进步的资本主义生产方式，是冲破封建生产方式这一社会发展桎梏的变革"，从历史角度来考察，可以发现"日本布尔乔亚自由民权运动，受制于国际国内的诸多条件，尽管其自身是一种不彻底的、简单的，抑或是变种的自由主义，但由此而确立的布尔乔亚社会是反对旧的封建体制的布尔乔亚的自由、平等的胜利，因而意义重大"。他认为：

> 最彻底的布尔乔亚民主主义变革的政治革命(尤其是在法国)，是与竭力阻止布尔乔亚发展的封建体制相对立的，并且是用以克服之的、为了实现布尔乔亚全社会的、从根底上展开的变革。这种为了市民社会的变革，通过废除旧制度的统治者的形式，变革建立在脱离全"国民"的少数封建领主的利益基础上的国家制度，使权利复归市民社会的成员，即"独立"的"个人"。[2]

---

[1]　[日]平野義太郎：『日本資本主義社会の機構』，1頁，東京，岩波書店，1934。
[2]　同上书，155—156页。着重标记为笔者添加。

由此，我们可以发现，在平野那里，"市民社会"是作为"布尔乔亚社会"的同义语而出现的。尽管"市民社会"与"布尔乔亚社会"同为"资本主义社会"的历史存在形式，但从平野的表述中可以看出，他认为布尔乔亚社会的确立是"反对旧的封建体制的布尔乔亚的自由、平等的胜利"的结果，"市民社会的成员"是"独立的个人"。

平野义太郎的这一思想与当时日本的历史现实是密不可分的。当时的日本，被视作"对'自由、平等'思想尚不可知的专制主义封建制"社会，这一历史认识主要来源于接受了西欧中心主义的"亚西亚专制、亚西亚停滞"史观的福泽谕吉[①]所提出的"文明开化"[②]思想。其中所衍生出的"先进的欧洲"对"后进的亚洲"的认识框架，同样折射到了对"资本主义社会"的认识上。平野认为，欧洲的"资本主义发展"促成了"自由、平等、独立的个人"所构成的"市民社会"，与此相对，"日本的布尔乔亚自由民权运动"只是"自由主义的不彻底的变种"，其结果是为日本带来了"资本主义社会"，但并不是欧洲意义上的"布尔乔亚社会＝市民社会"。因此，当时日本社会所直面的问题在于，日本资本主义中存在封建残余，有必要进行推翻天皇制"封建体制"残余的"布尔乔亚民主主义革命"，这是当时日本"讲座派"马克思主义者的共通性认识。正是在这种认识框架之下，日本形成了 1945 年战败后蕴

---

① 福泽谕吉(1835—1901)，日本近代著名的启蒙思想家、教育家，主张脱亚论，形成了富有启蒙意义的教育思想，对传播西方资本主义文明、促进日本资本主义的发展起了巨大的作用，因而被日本称为"日本近代教育之父"、"明治时期教育的伟大功臣"。

② "文明开化"一词出现在福泽谕吉《文明论之概略》(1875)中，作为 civilization 的译语开始被使用。

含"民主主义"思想的"市民社会理论"。

(三)高岛善哉的市民社会理论："讲座派"的继承与超越

在"讲座派"马克思主义学者的研究之外，日本"市民社会理论"的另一源流来自20世纪40年代前半期日本学界所进行的亚当·斯密研究。当时，日本法西斯对马克思主义大肆打压，马克思研究受到压制，此时，日本出现了一股新的斯密研究潮流，他们从生产力论的角度来强调斯密"文明的商业社会"论所提出的自由主义，并将其作为反法西斯的基准。最有代表性的研究成果是1941年高岛善哉的《经济社会学的根本问题》（日本评论社）和1943年大河内一男的《斯密和李斯特——经济伦理和经济理论》（日本评论社），这是标志着日本市民社会理论在第二次世界大战中形成的两部代表性著作。高岛在其著作中为"市民社会"概念注入了新的含义，他没有将其视作黑格尔或是马克思的术语，而是将"市民社会"概念定义为英语中的"civil society"的译语，这一用法是与对从霍布斯到斯密的英国近代社会的认识密不可分的。高岛在其著作中明确指出：

> 尽管市民社会(civil society)一词在霍布斯以来一直为英国学界所频频使用，但是该词真正的含义并不明确。无论是洛克、弗格森还是斯密，对其都没有明确的规定。英语中"civil"一词本来就代表多层含义，例如：与"宗教的"(ecclesiastical)相对应的"世俗的"含义，与"武官"(military)相对应的"文官"的含义，与"联邦的"(commonwealth)相对应的"庶民"的含义。

但是，当市民社会作为 civil society 概念使用时，首先指认的是，"人的经济关系，尤其是 17、18 世纪摆脱了中世纪束缚的，获得政治、经济、文化解决的近代社会关系"①。马克思曾说过，"物质的生活关系的总和，黑格尔按照 18 世纪的英国人和法国人的先例，概括为'市民社会'"，高岛将黑格尔所效仿的先例追溯到弗格森、斯密，甚至更早的霍布斯和洛克，因而将"市民社会"按英语的"civil society"来理解。他指出："他们所发现的现实社会是充斥着分工和交换的市民社会，已经不再是社会以前的自然状态。亚当·斯密的'商业的社会'（commercial），或是弗格森的'商业的国家'（commercial state)指的都是这个。"显然，作为斯密研究者，高岛很清楚斯密在《国富论》中使用的社会概念是"商业的社会"的表述，而弗格森在形容近代社会的特征时使用的也不是"市民社会"，而是"商业的国家"的表述。然而，他认为，

> 无须拘泥于自然法的、超历史的思维模式，斯密与弗格森所抓住的，正是打上 18 世纪英国社会烙印的历史的现实，是作为经济社会存在的市民社会。……是实现第三阶段而存在的生活关系。政治上的自由、平等、博爱的精神，和经济上的等价、正义的思想，正是构成了这种生活关系的枢轴。亚当·斯密的市民社会也好，商业的社会也罢，指的就是这样的社会。②

---

① ［日］高島善哉：『経済社会学の根本問題』，『高島善哉著作集』第 2 巻，122—123 頁，東京，こぶし書房，1998。

② 同上書，126—127 頁。

可见，高岛仍然坚持将斯密等人的表述译作"市民社会"，很明显这是受到了马克思的影响①。

　　总而言之，高岛认为斯密所描述的"商业的社会"，实质上是"资本主义社会"，但又与之相分离，是一种以"政治上的自由、平等、博爱的精神，和经济上的等价、正义的思想"为枢轴的近代社会，这是高岛的市民社会思想的基本认识。很明显，高岛的这一认识与"讲座派"对社会现状的认知非常接近，即日本尽管存在"资本主义社会"，但是并不存在欧洲意义上的"市民社会"。高岛的"市民社会"思想受到了恩师"讲座派"代表人物大塚金之助②的深刻影响，同时又将其与斯密研究结合在一起，可以说是对"讲座派"的继承与超越。

　　高岛善哉"市民社会论"的正式确立，和在学界引起重大反响是在1945年日本战败之后。第二次世界大战后的日本在盟军的占领之下，受到了盟军最高司令官总司令部（GHQ）的控制和压制，日本进行了大规模的包括修改宪法、财阀解体、农地改革等一系列"战后改革"，迅速地促进了"民主化进程"。尤其是农地改革，把"讲座派"看作"半封建的"农村小作农转变为独立自营的农户，这样，日本资本主义的特殊性大大地得到了消解。在这样的历史背景下，高岛发表了《亚当·斯密的市民社会体系》（日本评论社，1947），认为"日本还没有'市民社会'"，"市民社

---

　　①　马克思曾将历史分为三个阶段：第一阶段为原始共同体阶段，第二阶段为市民社会阶段，第三阶段为自由人的联合阶段。世界历史是按照原始共同体—市民社会—自由人的联合的顺序发展的。

　　②　大塚金之助（1892—1977），"讲座派"代表人物，马克思主义者，福田德三校注的大镫阁版《马克思全集》译者之一，面对日本的现状，曾提出"日本没有市民社会"的言论。

会"是脱离了日本现实基盘的理想化社会，"不创造出'市民社会'，战后的日本将无法动弹"。这是对"讲座派"日本资本主义认知的进一步超越。

(四)丸山真男、大塚久雄的市民社会理论：战后"近代主义"的萌起

第二次世界大战之后，日本加速了"民主化进程"，以丸山真男、大塚久雄为代表的批判日本封建性为主旨的"近代主义"论者，与民主运动紧密配合，成为学界的一股强大力量，形成了"近代主义"的市民社会理论。日本学者杉山光信指出：

> 近代主义这一称呼来源于一群学者，他们认为日本之所以在法西斯的统治下走上了侵略战争的道路，是因为日本并不存在真正西方意义上的近代，所以封建势力残存的、落后的日本首先必须确立存在于十八九世纪的近代社会。①

"近代主义"的市民社会理论与以内田义彦、平田清明为代表的马克思主义市民社会理论一并成为第二次世界大战后日本市民社会理论的两大重要理论体系。

丸山真男(1914—1996)对于"市民社会"概念的意识可以追溯到 1936 年。20 世纪 30 年代后半期，日本统治阶级建立了法西斯政权，对外进行侵略扩张，对内加强独裁统治，控制意识形态以达其目的。此时，方

---

① ［日］杉山光信：『戦後日本の「市民社会」』，87—88 頁，東京，みすず書房，2001。

兴未艾的马克思主义研究者们遭到了疯狂的打压和杀害①。在这种背景下，相较于"资本主义社会"式的马克思主义表述，黑格尔的"市民社会"的说法显然更为安全和保险。因此，很多学者多改用"市民社会"的表述来替代"资本主义社会"的说法。当时仍在东京帝国大学就读法学专业的丸山真男就曾写作论文《政治学中的国家概念》（1936），使用了"市民社会"的表述。丸山在论文第二节"市民社会与个人主义的国家观"中指出，市民社会是"近代社会科学思维的全面发展的基础，同时也规定着我们的现代思维的最广大的社会性实在"。他同时指出，"1648 年与 1789 年的革命废除了封建制度，近代市民社会华丽地登上了历史舞台，这正是黑格尔所说的欲望的体系（System der Bedürfnisse）"。在这里，人的活动的一切规准都被置于"通过个人劳动以及一切他人的劳动和欲望的满足，经由欲望这一媒介，满足个人的需要"之上。因此，"市民社会"首先是经济社会，在这样的社会中，"物质生活的生产方式制约着社会的、政治的，以及精神的生活过程"。正是商品生产促成了这种"欲望的满足和媒介"，"商品生产的社会的特征即私有财产与分工"②。尽管丸山在文中使用的"市民社会"概念是冠之以黑格尔之名的，但是文中对上述引用使用的注则明确标明是出自马克思《〈政治经济学批判〉序言》的，因此，此时丸山的"市民社会"概念实际上是马克思继承了黑格尔的市民社会观进而在"资本主义社会"的层面上进行阐述的。

---

① 1936 年 7 月，讲座派由于所谓"共产科学院事件"被镇压；1937 年 12 月和 1938 年 2 月，劳农派连续因为"人民战线事件"被镇压。

② ［日］丸山真男：『政治学に於ける国家の概念』(1936)，《丸山真男集 1》，10 頁，東京，岩波書店，1996。

1945 年日本战败，丸山真男开始重新思考日本社会的问题，他在代表作中指出：

> 现代日本的历史处境是，一方面作为必须的课题是克服残存于社会各个方面的封建制度，另一方面已经不能再继续追求单纯的或纯粹的近代化。相反，对近代的扬弃，对市民社会的扬弃已经登上了日程。扬弃市民社会的历史主体的力量……已经光明正大地走上了前台。①

丸山提出在日本的近代化进程中必须进行"市民社会的扬弃"。1946 年，丸山在岩波书店月刊《世界》上刊载了《超国家主义的逻辑和心理》一文，从"超国家主义"的视角对第二次世界大战前日本天皇制的法西斯主义进行批判。在这篇文章中，丸山比较了日本与欧洲国家，指出日本不同于欧洲国家，日本的国家权利并非建立在"舍弃了价值的纯粹形式上的法的机构这一基础"上，而是建立在"精神权威和政治权威"上，在这种将权威和权力集于一身的国家体制中，国家不可能存在所谓私人的领域，也更不可能出现"资本主义社会"意义上的"市民社会"。这是丸山真男对"超国家主义"的批判，这篇论文同时奠定了他作为第二次世界大战后启蒙思想家的位置。

日本经济学家大塚久雄(1907—1996)是与丸山真男并称的第二次世界大战后日本民主主义的代表学者，他的"韦伯城市史研究"以及"亚细

---

① ［日］丸山眞男：『丸山眞男講義録』第 1 册，7 頁，東京，東京大学出版社，1998。

亚共同体研究"在日本享有盛誉，他开创了"大塚史学"学派①。大塚通过对欧洲资本主义确立时期的研究来考察"近代"问题，从经济史角度出发，强调明治维新之后的日本并没有出现市民社会所必需的"自觉意识"。1944 年，大塚在论文《资本主义与市民社会》(后收录于《近代资本主义的系谱》)中使用了"市民社会"的概念。在大塚那里，"市民社会"是作为"资本主义"的同义语而存在的，他就"近代西欧的资本主义(市民社会)的历史特征"问题，援引马克斯·韦伯的"资本主义精神"论做了如下描述：

> 资本主义的特质是，作为胜利的成果，必然会分解中产的生产阶层，从中分化出以利润为目的的、专心于经营的资本家(企业家)和以雇佣为目的的、以劳动为生的劳动者，并促进近代资本主义的形成。这是从主体上推动资本主义形成的精神原动力。②

由此可见，这里的"市民社会"概念实际上正是包含了阶级对立的"资本主义社会"。

总而言之，无论是第二次世界大战之前日本的"讲座派"马克思主义，还是第二次世界大战之后将典型的西欧社会理想化，并将在日本建立西欧式市民社会作为新课题的日本"市民社会论"，都受到了福泽谕吉

---

① 按照历史学家住谷一彦在《投向历史的视线——大塚史学及其时代》(日本评论社，1998)中的表述，大塚的比较经济史与武谷三男的技术论、大河内一男的生产力论、高岛善哉的经济学史、丸山真男的日本政治思想一道，属于"战后启蒙"的范畴，在第二次世界大战后日本的思想史上举足轻重。

② ［日］大塚久雄：『資本主義と市民社会』，『宗教改革と近代社会』四訂版，146 頁，東京，みすず書房，1964。

"文明开化论"的影响。市民社会概念在第二次世界大战之后的日本广泛展开并得以确立，是日本社会将近代化课题以市民社会概念的形式加以收容的产物。

(五)"市民社会派"马克思主义的贡献：新的研究视角

与以丸山真男、大塚久雄为代表的"近代主义"论者一并，组成第二次世界大战后日本市民社会理论的两大重要理论体系的，是以内田义彦、平田清明为代表的马克思主义市民社会理论。第二次世界大战后日本资本主义现代化迅速发展，社会发展的重要课题也从先前的"近代化"课题转向"现代化"课题。

内田义彦(1913—1989)的思想集结了高岛善哉的斯密研究与"讲座派"的共同影响，将斯密研究与马克思研究结合起来，也被学界称作"战后讲座派马克思主义者"。内田认为，市民社会是一个贯穿价值法则的社会，个体的劳动成果在这里可以依据自身价值进行交换，是一个"一物一价"的社会，是一种纯粹的"市民社会"。在"讲座派"马克思主义对日本资本主义的结构和特征进行描述的基础上，内田提出了赋予其新的内涵的市民社会论。内田提出，基于不同的经济结构，资本主义的类型也存在差异，并提出"亚美利加型"和"普鲁士型"两种不同类型。市民革命清除封建势力，由资本家掌握主导权建立经济结构，被称为"亚美利加型"，而在"普鲁士型"资本主义社会中，市民社会并不彻底，资本家势力不得不对残存的封建势力妥协。内田在《战时经济学的矛盾发展与经济理论》(《潮流》1948 年 1 月号)中明确指出："日本资本主义正是'普鲁士型'发展的一个特例。"①当时的日本存在绝对主义的天皇制权力，农村残存了极其顽固的半封建关系。

进入 20 世纪 50 年代之后，内田"市民社会"概念的内涵发生了重大转变。1953 年，内田发表论文《古典经济学》（出口勇藏编，《经济学史》），就"市民社会"概念做了如下表述：

> 哲学、自然法学在重商主义的时代中，与封建的、前期的各种势力（及其意识形态）正面对立，支持以暴力手段推进原始积累过程这一新的国家的历史任务，并为这些暴力的"法"附上合法的标签和内涵（这些暴力的"法"，担负着建立由价值法则所支配的市民社会的重要使命），在这一背景下，哲学、自然法学得以产生。为了应对上述问题，他们试图将"法"的基础从市民社会自身所持有的自然（特性 nature）中引导出来。②

在这里，内田将自然法学派的霍布斯、洛克那里的"国家＝市民社会"形成论替换成"价值法则所支配的市民社会"。同年，内田的著作《经济学的诞生》在未来社出版，该书中《国富论》中的市民社会概念与分析视角"部分对斯密的"市民社会"思想进行了批判性分析，中心论点集中在"市民社会"与"资本主义社会"的关系问题上。内田指出，"资本主义社会"中的劳动者，其本身即"商品"，同时，他也是"劳动力这一商品的所有权者"，"资

---

① ［日］内田義彦：『内田義彦著作集』第 10 卷，114 頁，東京，岩波書店，1989。
② 同上书，271—272 页。

本主义社会是一种尽管为阶级社会但仍然自由的市民社会（在这里，法律所规定的平等是立法的理想，各人可以自由处理所拥有的财产、商品的权利，这成为经济法规，同时尊重人格，只有自己才可以支配自己，这一点成为道德、社会的强制性理念），区别于其他社会形式。资本主义社会发展的目标，是从不太自由的社会到达极致自由的市民社会"。由此可见，在内田看来，"市民社会"是一个与"封建制社会"相区别的历史性存在，是同时将"资本主义社会"的二重性特征抽象化至"极致"的一种理念。

1967 年，内田出版《日本资本主义的思想像》（岩波书店），在书中他提出"一物一价的市民社会"概念，这与《经济学的诞生》中描述的"价值法则所支配的市民社会"的论述几乎无异。但是，从该书中我们还是可以发现，内田"市民社会"思想从 20 世纪 50 年代至 60 年代发生了微妙的变化。此时内田"市民社会"论的最大特点在于完全区分了"市民社会"与"资本主义社会"两个概念，内田认为"市民社会"概念与其说是"价值法则的实现"，毋宁说是一种实现民主主义的"抽象的历史贯通的概念"，是一种无论在"已经确立的资本主义体制的美国"还是在"社会主义体制"下都可以适用的"自由、平等、博爱、正义"①的规范性理念。内田历史性地评价了"讲座派"，以及高岛善哉提出的"日本资本主义是资本主义而并非市民社会"的"市民社会论"，内田提出日本当前需要思考的是美国的资本主义体制中"市民社会"是否真正实现，以及东欧现存的社会主义体制中"市民社会"是否存在等问题，他的理论为日本的社会批判提供了一个新的视角。

---

① ［日］内田義彦：『日本資本主義の思想像』，137 頁，東京，岩波書店，1967。

　　针对内田自 1964 年以来提出的一系列问题，高岛善哉的弟子、同是内田义彦学友的平田清明开始从马克思主义史学研究的角度讨论"社会主义与市民社会"的课题。平田清明是第二次世界大战后日本马克思主义思想史上极为重要的代表人物，20 世纪 60 年代出版著作《市民社会与社会主义》（岩波书店，1969），该书一经问世便引起了日本学界的热切关注。平田在该书中对马克思的市民社会概念进行了重新建构。他要求马克思研究者重新认识马克思的市民社会概念，回归马克思的原初语境，用市民社会范畴来解释马克思所创立的新历史观。

　　平田通过重新解读马克思文献，提出了具有全新内涵的"市民社会"理论。在平田那里，"市民社会"从根本上来看首先是一个个人所形成的自由、平等的社会。他指出：

> 　　市民社会，首先应当是人以市民的形式进行彼此间交往的社会。这里所谓市民，指的是日常的经济生活中，普通的、具体的人，是自由平等的法主体的真实存在。①

市民社会是市民在日常生活过程中形成的社会，市民社会反映了"生产、交往、消费"的发展过程，以及从事这些"生产、交往、消费"的人们的"物质的"、"精神的"生活。同时，平田明确区分了"市民社会"与"资本家社会"，认为至少在近代欧洲，市民社会存在于资本家社会的基底，对社会、历史的理解必须从市民社会与资本家社会两层意义上加以理

---

① ［日］平田清明：『市民社会と社会主義』，79 頁，東京，岩波書店，1969。

解。他指出：

> 在马克思那里，市民社会概念中，本身就包含了资本家社会这层含义。……所谓市民社会阶段本身并不存在，市民社会的第一次社会形成向资本家社会的第二次社会形成的不断转变的过程中，现实的社会形成才得以完成。①

在此理解的基础上，平田形成了对马克思社会主义社会再构建的理论，即著名的"个体所有的再建构"理论②。

平田清明《市民社会与社会主义》的出版引起了学界的广泛关注，至 20 世纪 70 年代，日本的杂志上刊载了众多平田论，其中很多是对平田的《资本论》理解的解释学批判性认识，也有不少是对平田的"市民社会"理解的批判。当时还出现了专门研究平田思想的杂志特集，例如，结构改革派马克思主义的理论刊《现代理论》杂志，组织了 1970 年 11 月号"市民社会与马克思主义"特集和 1973 年 1 月号"共同体、市民社会、社会主义"特集，刊载了对平田的访谈等内容。望月清司正是向"市民社会与马克思主义"特集投稿③的学者之一。

望月清司（1929—   ）是第二次世界大战后日本著名的马克思主义理

---

① ［日］平田清明：『市民社会と社会主義』，52—53 頁，東京，岩波書店，1969。

② 关于平田清明的"市民社会"理论，后面将就具体细节展开详细论述，在此不加赘述。

③ 望月清司向"市民社会与马克思主义"特集投稿的论文为《马克思"市民社会"的历史理论》(1979)。1973 年，望月出版其代表著作《马克思历史理论的研究》。

论家、《德意志意识形态》文本研究专家。望月在融贯了内田义彦、平田清明、高岛善哉、森田桐郎等人思想的基础上，形成了马克思主义市民社会理论。望月在代表作《马克思历史理论的研究》（岩波书店，1973）中，从历史角度对"社会"（Gesellschaft）和"共同体"（Gemeinschaft）[1]等概念进行了界定。他指出，

> 共同体和社会作为人的集结和统合原理，其性质是一样的。只不过前者的集结方式是直接的、没有中介的，而后者要通过某种中介物，才能将没有人格接触的个人彼此联系起来。两者只是集结方式的差异。[2]

在望月那里，马克思对世界历史进程的描述是"本源的共同体（包含无中介的社会结构的共同体）→市民社会（作为共同体协作和分工关系异化形态的社会）→未来社会（由社会化了的自由人自觉形成的社会）"[3]的过程。在人与人之间无须中介而直接交往的共同体之后，私有制的产生使得人成为需要进行商品交换的私有者，社会形态转而成为以分工与交换为中心的市民社会。具有共同体特征的共同劳动，在市民社会内部仍以分工和协作的方式存在，只是采取了与人的本质相异化的形式。历史

---

① 德国社会学家费迪南德·滕尼斯（Ferdinand Tönnies，1855—1936）提出社会进化论中的一对概念。"共同体"（德语：Gemeinschaft；日语：ゲマインシャフト），即因地缘、血缘、友情等自然产生的有机的社会团体。"社会"（德语：Gesellschaft；日语：ゲゼルシャフト），即利益社会，机能体组织。

② ［日］望月清司：『マルクス歴史理論の研究』，277 頁，東京，岩波書店，1973。

③ 同上书，283—284 页。

发展的第三种形态，就是扬弃这种异化，在更高层次上回归共同体，回归人与人的直接分工和协作关系。望月通过对马克思的解释指出，日本实际上并非"没有市民社会"，而是由于"市民社会"在资本主义社会中被异化，因而要求复归"市民社会"，这一点与内田义彦和平田清明的思想不谋而合。

综上所述，"市民社会"的概念，在内田那里被指认为"抽象的历史贯通的概念"①，平田将其视作"西欧历史的形成本身"②，而望月则将其界定为三重规定：第一重，"作为历史基底的市民社会"，是直接展开生产和交往的社会组织；第二重，"本源的市民社会"，是通过缴纳货币地租成为小规模的自由土地持有者所形成的社会；第三重，"作为资本家转化形式的市民社会"，明确区分市民社会与资本主义。③ 佐藤金三郎在《马克思研究与现代》(1975)中，最早在马克思研究内部将他们归类为"市民社会派马克思主义"。他在日本马克思主义"正统派"、"宇野派"④的分类之外，新增了"市民社会派"的分类，对"市民社会派"马克思主义做了如下精确的评价：

> 第三类市民社会派，是最近几年新兴的学派，他们试图将先前马克思主义研究中被忽视的市民社会论重新"复位"于马克思主义。

---

① ［日］内田義彦：『日本資本主義の思想像』，100 頁，東京，岩波書店，1967。
② ［日］平田清明：『市民社会と社会主義』，50 頁，東京，岩波書店，1969。
③ 参见［日］望月清司：『マルクス歴史理論の研究』，609 頁，東京，岩波書店，1973。
④ 所谓"宇野派"，是指由日本东京大学教授宇野弘藏所创立的、以《资本论》为基础建构其经济理论的学派。

如果说前两大类，尤其是"正统派"重视以生产关系为中心的阶级斗争史观，那么，市民社会派则重视以生产力为中心的分工史观。①

20世纪60年代形成的"市民社会派"马克思主义，以其严谨的学术、开阔的视野和独创的理论，在当时的日本学界引起了巨大反响，为马克思主义"市民社会"理论研究做出了重要贡献。

---

① ［日］高須賀義博編：『シンポジウム「資本論」成立史—佐藤金三郎を囲んで』，219頁，東京，新評論，1989。

第二章 | 始点：从魁奈《经济表》到马克思

　　平田清明是 20 世纪 60 年代形成的日本"市民社会派"马克思主义的重要代表人物，新马克思主义奠基人之一。自 1966 年起，平田在《思想》杂志上连载发表论文《马克思的经济学和历史认识——以〈政治经济学批判大纲〉为中心》之后，20 世纪六七十年代又先后在岩波书店出版了《市民社会与社会主义》(1969)与《经济学与历史认识》(1971)两部代表作，引发了日本学界的激烈讨论。平田对马克思的市民社会概念进行了重新建构，将经济学与历史认识结合起来，他要求马克思的研究者重新理解马克思的市民社会概念，用市民社会范畴来解释马克思所创立的新历史观。20 世纪 70 年代，日本的杂志登载了众多平田论，大多对平田提出的日本现代化进程的、具有独创性的市民社会理念，以及平田对马克思《资本论》、《政治经济学批判大纲》等的理解进行批判性讨论，同时期还出现了专门研究平田思想的杂志特集。平田的马克思研究注重回归马克思原初语境，他提出要从马克思本人的固有视角来进行还原分析，关注到如"所有、交往、市民社会"等马克思创立唯物史观时极为重要却在当代马克思主义哲学体系中"缺失的范畴"，在对马克思重新解读的基础上平田提出了"个体所有的再建构"、"否定之否定"的未来社会等一系列独特见解，使其在日本思想史上享有标志性的历史地位。要理解平田清明市民社会理论的精髓，我们将切入点放在平田开始从事市民社会论研究的契机、理论积淀，以及日本当时的社会现实背景上开始考察。

一、魁奈与资本主义市场经济的自我意识

1945 年日本战败之后，平田清明重新回到大学，从事研究与教育工作，他由此开始了广泛的研究与写作活动。这一时期，平田主要致力于法国古典经济学研究、浪漫主义研究、马克思研究。20 世纪 30 年代日本出现了一个对日本马克思主义研究产生深远影响的学者集团，这些马克思主义研究者的成果多集结于 1932—1933 年岩波书店出版的《日本资本主义发展史讲座》系列丛书上，故得名"讲座派"。其中的重要代表

人物山田盛太郎①在第二次世界大战后发表了论文《再生产图式与地租范畴》，指出社会剩余究竟是属于封建地租范畴还是剩余价值（利润）范畴，这构成了不同的体制，同时它也规定了该社会中再生产结构的本质。山田盛太郎的这篇论文在第二次世界大战后的日本产生了重大的影响，并左右了相当一批年轻学者的学术动向，平田清明便是受其思想影响的学者之一。当时的平田无论对于地租理论还是对于图式理论都还比较陌生，更不要提价值理论了。通过对地租理论的研究，平田试图从生产理论的角度来解决生产与流通的对立问题，并且认为地租理论实际上就是价值理论，而再生产图式实际上就是价值论的综合表现。在平田清明看来，先行于马克思的古典经济学者中，魁奈②的研究侧重于再生产理论而忽略了对价值概念的关注，而斯密则是关于价值规定的古典主义研究始祖，但在再生产理论上略逊魁奈一筹。

平田在对古典经济学研究时发现，斯密的经济学从本质上解释了诸多先前自己所质疑的问题，在接触到内田义彦的著作《经济学的诞生》（未来社，1953）对斯密的市民社会思想进行的批判性分析，尤其是"《国富论》中的市民社会概念与分析视角"部分后，平田受到了极大的启发。内田在书中指出，斯密研究中的一大着眼点在于再生产理论和价值论、剩余价值论

---

① 山田盛太郎（1897—1980），日本"讲座派"的主要理论代表人，其著作《日本资本主义分析》成为日本社会科学黎明时期的奠基石，与平野义太郎的《日本资本主义社会的结构》，以及小林良正的《日本产业的构成》被誉为"讲座派三大经典"。山田盛太郎的理论对日本的经济学、政治学、历史学、思想史、社会政策理论等的研究都产生了很大影响。其主要著作还有《战后经济周期的规定问题》、《战后再生产结构的基础过程》等。

② 弗朗斯瓦·魁奈（Francois Quesnay，1694—1774），资产阶级古典政治经济学奠基人之一，法国重农学派的创始人和重要代表。

的系统理论的实现，即资本价值的维持和再生产，在该过程中，生产阶级与非生产阶级的区别被扬弃，从而形成了区别资产阶级与劳动者阶级两个范畴的再生产结构。在平田看来，内田在《经济学的诞生》中肯定了斯密的过人之处，从经济学史的角度解释明白了立足于扬弃地租范畴的再生产结构。而这种从斯密研究来解读马克思的方式让平田清明很受启发，平田开始思考从魁奈研究进入马克思的解读是否可行。

在对魁奈进行了长达十数年的研究之后，平田清明于 1965 年出版了其早期著作《经济科学的创造——"经济表"与法国革命》（岩波书店），主要研究魁奈的经济周期循环论与社会再生产问题，并借此作为解决日本经济高速发展时期的日本问题的关键。平田在该书的后记中明确指出：1955—1956 年之后，

> 探寻出新的经济学研究基准从而为历史认识注入新鲜生气，成为我所有研究的一个突出课题。生活在经济空间——由资本的周期循环所决定的历史空间——中的人们，再生产了其充满市民实感的日常生活，并由此开始了对外化于物质产业关系之外的人际关系的再生产，而这种再生产过程的结构论，我们需要虚心向古典学习。①

此时文中所提及的古典理论，指的正是魁奈的关于社会资本的再生产的学说和对经济体系的全面总结，即《经济表》。可以看出，此时平田所关

---

① ［日］平田清明：『経済科学の創造——「経済表」とフランス革命』，564 頁，東京，岩波書店，1965。

注的内容聚焦在 1955—1956 年之后的日本问题上，并且将解决日本问题的关键归结到资本周期循环以及存在于日常生活中的人们客观创造的再生产结构理论上，即作为周期循环的结果而存在的再生产结构论。平田清明对魁奈的经济周期循环论及社会再生产问题的研究，为其后分析经济社会问题提供了理论积淀和基础视角。

(一)经济学中的斯芬克斯之谜

弗朗斯瓦·魁奈是资产阶级古典政治经济学奠基人之一，法国重农学派的创始人和重要代表，他在《经济表》中最先分析了社会总资本的再生产和流通过程，可以说这是其在经济学说史上最杰出的贡献。马克思在很多著作中提及重农学派和魁奈，认为重农主义体系是对资本主义生产的第一个系统的理解，"把资本在其中被生产出来又在其中进行生产的那些条件当作生产的永恒自然规律来表述的体系"①，对魁奈的再生产理论给予极高的评价：《经济表》的提出"是在十八世纪三十至六十年代政治经济学幼年时期做出的，这是一个极有天才的思想，毫无疑问是政治经济学至今所提出的一切思想中最有天才的思想"②。魁奈运用《经济表》来分析社会总产品的再生产、分配和流通。实际上，从 1758 年的曲折连接线式经济表，到 1763 年与米拉波合作《农村哲学》中简化的过渡范式，再到 1766 年《经济表分析》中的"算学模式"，魁奈《经济表》经由"原表"(Original)→"略表"(Precise)→"范式"(Formula)的逐步修改和

---

① 《马克思恩格斯全集》第 26 卷（Ⅰ），23 页，北京，人民出版社，1972。

② 同上书，366 页。

完善过程最终成形。马克思在《反杜林论》中指出："重农学派在魁奈的《经济表》中给我们留下了一个谜，为解开这个谜，经济学的以前的批评家和历史编纂学家绞尽脑汁而毫无结果"①，那么这个所谓经济学中的斯芬克斯之谜是什么呢？正如马克思所说，"魁奈的《经济表》用几根粗线条表明，国民生产的具有一定价值的年产品怎样通过流通进行分配，才能在其他条件不变的情况下，使它的简单再生产即原有规模的再生产进行下去"②。魁奈在范式中使用了五个理论范畴和五条线进行了标识，如图 1 所示③。

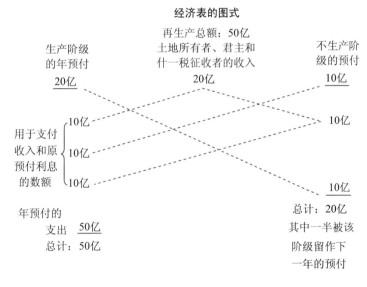

图 1

————————

① 《马克思恩格斯选集》第 3 卷，592 页，北京，人民出版社，1995。

② 马克思：《资本论》第 2 卷，398 页，北京，人民出版社，1975。

③ 魁奈经济表范式的中译本，参见王亚南主编：《资产阶级古典政治经济学选辑》，北京，商务印书馆，1979。

魁奈将国民分为生产阶级、所有者阶级和不生产阶级。生产者阶级是靠耕种土地生产国家财富的阶级，所有者阶级包括土地所有者、君主，以及什一税所有者，不生产阶级指的是耕作以外的从事其他服务和工作的人①，不同阶级在生产中的地位各不相同。生产阶级与不生产阶级的差别就在于是否生产纯产品。"纯产品"理论是以魁奈为首的重农学派的经济理论的核心，是社会总资本再生产和流通学说的基础。纯产品的流通带来了商品在社会各阶级间的流通与分配，导致资本的循环往复，社会再生产成为可能，但工商业不生产纯产品。魁奈强调农业是财富创造的真正源泉，生产阶级提供所有流通中所需的货币，所有阶级和不生产阶级所需的生产资料都是由农业提供的，由此得出高度重视农业的重要性的结论。

魁奈是从"重农"出发讨论再生产和流通问题的，这一主张在法国重商主义盛行的当时具有积极的历史意义。中世纪后期，封建中央集权国家为了应对国内、外问题，开始重视工商业，发展对外贸易，金银（货币）成为社会的唯一财富。重商主义认为利润是在流通中通过交换产生的，以交换为媒介再以高于商品价值本身的价值进行贸易。在这种主张的影响下，经济上，拓展海外市场、掠夺殖民地、对内关税，为资本主义原始积累打下了基础；政治上，重商主义对市民和工商业的保护获得

---

① 魁奈将从事耕作以外的其他服务和工作的人纳入不生产阶级，他认为该阶级的费用是由生产阶级和所有者阶级支付的，其本身不生产纯产品。这与当时的生产力发展水平相关，当时法国租地农场主出现，农业中出现雇佣关系，剩余价值被指认为农业中的纯产品。魁奈认为，手工业者不创造价值，这实际上是手工业劳动中雇佣关系尚不明显所致。过度地强调农业是创造财富的源泉，而忽略工业正是魁奈理论的局限性所在。

了市民阶级的维护，市民社会得以发展。然而，重商主义的一个重要问题在于对资本主义生产方式的理论探讨是"从流通过程独立化为商业资本运动时呈现出的表面现象出发，因此只是抓住了假象"①。政治与经济相结合的体制势必导致市民社会的市场经济也只能属于君主国家，而非普通市民。随着资本主义经济力量的壮大，土地所有权与劳动分离，这意味着土地作为掌握在新阶级手中的独立力量而与自由劳动者相对立。不同于重农主义，重商主义认为财富的源泉来自流通领域。魁奈重视农业生产，从生产领域出发研究不同阶级之间的交换，为社会总产品在不同部类间的交换提供了前提，他把剩余价值起源的问题从流通领域转向生产领域。魁奈的《经济表》异于重商主义的"让渡利润论"，从生产领域来说明剩余价值，为科学分析资本主义经济提供了基础。将生产领域视为富国的根基，实际上是将经济学研究的重心从流通领域引向生产领域，是把对市民社会的考察视角从商业交换的视角转向生产方式的视角，这一重要转变为马克思对资本主义市民社会的生产方式的批判提供了经济学的科学基础。用范式简明地标识出资本主义社会财富的生产、流通、分配的规律性运行过程，是魁奈的重大理论贡献。作为再生产理论的鼻祖，魁奈的《经济表》为马克思的社会再生产理论、瓦尔拉斯的一般均衡理论和里昂惕夫的投入产出分析奠定了基础。

当然，魁奈的《经济表》同样存在诸多局限与不足。首先在于对"纯产品"的定义，重农主义崇尚"自然秩序"，认为自然秩序是上帝赋予的，人们只能了解和遵循，只有依靠"自然"进行生产的农业能够生产出"纯

---

① 《马克思恩格斯文集》第 7 卷，375 页，北京，人民出版社，2009。

产品"，纯产品来源于自然的赐予。在这一逻辑下，从事耕作以外的其他服务和工作的人被纳入不生产阶级，工商业被看作不生产的，并以此为基准进行了阶级划分，且只是从自然恩惠而非无偿劳动的角度去挖掘纯产品的来源，这实际是魁奈阶级局限性的体现。即便如此，魁奈在经济学中第一次制定社会总产品和流通的图解，这个"十八世纪三十至六十年代政治经济学幼年时期"做出的天才尝试，对后来政治经济学的发展产生了重大的影响。

魁奈的《经济表》发表之后，再生产理论并没有得到之后的古典经济学家的继承和发展，这固然与他们分析社会经济的不同视角有关，魁奈的《经济表》从全体社会经济的综合运动着眼进行宏观分析，而斯密等学者更关注以个体经济单位活动为对象的微观分析。在其后的很长一段时期，资产阶级经济学家无法真正理解其意义。正如马克思的评价，这成了一个经济学中的斯芬克斯之谜。直到马克思对魁奈的《经济表》进行了分析和评价，这个让"以前的政治经济学批评家和历史学家绞尽脑汁而毫无结果"的经济学中的斯芬克斯之谜终于有了科学的解释。马克思在《资本论》第二卷、《反杜林论》第二篇第十章、《剩余价值理论》中都有研究，马克思认为魁奈《经济表》的巨大贡献在于，魁奈从产品离开流通的形式上解释产品的再生产，并在某种程度上对剩余价值有所意识，且将其视作生产劳动的标志，认为剩余价值并非从流通中产生。但是，认为只有农业才能产出纯产品，只有农业劳动才能提供剩余价值的观点，是一种打着"封建招牌"的"资本主义的观点"①。为此，马克思根据自己的构

---

① 马克思：《资本论》第1卷，398—399页，北京，人民出版社，1975。

思重新绘制了一份《经济表》，用以代替魁奈的《经济表》。如图 2 所示①。

马克思的《经济表》图示

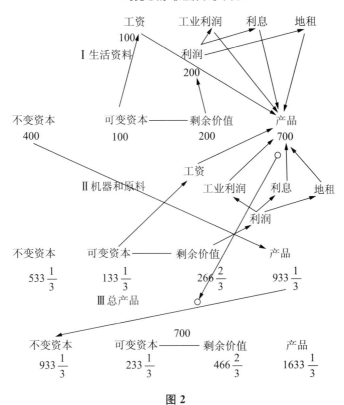

图 2

马克思在解读魁奈的《经济表》时发现了其在概念上的混用，并指出若干重大缺陷。马克思指出《经济表》的第一个前提，是租佃制度和大规模的农业被广泛采用，魁奈的《经济表》只适用于一个农业生产国家，考

① 马克思绘制的《经济表》不止一张，在《1861—1863 年经济学手稿》的《再生产过程》中有四张描述社会资本再生产的图表，1863 年 7 月 6 日给恩格斯的信里也有一张表。本书中的图表引自傅泽风：《马克思对魁奈〈经济表〉的解读与重构》，载《当代经济研究》2011 年第 1 期。作者将马克思《经济表》原表中的虚线改为实线，并对线段加了箭头。《经济表》参考《马克思恩格斯〈资本论〉书信集》，186 页，北京，人民出版社，1976。

察对象是以大规模的租地农场主为代表的资本主义生产，而小农经济等非资本主义因素被舍弃。由于魁奈主张整个国民经济中只有农业是生产部门，而其他都不是生产部门，因此，在他眼里地租是全部剩余价值的唯一形式，从而他忽略了资本家剥削工人这一资本主义社会最本质的生产关系，他无法根据剩余价值的生产与剥削关系来划分资本家与雇佣劳动者阶级。在马克思那里，地租不过是剩余价值的一个特殊组成部分，工资、利润、利息等都包含在内，社会总产品被划分为生产资料和生活资料，假定全部剩余价值为产业资本家所有，无产阶级与资产阶级的关系便凸显出来。除了分析对象为资本主义生产方式经营的大农业这一前提外，马克思还提出了魁奈《经济表》中的其他隐性前提，例如，采用固定的商品价格和简单再生产，农民的家庭手工业附属在农业中，抽象掉对外贸易和各阶级内部的流通等。马克思以科学的价值理论和剩余价值论为基础，创建出科学的社会资本再生产理论，重新绘制的《经济表》弥补了魁奈的《经济表》的缺陷。例如，马克思明确了工人阶级在创造剩余价值方面的地位和作用，认为工人阶级才是真正的生产阶级；马克思明确了社会产品在每个部类中以及各个部类之间的循环路径，揭示了不同生产要素、生产部类的紧密联系。尽管马克思最终未使用经济表的范式，而改用公式的形式解释社会资本再生产模型，但不可否认，马克思的再生产学说、再生产模式，正是对以魁奈为首的重农学派在这个问题上的批判性发展。

(二)从"自由放任"到"功利主义"

以法国经济学家魁奈为首的重农学派是近代自由主义经济学的鼻祖，其哲学基础是"自然秩序"。重农主义(Physiocracy)从词源上看，是希腊文"自然的"(Physio)与"支配、统治"(Cracy)两个词的复合词，意指"自然的支配"、"自然的统治"。他们指出人类社会存在"自然秩序"这一不以人的意志为转移的客观规律，其本质在于个人利益与公众利益的统一，只有在自由经济体系之下才能真正实现两者的统一。人身自由和私有财产是天赋人权的基本内容，是自然秩序规定的人类的基本权利。重农主义从自然秩序中的研究延伸至经济的自由观，市民社会逐渐开始从政治的干预下解放出来，成为自由追逐个人利益的领域。重农学派的经济学家主张自由主义的经济哲学，即"自由放任"(Laissez faire)。

　　魁奈从"重农"的立场出发，强调农业是财富创造的真正源泉，他认为一国经济的繁荣和良性运行，有赖于"大农经营"(运用资本达到相当规模的、以资本主义生产方式进行的农业经营)的发展，即以"大农经营"取代"小农经营"(分散的、以封建农业为特征的小生产经营)，资本主义生产方式经营的大农业是一国繁荣的保证。尽管魁奈认为商业在经济运行中不会使财富增加，但是强调

　　　　商业和农业一样，不可能有自然秩序以外的统治。在所有的商业交易中，贩卖者和购买者是相对立的，但可以根据自己的利益自由地订立契约。他们自己这样调整的利益是和公共的利益相一致的，因为他们自己是他们利益的唯一最合适的审判者。①

---

　　① ［法］魁奈：《魁奈经济著作选集》，吴斐丹、张草纫选译，325页，北京，商务印书馆，1979。

魁奈强调在经济运行中必须严格遵循自然秩序，这种自然秩序是不以人的意志为转移的自然规律，是"不变的、永久的，是自由遵守的，没有任何强制性，而只依靠利益动机的作用，向人指出遵守这些规律可能获得的好处；自然规律保证人们能够得到报酬"。可见，在魁奈那里，统治市场运行的利益机制是自然秩序，要自由放任以利于自然秩序发挥作用，魁奈认为"利己心"会促使人选择优越的有利的事业，在自身利益的制导下，人们自由选择最有利的市场行为，实现市场繁荣。

魁奈的市场经济运行模式较其他重农主义者更高明之处在于，一方面主张自由是人的根本属性，鼓励市场的自由放任与自由竞争；另一方面强调"政府之手"的干预作用，认为政府应在宏观上（总的方面）对经济运行进行干预。当然，这里所谓"政府之手"，并非处在静寂的办公室，单凭幻想来管理事物运行，取缔人民的经济行动，就会以错误代替真理；结果必然会使整个秩序崩溃，因而很快地走上破灭的道路，市场所需要的能够纠正经济运行中的"一切混乱情况和它的弊害"的，是有"见识的政府之手"。而这只有见识的政府之手，指向的是合乎自然秩序的政府干预。魁奈认为"最高权力能够而且应当制定法律来制止明显的混乱现象，但是它不应侵害社会的自然制度"，国家幸福生活的必要条件是"使耕种土地尽可能得到更大的成效和使社会上没有小偷和乞丐。实现第一个必要条件是由每一个人的切身利益所规定的；而第二个必要条件的实现，则由政府负责执行"①。可见，魁奈明确主张自由放任以确保人们以最优、

---

① ［法］魁奈：《魁奈经济著作选集》，吴斐丹、张草纫选译，287，346，402—403页，北京，商务印书馆，1979。

最有效的方式追求自身利益，与此同时，这种利益机制需要与"政府之手"相结合，即由政府来进行宏观干预。至于干预方法，魁奈将其具体化到一系列政府行为，例如，保证国民的财产所有权，保卫国家内外安全，保障国家和个人的安全及财富不受侵犯；合理征收租税，保护农业创造财富；国家制定法定利率，由法律规定一个利息或利率的限度，以防止高利率所导致的经济混乱；政府向农业提供足够的资金保证，促进农业和大农经营的发展；适当投资公共基础设施，重视教育，废除特权等。

崇尚自然法(loisnaturelles)思想的重农主义主张经济脱离政治，建立摆脱国家干预的纯粹市民经济，他们认为重商主义之所以失败，是因为重商主义违反了自然秩序，而自由放任可以发挥市场机制的自发调节作用，使人为秩序符合自然秩序。自由放任的利益机制到了亚当·斯密这里得到了继承和发展，"看不见的手"指认的正是这个问题。斯密在《国富论》第四篇第二章中写道：

> 确实，他通常既不打算促进公共的利益，也不知道他自己是在什么程度上促进那种利益。由于宁愿投资支持国内产业而不支持国外产业，他只是盘算他自己的安全；由于他管理产业的方式目的在于使其生产物的价值能达到最大程度，他所盘算的也只是他自己的利益。在这场合，像在其他许多场合一样，他受着一只看不见的手的指导，去尽力达到一个并非他本意想要达到的目的。……他追求自己的利益，往往使他能比在真正出于本意的情况下更有效地促进社会的利益。①

---

① ［英］亚当·斯密：《国民财富的性质和原因的研究》下卷，郭大力、王亚南译，552 页，北京，商务印书馆，1981。

这只看不见的手引领着人们在追求自利的目标时实现了公共的福利。这里斯密也提到，追求"自己的利益"能更有效地促进社会的利益，这与重农主义的魁奈所提及的"自由和私人利益才能使国家欣欣向荣"的主张基本一致。由此可见，斯密的"看不见的手"与魁奈的"自由放任"有很多理念的重合，例如，肯定个人正当的合理的利己心，主张私益与公益的统一，崇尚自然秩序的作用。

尽管斯密同魁奈一样反对重商主义所主张的"私益与公益不可调和，需要强而有力的国家"的经济政策，但仔细看来，以魁奈为首的重农学派的"自由放任"原则，与其后斯密提出的"看不见的手"的自由主义经济学说在很多方面是存在差异的。斯密与魁奈虽同属近代自由主义，但究其起源却分属两大基本类型。哈耶克将近代社会的自由主义分为两类，一类是以休谟、斯密等人为代表的英国式经验主义的自由主义，认为社会制度是个人行为的无意识的积淀，自上而下的设计主义式的介入有害而无利；另一类是以百科全书派、重农学派，以及卢梭等为代表的法国式的思辨性的理性主义的自由主义，受法国启蒙主义、笛卡尔的理性主义的影响，主张有计划地设计和运营社会。日本著名的斯密研究专家高岛善哉曾指出斯密的自然法是一种思辨的、形而上学的、机械主义的自然法，是"经验性的自然法"①。不同于魁奈所崇尚的自然法，即近代自然科学基于对自然的认识而发现的、独立于人类意识的自然规律，斯密的自然法思想是基于英国的历史经验的，更倾向于个人行为和意图。泰

---

① ［日］高島善哉：『アダム・スミスの市民社会体系』，6—7 頁，東京，岩波書店，1974。

勒指出在英国的经验主义之下，经济和法律的制度、秩序的形成除了有人的理性的作用外，人的非理性即情感的因素也发挥着重要作用。斯密从道德哲学的角度提出，追逐个人利益是人之行为的根本动力，人是自私自利的，是"经济人"，可以通过自由竞争、自由贸易、自由经营的方式满足人的利己心，可以通过市场机制这个"看不见的手"使社会利益最大化，"利己主义"、"功利主义"思想显而易见。功利主义认为"趋利避害"是人一切活动的出发点，追求幸福是人的根本天性，也是人们一切行为的准则。社会利益是以最大多数人的最大幸福来衡量的，在个人追求自己的利益的同时，社会的利益也会得以增长。斯密将利己主义看作自然的原理，是自发产生的，将资产阶级唯利是图的本性视作"自然性"，是以"自然秩序"为基础产生的。可见，到了斯密这里，功利主义原则取代了自然法哲学思想，成为资产阶级政治思想的基础，市民社会开始从政治社会走向市场社会。

(三)人类的自然权利与市民的社会权利

平田清明对魁奈的《经济表》的关注源自 1955—1956 年之后的日本问题，资本主义迅速发展，诸多社会问题应运而生，平田认为解决日本问题的关键在于资本周期循环论，以及存在于日常生活中的人们客观创造的再生产结构理论，即作为周期循环的结果而存在的再生产结构论。魁奈的《经济表》中关于社会资本的再生产的学说和对经济体系的全面总结，为平田探寻新的经济学研究基准和解决经济高速发展时期的日本问题提供了视角。第二次世界大战后日本学界对经济学、社会思想史的研究，尤其是对文献史学的研究得到了长足的发展，平田认为，在这个时候，反观对资本主义进行认识的经济学极为重要，对经济学创立之初的关键性学者斯密、卢梭、魁奈进行关联性考察势在必行。

不同的生活轨迹与学术经历必将带来各具特色的思想和理念，平田对斯密、卢梭、魁奈三位学者的关联性考察首先是从他们独特的生活经历和学术体验开始的。亚当·斯密（1723—1790），出生于苏格兰的寇克卡迪，14 岁入格拉斯哥大学，17 岁获硕士学位，23 岁于牛津大学毕业，1751—1764 年在格拉斯哥大学任教并从事学术创作，主讲道德哲学、逻辑学、经济学。专著《道德情操论》（1759）就是根据他的讲稿修订而成的，获学术界极高评价。而后奠定其经济学史上重要地位的巨著《国富论》（1776）的出版引起英国本土、欧洲大陆等哲学领域学者的广泛关注，亚当·斯密被誉为"近代经济学之父"。平田注意到斯密的这部奠定其不朽的学术功勋的《国富论》，是其在离开大学后拿着富足的退休金过着安稳的生活撰写而成的。

与斯密的正统的学院派身份不同，弗朗斯瓦·魁奈有着更为传奇的经历。他在 1694 年出生于法国巴黎的梅里村的一个律师家庭，幼年未得到良好的教育，至 11 岁时仍目不识丁，但极为好学，从外科医生的门徒做起，至青年时代已作为医师声誉渐高。他在 1730 年以外科手术方面的论文《外血效果观察》为法国医学界所重视，后被聘为巴黎外科医学会常任秘书。1736 年他发表生理学论文《动物经济论》，论述了生理学的哲学基础，该书尝试在生理学基础上建立心理学，他从自然法出发提出自由放任的主张，这可以说是魁奈经济学说的社会哲学基础。他55 岁时进入凡尔赛宫，被任命为国王路易十五的宠姬蓬帕杜侯爵夫人的侍医，因其医术精湛，继而成为国王路易十五的御医，并获赐贵族。魁奈移居凡尔赛宫之后，有更多机会与哲学家、思想家交谈，了解与分析法国政治经济情况，他逐渐将研究重心从医学转移到哲学、政治经济学的研究上。在魁奈看来，他的经济理论和分析工具，犹如其行医的解剖刀，要诊治已经病入膏肓的法国社会经济。在一系列调查研究和实证分析的基础上，魁奈将自己的理论主张、政策理念汇集到《经济表》上。与斯密安稳的写作环境不同，平田关注到，由于特殊的工作性质，他并没有斯密般潜心于书斋进行创作的充足时间，除了其早期作为医师时发表的数篇著作之外，他公开出版的著作并不多，确保斯密思想能自由发表的社会条件在魁奈这里并不充分①。

相比之下，让-雅克·卢梭(1712—1778)的经历就坎坷许多。他在1712年出生于瑞士日内瓦的一个钟表匠家庭，自幼丧母，从小过着寄人篱下的生活，由于家境贫寒，卢梭没有受过系统性的教育，但却爱好看书，青少年时期已博览群书。他16岁时离开日内瓦开始在各地流浪，先后做过学徒、杂役、家庭书记、教师、流浪音乐家等，后又被通缉流亡国外。在四处流浪中，他目睹了广大下层人民在封建专制下的苦难，尝遍人间辛酸也获得过真诚帮助。1742年，卢梭移居法国巴黎，结识狄德罗，并于1749年参与《百科全书》的撰写，但他却因情感主义理念与百科全书派所推崇的功利理性形成鲜明的对照而产生分歧并受到排

①　魁奈在哲学上，除《明证论》等很少几篇外，没有发表过其他论著。其为《百科全书》写的一篇形而上的论文和三篇经济学的论文，因《百科全书》的唯物主义色彩过浓，1759年被禁止发行，魁奈写作的这几篇论文也因此未曾发表。《人口论》和《赋税论》两篇论文后收录在《经济社会思想史评论》(1908)中。

挤。平田认为正是这样异于常人的独特生活体验，让卢梭成长为平民阶层的卫士，对抗腐朽的封建专制，其思想充斥着对既存政治制度，以及社会生活方式的批判。卢梭是生活在 18 世纪法国资产阶级革命前夜的平民思想家，在《论人类不平等的起源和基础》、《社会契约论》等代表作中，人人自由、平等与人民主权的学说贯穿其中，这可谓是卢梭民主主义思想的核心，他所描绘的能够保证全体人民的自由、平等的民主共和国的理想，符合资产阶级和底层人民的愿望，成为法国大革命中资产阶级激进派的政治纲领和奋斗目标。正如恩格斯所言，"哲学革命是政治变革的前导"，卢梭的人民主权学说揭开的权利问题，是时代的需要，为法国大革命的狂风暴雨起到了推波助澜的作用。卢梭的民主主义思想将个人与国家结合起来，将现代国家的合法性建立在个人权利的基础上，市民社会的概念经由契约论思想家之手，成为资本主义启蒙运动的旗帜。可以说，卢梭为资产阶级市民社会搭建了政治构架。而经济方面，斯密实现了具有革命性的突破，提出追求自己利益的人不违反正义律，个人利益与社会利益是可以自动协调的。这一近代自由主义的主张提示了市民社会的新的经济理念。

平田清明为出席 1994 年 6 月在凡尔赛举行的纪念魁奈诞辰三百周年国际会议而执笔写作了《魁奈再考——〈经济表〉与法国大革命》①，文章对斯密、卢梭、魁奈三位经济学重要代表学者进行了对照考察，其中尤以斯密与魁奈的理论结构上的关联与差异分析为重。日本斯密

————————

① 该论文由于平田清明最终未能参加会议而没有公开，同年 10 月在武藏大学的经济学史学会年度大会中，作为大会主题报告首次公开。

专家高岛善哉曾指出，魁奈与斯密的不同，是医师与自然法教师的差别，是两国文化与国民性的差别。国内学界有学者在对斯密与魁奈的自然法思想进行批判时提出这样的观点："斯密在批判魁奈的政治经济学体系时，即表现出不列颠式的重视自然治愈力的医学和大陆式的着重积极的治疗行为的医学间的差异。前者承认理性的界限，而后者坚信理性的力量。"①平田清明在《魁奈再考》一文中指出，魁奈的身上一直贴有"启蒙的专制君主论者"、"布尔乔亚地主的封建思想"、"初期无政府主义"等多重标签，但无论是哪种定位，不容忽视的一点是，魁奈倡导"启蒙的普遍化"，即普遍确立高等教育与公共教育的理念。他认为在良好的农业经营中，要使担负改良土地所必要的种种支出取得成功，必须要有知识，因此，应该由政府在各地设立农业学校，以专心研究这些知识，以及经济学的知识。魁奈还通过《经济表》揭示出其政治宣言，即各"市民阶级"势必会在由其组成的"社会"中形成"国家"，这里的"国家"是一种"信任统治大权"（Autorité Tutélaire）的定在。而斯密则主张即使没有国家，社会依然存在，这是一种自律的商业社会的经济学认识，并在著作《国富论》中明确批判"议会内阁制重商主义"。平田认为，斯密的政治经济学，实际上就是在生产力层面，在对商业社会（commercial society）进行理论的、历史的分析的基础上，展开的对法、道德、经济等市民社会内部关联的考察，斯密的学说探究了一种超越斯密所处时代的普遍原理。

---

①　李非：《无形之手与自由放任的异同——斯密与魁奈的对比》，载《南开经济研究》2001年第1期。

　　1765 年，斯密在巴黎期间结识了魁奈，对重农主义有了更切身的感受。魁奈的《经济表》，以及在构成经济表基本理论的各种相关时论刊行的时候，斯密本人正在巴黎。1765—1766 年，魁奈在巴黎《农·商·财政杂志》、《重农主义》(Physiocratie)等杂志上陆续发表了《自然权论》、《经济表分析》、《利息论》、《孟德斯鸠的殖民地论》、《论商业》、《第一经济问题》等文稿，斯密深受重农学派的启发，同时也坚定了其经济自由主义的决心。斯密在《国富论》中将关注点放在"生产的劳动"、"积累"、"地租"、"货币"、"财政"等问题上，与其 18 世纪 60 年代中期逗留巴黎期间近距离接触到魁奈和重农主义的思想不相关联。实际上，当时已经出现一批关于"国富"问题的论争，其中具有代表性的有杜邦·德·奈穆尔《关于国富论的省察》，这是针对重商主义所主张的国富论而提出的反论，此外，杜尔哥《关于财富的形成和分配的考察》、米拉波于《人民之友》第六部刊载的《附有说明的经济表》，这些重农学派学者论争的目的是指向"国富"(richesse de la nation)的。相关著作可参见平田清明编撰的"魁奈相关大事年表"，该表对魁奈生年的大事件与国内国际时局、其他学者发表的相关论著等情况进行了梳理，从中可以明确地看到魁奈与斯密、卢梭，以及重农学派和其他学者之间的关联性。魁奈相关大事年表[①]如表 2 所示。

---

　　① 该年表参见［日］平田清明：《市民社会思想的古典与现代》，119—121 页，东京，有斐阁，1996。平田清明根据魁奈生年大事件、年代背景、国内国际事件、出版代表书籍等因素编撰了该年表，原文为日文版，笔者译。

表 2

年份	魁奈生平或著述	大事件	备注
1694	出生于法国巴黎的梅里村		
1730	《外血效果观察》	索邦神学院医学部、圣科姆外科医校学习自然科学、哲学	
1736	《动物经济论》（动物生理学）		
1743	《序文》（《王立外科医学会纪要》第一卷）		
1748		奥地利王位继承战争终结	孟德斯鸠《论法的精神》
1749	进入凡尔赛宫（中二阶）	孟德斯鸠《论法的精神》在法国普及	
1751			《百科全书》发刊（1751—1780）
1752	常侍医头、国王侍医		
1755			卢梭《论人类不平等的起源》
1756	《明证论》（《百科全书》第六卷）；《租地农场主论》（《百科全书》第六卷）	七年战争开始	
1757	因其医科学识和治愈皇太子的痘疮有功，获封为贵族；《谷物论》（《百科全书》第七卷）；手稿《人口论》、《赋税论》	达米安事件（刺杀路易十五未遂）	
1758	《关于人口、农业与商业饶有兴趣的提问》；《经济表》——原表第一版		
1759	《经济表》——原表第二版、第三版		
1760		米拉波《赋税论》→入狱	米拉波《人民之友》第六部
1762	《经济表》——略表		卢梭《社会契约论》、《爱弥儿》

续表

年份	魁奈生平或著述	大事件	备注
1763	法国财政大臣变更	七年战争结束（英法签订《巴黎和约》；法国国债高达 20 亿里拉）；卡拉斯事件（狂热的宗教信仰引发的冤案）	杜邦·德·奈穆尔《关于国富论的省察》；米拉波《农业哲学》
1764	蓬帕杜夫人辞世（5 月）叛国罪嫌疑	斯密赴法（2 月巴黎、3 月图卢兹）	斯密《法学讲义》
1765	《自然权论》《农·商·财政杂志》）	英国发布向报纸征税的印纸条令；斯密从日内瓦到巴黎（12 月）	《农·商·财政杂志》发刊（1765—1783）；《市民日志》发刊（1765—1776）
1766	《经济表的分析》——范式《利息论》、《孟德斯鸠的殖民地论》、《第一经济问题》、《论商业》（刊于《农·商·财政杂志》）、《魁奈著作集》（刊于杂志《重农主义》，1766—1767）	斯密逗留法国（直至 10 月底）；印纸条令被撤回	杜尔哥《关于财富的形成和分配的考察》（70 年代公刊）
1767	《第二经济问题》《重农主义》）、《中国的专制制度》（《市民日志》）	英国国会通过《唐森德法案》	勃多（Baudeau）《自然权的原理》；利维埃《自然秩序和政治社会的原理》
1773		英属东印度公司垄断北美茶叶贸易；波士顿倾茶事件爆发	
1774	于凡尔赛宫辞世，享年 80 岁（12 月）	路易十五辞世（5 月）杜尔哥任法国财政大臣；杜邦任法通商长官	
1776		美国独立宣言；内克尔接任杜尔哥任法国财政大臣	斯密《国富论》；勃多《经济表的说明》

从上表可以看出，平田清明对魁奈的研究极为缜密，在梳理的表格中可以明确看到斯密与魁奈，以及重农学派其他学者之间的交集，激烈的国民财富的论争给了斯密很大的启发，他将自己的见解汇集形成《国

民的财富的性质与原因的研究》，即《国富论》，为后世做出了极大的理论贡献。而斯密在《国富论》中的观点与杜邦、杜尔哥等重农主义学派的国富论有何差异，与魁奈所讨论的国家财富是否有一定的连续性或是断裂呢？平田关注到这个问题，并从斯密的《国富论》文本中找到了依据。斯密曾明确指出，"这个 18 世纪 50—70 年代的法国古典政治经济学学派，著作数量相当多，讨论的是国民财富的性质和原因（the nature and causes of the wealth of nations）问题，并且将研究目光放在政治机构和其他所有部门上。但是，这个学派的学者有盲从心态，未有创新地紧紧地追随着魁奈的步伐"①。平田发现，这里斯密特别提到"国民财富的性质和原因"问题，因此他在引用时专门加了着重号，斯密的《国民财富的性质和原因的研究》（即《国富论》）的题名与重农主义学派讨论的课题产生了惊人的重合。《国富论》第四篇第九章开篇对重农主义做了如下描述："土地生产物是一切国家收入和财富的唯一源泉，据我所知从来没有一个国家的国民曾有过这种描述，这种主义是法国少数富有广博学识和创造力的学者的产物"，斯密认为"纵是有一些谬误，但仍是政治经济学迄今为止离真理最近的学说"。斯密并不否认重农学派的不足，他认为该学派的诸多学者有盲从倾向，并以利维埃《自然秩序和政治社会的原理》中称魁奈学说为"最为简洁明了的说明"，米拉波将魁奈的《经济表》视为继文字和货币发明之外"这个时代最大的发明"为例佐证自己的观点。即便如此，不可否认斯密对重农学派，尤其是对魁奈思想的重视和关注非常深入，在《国富论》中斯密曾多次称其为"卓越且影响深远的

---

① ［英］亚当·斯密：『国富論』（初版），水田洋訳，141 頁，東京，岩波書店，2000。

学说创始人"，称其学说为"高贵且宽容"的学说。

平田清明通过对斯密与魁奈的比较分析得出结论，两者具有一定的交集，斯密在与魁奈及重农学派的接触中得到了启发，对其理论的发展起到了重要作用，但究其区别主要有三：宏观与微观的视角不同，个人主义与整体主义不同，交换理论与生产理论不同。平田认为魁奈的研究侧重于再生产理论，缺少对价值概念的关注，而斯密则是价值规定的古典研究始祖，在再生产理论上较魁奈略逊一筹，这主要体现在未能将关注点放到魁奈所提出的对经济现象的总体分析方法上。马克思曾指出，"亚·斯密对再生产过程从而对积累的说明，在很多方面不仅没有比他的前辈特别是重农学派有所进步，甚至有决定性的退步"①，魁奈的《经济表》从全体社会经济的综合运动中进行宏观分析，而斯密等学者更关注以个体经济的单位活动为对象的微观分析。

平田在对魁奈的研究中注意到一个问题，即 1766 年魁奈在《农·商·财政杂志》上发表《经济表（范式）》的时候，并没有收录《经济表（原表）》中用以解释原表时附加的"经济统治诸准则"，1767 年在《重农主义》上特别添加了《农业国经济统治的一般准则》，较之原表中的准则在内容上做了较大改动。平田认为，这份特别添加的准则，是魁奈经济科学作为政策科学的理论体现，其中诸多观点对国家、启蒙、自然法、"市民"的权利等都有明确规定。

首先，关于主权国家、国民国家、行政国家，即三权分立的批判。魁奈指出，

---

① 马克思：《资本论》第 1 卷，648 页，北京，人民出版社，1975。

　　社会分裂成各种市民阶层，当一方对另一方行使主权时，即损害了国民的一般利益(l'intérét general de la nation)，同时可能导致市民各阶级(classes du citoyen)间因私利而引发纷争。而这种社会各阶级的分裂极有可能颠覆农业王国的经济秩序，而这个经济秩序本应使所有利益汇集到一处，即成为国家一切财富和全市民财富的源泉，最终带来农业的繁荣。①

在由不同阶级构成的社会中，每个阶级都主张自己拥有至上的权利，主权拥有者宣布垄断地位的确立，就是对国民一般利益的损害，打乱了国家的整个经济秩序。魁奈主张以"国家和市民整体的关系"为基础，立足于农业、畜牧业、林业、矿业、渔业等宏观上的农业(Agriculture)及其产出物的再生产过程，即农业是财富创造的真正源泉，资本主义大农经营所带来的社会剩余(纯再生产物)是一切国家收入和财富的唯一源泉。这是魁奈对 1767 年学界重新提出孟德斯鸠三权分立理论的批判性思考，他认为"主权只能唯一，对于社会中的所有的人，包括那些企图追逐特殊利益的人，都不应当有优先权。……权力统治中的势力对抗制度带来的后果必是强者间的不和，以及对弱者的压制"②。平田认为尽管魁奈赞成孟德斯鸠所提倡的向英国学习，但在 7 年战争后法国国债高达 20 亿里拉的背景下，为了改善法国的现状，为法国带来国家繁荣，魁奈强

---

① ［法］魁奈：『ケネー全集』，島津亮二、菱山泉訳，149 頁，東京，有斐閣，1952。
② 同上书，149 页。

调"只有自由和私人利益才能使国家欣欣向荣"，反对追逐特殊利益的主张具有合理性。

其次，关于启蒙的普及，即精英行政教育与国民教育问题。魁奈认为，"从事行政工作的人员有必要研究构成社会的人与人之间的最有利的自然秩序，同时，国民也应将由自身经验与思考而获取的实务性的、明确的知识，与普遍科学结合起来"①。也就是说，高级行政职务的教育与初级、中等国民教育的普及，是普遍科学与政策科学的统一，在完善教育机制的基础上，政府才有可能制定出最大程度的维护社会安定、促进社会繁荣的最好的法则，并督促国民遵守。政府应在各地设立学校，以传授及研究相关知识。魁奈强调"国民应当接受教育，学习自然秩序的普遍法则，而为政者仅仅研究人定法是远远不够的，能使其更适合行政职位的是对自然秩序的研究"，这一点是魁奈特别加入《农业国经济统治的一般准则》中的一条，这是其强调自然秩序理念的体现，他所展望的国家，是在由"市民"所组成的"社会"的基础上形成的"国家"，是一种国民各阶层教育自由渗透的信任统治国家，是一种"信任统治大权"（autorité tutélaire）的定在。魁奈甚至援引了中国的科举制度为依据（《中国的专制制度》）论证其合理性，在直接批判封建的绝对王权的《第二经济问题》中也有明确文字指出，占据国家最高地位的人，必须深入研究计测科学，这是法律对其规定的义务。平田认为魁奈的这一主张力证了旨在"启蒙"制度化的精英行政职员教育的重要性，同时维护了市民教育的权利，或多或少地受到了卢梭平等自由的启蒙理念的影响。

---

① ［法］魁奈：『ケネー全集』，島津亮二、菱山泉訳，149頁，東京，有斐閣，1952。

再次，关于重农问题。魁奈强调"自然"是一切人类财富的源泉，这里的自然，是指陆地、河流、草原、森林等一切自然存在，在《经济表》（尤其是原表）中以"土地"一概论之。生产阶级的支出是对农业、草原、森林、矿山、渔业的支出，这个宏观上的"农业"正是财富增殖（reproduire＝multiplier）的源泉。在第四准则中，魁奈提到所有权问题，他指出所有权是社会经济秩序的基础，政府和国民要遵守土地是财富的唯一源泉的准则，首先需要保障土地财产与不动产的财富的所有权归其合法所有者，如果无法确保所有权，那么国土将无法开发。未耕土地的修整和耕作需要预付，耕作者如果不注意预付的安全和收入，就不能期望农业有大的成功，因而必须要增强这些预付者对所有权的安全感，保障国民的土地主权是维护国民主权的首要也是本源的权利。魁奈重视财富用于生产的重要性，认为用在耕种上的财富愈多，就可以使从事耕种的人力愈少，耕作事业愈益繁荣，耕种者就取得愈来愈多的收入。他提出"为了保护人民不受饥馑和外敌的侵袭，维持君主的光荣和权力以及国民的繁荣，对于国家来说最必需的财富，是耕种经营所必要的财富"，这足以看出其主张是将财富汇集于农业，以促成农业壮大、国家繁荣。

但是，平田关注到其重视农业命题中的两个重要问题，即"土地所有者"与"土地单一税"问题。魁奈将土地所有者也视作生产者，原因在于"他们管理和改善土地。甚至君主及其大臣通过对国家经济的管理，也能在总的方面间接地促进财富的增加，国家繁荣同他们也有关系"，这样的主张有利于财富向农业的集中，但具有一定的阶级局限性，并没有看到资本家剥削工人这一资本主义社会中最本质的生产关系。在魁奈那里，地租是全部剩余价值的唯一形式，因此他提倡征收土地单一税，认为"租税应该对土地的纯产品征课，……租税就不应对人们的工资和商品征课，同时也不应对租地农场主的财富征收，因为一个国家在农业上的预付，应当看作不可动用的基金"，可见其初衷是简化赋税的征收机构，节省征税费用，减少土地所有者的负担，来保持土地私有制。但事实却并没有如魁奈所愿，平田认为"土地单一税"是在法国国库枯竭、财政紧张的背景下，将农业的土地收益作为唯一改变财政问题的救命良药，而不得已对政治、社会权力结构进行变更的举动，是封建的绝对王制的自我否定和自我解体的标志。魁奈的这一系列主张恰好符合了新兴资产阶级把资本主义社会"从建立在封建社会废墟上的君主专制中解放出来"的迫切要求，正如马克思所指认的，这是一种打着"封建招牌"的"资本主义的观点"，平田将其归纳为"封建外衣"与"资本主义本质"的社会变革期的两面性（ambivalence）①。

最后，关于"自然权利"的问题。魁奈崇尚自然法思想，强调在经济运行中必须严格遵循自然秩序，这种自然秩序正是不以人的意志为转移的自然规律。这种"自然秩序"的思想渊源直接继承于法国启蒙运动的哲学观念。魁奈认为人进入群居社会后，与他人的相互交往不可避免，当人们无法保障自身生存与生活的"所有"时，就有必要缔结一个契约，以期最大限度地保证自己的安全。这是典型的（社会显型的）社会契约思想，与卢梭所提及的社会契约论异曲同工。但平田认为，魁奈与卢梭有一个鲜明的不同，即卢梭认为人生而平等、独立（《社会契约论》），但魁

① ［日］平田清明：『市民社会思想の古典と現代』，67 頁，東京，有斐閣，1996。

奈则认为即使在自然状态下，人的身心及能力都存在不平等，"必须把人本身，各人的体力，以及各种知识能力加以考察，还必须把他和其他人的多种多样的关系加以考察。在详细说明各个人的自然权利之前，如果不把这些方面加以检讨，就不可能理解这种权利究竟是什么？"①，但是魁奈从积极的层面去看待这种不平等，认为社会的构成能够依据人的自然权利的根本规律，明显地适合于人的最有利的秩序，如此人们就能够确实保持享受大部分的自然权利，自然权利是人享用其劳动所得的权利，是人与自然关系中完成自我实现的权利，不同于实体法中规定的法律中的权利，这是一种非善非恶的、在社会人的相互关系中展开的权利。平田认为魁奈的这种对"自然权利"的规定直接指向了劳动的所有、劳动产品的所有问题。

魁奈强调人的自然权利是人们对于"适合他们享用的物件的权利"，即使在纯自然状态下人的身心及能力都存在不平等，这意味着对自然权利的享有存在事实上的差异。而当这种自然状态的人进入社会之后，就会"为了相互的利益缔结协议，以增大自己的自然权利。此时，倘若社会结构是适合人的自然权利的、有利的秩序，那么势必可以确保其自然权利在全社会范围中的享有"②。平田看到魁奈所规定的自然权利的实现需要经济活动主体间的社会合作，"社会协作"、"劳动分工"可以为社会利益做出不同程度的贡献，各人可以依据社会内部分工所产生的利益，在社会中全面享受自己的自然权利。为了保障"劳动的所得"、"劳

---

① ［法］魁奈：《魁奈经济著作选集》，吴斐丹、张草纫选译，290—292 页，北京，商务印书馆，1979。

② ［法］魁奈：『ケネー全集』，岛津亮二、菱山泉訳，67 頁，東京，有斐閣，1952。

动产品的所得"，人们在维持各自独立和自由的同时，构成了固有的国家形式和社会形式，这时除了以自然法则为依据的"自然秩序"之外，固有的国家形式或社会形式中出现了"人为秩序"，即"人定法"，具体表现为政府制定的各种法案和制度。这种"人为秩序"若遵循自然秩序，可以确保人们的自然权利，但稍有不慎，极有可能成为"强者篡夺的保障，破坏弱者的所有权和自由"[①]。可以看出，平田将人的自然权利与市民的社会权利的接点聚焦在所有和权利的问题上，魁奈的这一主张对其后来创立的市民社会理论产生了极大的影响。尽管魁奈的《经济表》被马克思称为一种打着"封建招牌"的"资本主义的观点"，但仍不能遮盖其理论的光芒，作为对资本主义生产的第一个系统的理解，其经济周期循环论与社会再生产问题，以及所有与权利的相关研究，对于平田清明是具有极大吸引力的。在对魁奈的研究（包括对魁奈研究时围绕卢梭、孟德斯鸠等法国启蒙主义思想家，以及斯密的《国富论》所进行的比较性考察）中，平田加深了其古典政治经济学的理论积淀，促使其在邂逅马克思时迅速产生理论共鸣。

二、当平田清明邂逅马克思

(一)碰撞·共鸣

平田清明与马克思的初遇是在 1941 年 3 月就读于东京商科大学

---

① ［法］魁奈：『ケネー全集』，島津亮二、菱山泉訳，76 頁，東京，有斐閣，1952。

(1948 年更名为一桥大学)期间。在大学时代，平田读到了马克思的著作译本，深刻感受到马克思对资本主义制度下诸多矛盾的批判。在回忆与马克思思想的邂逅时，平田曾经这样说过，"我在大学时，完全没有考虑过要去学习经济学。昭和 15 年在东京商科大学就读期间，我一方面接触到李凯尔特①、马克斯·韦伯，以及深受其影响的左右田喜一郎和本多谦三的著作；另一方面，大学里弥漫着学习亚当·斯密、大卫·李嘉图等古典经济学的强烈氛围，在这样的学习氛围中，我遇到了马克思"②。在学长的推荐下，平田接触到了改造社出版的高畠素之译马克思《资本论》一书，但由于他当时对马克思的理解局限于仅有的几本解读文本，因而他对马克思的理解多处仍然模糊不清。真正与马克思的思想产生共鸣，是在 1945 年日本战败之后，平田重新回到大学从事研究工作。

平田清明开始关注马克思撰写并发表于 1847 年的文本《哲学的贫困》，这部以批判蒲鲁东(1809—1865)于 1847 年发表的《贫困的哲学》的重要著作，是马克思主义经典文献中发表最早的文本。在平田看来，马克思的这部作品中所蕴含的马克思主义新世界观，以及其中隐含的历史唯物主义思想，使其受益匪浅。平田开始从法国加利玛出版社(Gallimard)的《哲学的贫困》入手，进行了该书日文版的翻译工作，该译著后收录在

---

① 海因里希·约翰·李凯尔特(Heinrich John Rickert，1863—1936)，德国哲学家和历史家，新康德主义弗莱堡学派的代表人物。从认识即意味着承认超越的价值这一观点出发，他致力于价值哲学的体系化，师承文德尔班的学说，指出自然科学和文化科学在方法论上的区别。

② ［日］平田清明：「所有論と歴史認識」，『極北の思想』4 号(廃刊号)，102 页，札幌，北海道解放大学出版会，1971。

《马克思恩格斯选集》（大月书店）第一卷下（1950 年 4 月）。在将这部马克思的重要著作从法文向日文翻译的过程中，平田感受到诸多异种文化的冲击。例如，第一次意识到法语中的"bourgeoisie"（布尔乔亚阶级）并不能直接、完全地等同于"资产阶级"。但由于当时的平田缺乏对蒲鲁东研究的理论基础，因此他并未深入进行相关研究。

在平田清明翻译完成马克思的《哲学的贫困》之后，马克思选集委员会向其发出委托，希望平田翻译马克思的另一文本《给维·伊·查苏利奇的复信》①。平田对马克思生前最后两年写作的这封信产生了浓厚的兴趣。他发现马克思在给查苏利奇的复信中提出，资本主义发展是在"生产者与生产资料彻底分离"（《资本论》法文版第 315 页第 1 栏）的基础上展开的，这种情形仅仅发生在欧洲，马克思把这一运动的"历史必然性"仅限于西欧各国。究其原因，马克思认为在资本主义起源时新兴资产阶级对劳动人民的痛苦的、残酷的剥夺，使多数人的小财产转化为少数人的大财产，个人的分散的生产资料转化为社会的积聚的生产资料，"以个人的劳动为基础的私有制……被以剥削他人劳动即以雇佣劳动为基础的资本主义私有制所排挤"（《资本论》法文版第 341 页第 2 栏）。因此，这实际上是一种私有制变为另一种私有制的形式。然而，俄国的情况却大不相同。俄国普遍存在农村公社，是带有共产主义性质的公有

---

① 维拉·伊万诺夫娜·查苏利奇，俄国民粹主义者，俄国《祖国纪事报》编辑，1883 年与普列汉诺夫等共同创立俄第一个马克思主义组织"劳动解放社"。19 世纪 70—80 年代，她曾与马克思和恩格斯通信。1881 年她致信马克思请求其发表对俄国农村公社历史命运的看法，马克思曾于 1881 年先后写了四稿复信查苏利奇，就她提出的关于俄国是否能跨越资本主义这一"卡夫丁峡谷"作答，史称《卡·马克思给维·伊·查苏利奇的复信》。

制，农民手中的土地从来就未曾成为他们的私有财产，那么，问题就不是用一种私有制形式代替另一种私有制，而应该是"资本主义所有制代替共产主义所有制的问题"，是公有制向私有制的转变。马克思明确指出，"如果资本主义生产定将在俄国获得胜利，那末，绝大多数农民即俄国人民定将变成雇佣工人，因而也会遭到剥夺，剥夺的办法是他们的共产主义所有制先被消灭。但是，不管怎样，西方的先例在这里完全不能说明问题"，"俄国可以不通过资本主义制度的卡夫丁峡谷，而把资本主义制度的一切肯定的成就用到公社中来"。① 马克思所提出的"历史必然性"仅限于对西欧各国的说法和对俄国国情的具体分析，这引起了平田的兴趣。在进一步阅读中，平田还发现马克思在这封信中所援引的《资本论》中的文本，即标注的《资本论》法文版第 315 页、第 341 页的部分，在当时手头上的德文版文献中并不可见。如此一来，平田坚定了翻译马克思《给维·伊·查苏利奇的复信》的决心，该译本收录于 1963 年 12 月《马克思恩格斯全集》第十九卷（日文版）。

平田清明与马克思的邂逅，促使其对马克思文献进行系统解读，重新理解马克思思想的原意。在与马克思思想的激烈碰撞中，平田的古典政治经济学的理论积淀，包括对魁奈的经济周期循环论与社会再生产问题的相关研究在对马克思的重新解读上起到了相当重要的作用。市民社会在马克思看来，是"全部历史的真正发源地和舞台"，是马克思现代性理论的重要基础。马克思从政治经济学方面关切到市民社会与国家的关

---

① 《马克思恩格斯全集》第 19 卷，443 页，435—436 页，北京，人民出版社，1963。

系，从宗教批判到政治批判，从资本主义批判寻找市民社会的局限与矛盾，从一般抽象意义上的政治解放直指人类解放的共产主义理想。马克思在讨论市民社会理论时的双重维度，特指资本主义市民社会和泛指一切社会存在的经济基础，这一系列独特视角和市民社会讨论维度，让从魁奈研究中探出头的平田眼前一亮并大受启发。平田对于其中马克思所提出的"以雇佣劳动为基础的资本主义私有制"、"以自己的劳动力为基础的私有制"、"一种私有制变为另一种私有制形式"等表述产生了共鸣，这也是其后来提出著名的"个体所有论"思想的重要理论渊源。

(二)西欧理性的产物对日本的适用性反思

在对马克思著作文本进行翻译、逐渐进入对马克思思想的解读时，平田开始思考马克思主义这一欧洲理性的产物是否适用于日本，这些欧洲科学与思想中所提供的概念和范畴，是否能够成为日本国内各种现实问题的考察视角与标准。西欧是资本主义发展最早也是最成熟的典型，平田这里所指认的西欧具体来说指的是英国、法国，充其量还有德国。以斯密的理性为例，平田认为亚当·斯密的理性，并不是指英国的大不列颠普遍理性，而是指苏格兰土地上的特殊产物，苏格兰的历史主义，是与法国启蒙思想相结合后产生的一种理性。因此，斯密的理论并不是单纯地对眼前的事实进行简单写照，而是通过其自身审视历史的视角主观地对现实进行选择和组织。在平田看来，斯密的市民社会理论看到了欧洲的普遍性，而且即使在将欧洲视作理性范式的日本理性来看，其市民社会理论也是具有普遍适应性的。然而，斯密理论在德国讨论时的重点并不是作为自由贸易派即曼彻斯特学派的理论基础，而是作为重商主义的反面存在。在法国浪漫社会主义者西斯蒙第那里，作为第一个与经济自由主义传统决裂的经济学家，斯密理论实际上是作为批判对象而存在的。[①]　可见，同处于欧洲的不同国家对于斯密理论的研究和反思视角均有不同，那么，与斯密的经济学相同，作为西欧理性的产物，马克思主义这种对西欧社会进行批判的理论，对于资本主义体制的普遍性批判理论，是否具有世界普遍性呢？是否能够直接适用于包括日本在内的非西欧国家呢？平田开始对西欧理性产物的日本的适用性进行反思。

在平田清明看来，马克思的思想与理论具有普遍性，首先他站在西欧的、市民的思想与理论基础之上，并且完成了对此的超越。西欧市民社会的特殊性在于，它是一种文明史的历史、社会的典型形态，包含对其进行的内在性批判。这种对西欧特殊性进行的理论认识，同时也包括了对非西欧的、亚洲的社会进行分析的可能性。例如，平田认为马克思所提出的市民等同于资产阶级这一范畴的说法，严格地说仅仅在西欧才能成立。在翻译马克思 1881 年写给俄国女革命家查苏利奇的复信时，平田就已经发现，马克思在信中多次强调《资本论》的直接适用范围限定在西欧，农民以两极分化的形式完成从封建生产方式向资本主义生产方式的转变，这在俄国是行不通的，主要原因在于俄国是一种共同体的社会存在，还没有达到西欧的私人所有阶段。但这并不能抹杀马克思理论的普遍性，马克思认为其"历史必然性仅限于西欧各国的运动"，实际上指认的是资本主义生产起源时英国及其他西欧国家对劳动人民的痛苦的、残酷的剥夺运动，是以"生产者与生产资料彻底分离"为基础的资本

---

①　参见［日］平田清明：『市民社会と社会主义』，43—44 頁，東京，岩波書店，1969。

主义的发展。平田认为只有结合俄国农村公社的特征及其可能的发展前景与西欧资本主义生产的起源才能真正理解马克思的这一论断。

此外，平田指出马克思在《政治经济学批判》和《资本论》中，重点讨论了社会形成的经济基础，但这并不代表其中所提出的诸多经济学范畴是单纯的排他性的经济过程，相反，这里同时还说明了由各种经济关系所决定的法的、道德的诸多关系的发展过程。马克思正是看到了西欧社会中经济、法、道德的共时性来展开这一本质而开始执笔《资本论》的，其中描述的内容明显具有西欧特征。① 然而，平田发现在非西欧地区，人们在讨论《资本论》中的经济学范畴时，往往容易忽视其中存在的某些非市民的法、道德关系，一些非市民的经济关系甚至也被排除在研究视域之外，从而他们认为马克思主义原理在本地完全适用，并且自认为这是对社会概念的唯物主义把握。平田认为这样的理解并不是马克思主义唯物论的，而只是一种通俗唯物论。如此，平田认为拥有西欧理性的马克思，描绘出的资本主义社会的理论群像，并不是将眼前英国的现实原样照搬，他所做的只是抽取资本主义社会形成和发展中理论的、历史的各种矢量，并形成一个体系，马克思《资本论》是资本主义社会的普遍理论体系。

平田认为，正如很多西欧的既存理论并不能直接适用于日本一样，在援引和吸收这些西欧理性时，日本人民需要以谦逊的态度来对待并选择。日本人对欧洲科学的吸收能力很强，但是缺少反思的能力，这往往会导致对一些根本性认识的缺失。日本的理性社会，无法形成以分工为

---

① 参见[日]平田清明：『市民社会と社会主義』，53 頁，東京，岩波書店，1969。

基础的市民社会的协作，一方面因为日本学术上存在对这一根本认识的缺失，另一方面日本社会的本土性制约了社会基础也是一个很重要的因素。因而在对西欧科学进行研究时，日本研究者们在积极地寻找共通的普遍性的同时，也在挖掘亚洲、日本社会的自身特殊性，而不能直接将它拿过来套用于日本。平田在对马克思主义的适用性进行反思的基础上，展开了对现代日本社会的批判性考察，以及对马克思市民社会概念在日本的特殊性把握。

第二次世界大战之后，日本经济经历了艰难的恢复时期，经济方面废除生产关系中的封建落后因素，政治方面大力开展民主改革，加之美国的援助和朝鲜战争"特需"的刺激，至 20 世纪 50 年代日本已经逐渐步入经济高速增长时期。随着日本"民主化进程"的加速，以丸山真男、大塚久雄为代表的批判日本封建性为主旨的"近代主义"论者，与民主运动紧密配合，成为学界的一股强大力量，形成"近代主义"[①]的市民社会理论。丸山真男在《近代的思维》(1946)中发表了对西欧神话的批判，他指出，"过去的日本完全看不到近代思想的自主性成长，这样的见解也绝非正确。……这种'无缘说'中包含这样的危险性：它使国民对自己的思想能力更新丧失自信，结果反而会回归曾经流行的近代思想即西欧思想这种简单划等号的公式"。丸山在第二次世界大战后开始重新思考日本社会问题，指出日本近代化道路的特殊性，即"思想的近代化没有表现

---

① 日本学者杉山光信在《战后日本的"市民社会"》(2001)中曾对"近代主义"做出如下评价："近代主义这一称呼来源于一群学者，他们认为日本之所以在法西斯的统治下走上了侵略战争的道路，是因为日本并不存在真正西方意义上的近代，所以封建势力残存的、落后的日本首先必须确立存在于十八九世纪的近代社会。"

为对封建权力的引人注目的反抗，而是表现为居于统治地位的社会意识的自我分解，这里体现了日本这个国家的显著的特殊性"①。他认为，日本一方面要克服残存于社会各个方面的封建制度，另一方面已经不能再继续追求单纯的或纯粹的近代化，日本的近代化进程必须进行"市民社会的扬弃"。

1960 年"安保斗争"之后，日本资本主义现代化全面展开，"近代主义"思想日渐消退，日本社会科学界逐渐对资本主义现代化持肯定态度，日本社会发展的重要课题随之从原先的"近代化"转向"现代化"。日本资本主义获得了蓬勃的发展，资本积累急剧增涨，城市迅猛发展，城市居民的社会形式也随之展开，人们开始需要市民社会概念，并极力促进该概念的普及化。第二次世界大战后马克思主义在日本学界具有较强的影响力，如何在具有社会变革志向的马克思主义与正在急速发展的资本主义现实之间进行权衡，平田清明不断地思索这个问题。通过对马克思主义进行文献学解读，平田发现，意识形态层面相互对立的社会主义与资本主义，在日本社会中开始收敛于市民社会这一社会认识中。市民社会的概念，在日本已经由一个学院范畴的概念转化为现实的生活用语，这是平田开始其市民社会研究的理论与社会现实背景。

平田清明认为，市民社会概念所谓何指，它不仅仅是对现代日本进行批判性考察的论点之一，同时也是贯穿于西欧社会众多科学研究观点始终的一个基本问题。市民社会状态下特殊的社会形成构成了西欧历史的展开，如何来把握市民社会这一概念，决定了西欧思想与理论具有怎

①　［日］丸山眞男：『丸山眞男集』第 3 卷，4 頁，東京，岩波書店，1995。

样的历史性与社会性。马克思正是在不断地探求市民社会所谓何指这一问题中，开始了其庞大的经济学研究的，并完成了对近代市民社会内在的、批判性的考察。因此，在马克思那里，市民社会所指的并不是单纯的历史中的某一状态，而应当是"西欧特殊的社会形成，是对该社会形成的历史进行理论把握时的方法概念"。平田认为马克思"通过对市民社会的内在批判，将建立在西欧理性之上的、对市民社会史的历史把握，真正用于人类解放的运动之中"①。在平田眼中，马克思的这一努力正是其所固有的社会历史认识，并将之视作马克思的过人之处。然而，遗憾的是日本的马克思研究经常忽视马克思思想中的这个问题，这是平田深刻感受到的日本学界的马克思研究的症结所在。平田认为，如果马克思缺少对欧洲古典的内在性研究，这往往会使马克思所指认的市民社会概念有缺失。平田在对马克思文本进行研究时发现，马克思本人在《资本论》以及诸多著作中，曾多次用到市民社会的用语。而日本学者在对其进行理解时，很多时候拒绝使用"市民社会"的说法，而在不得不使用该概念时，选取诸如"商品经济社会"或"资本主义社会"之类特殊的日式用语。这正是在理解马克思试图向后世传达的对资本主义社会的批判性认识时屡屡产生误读的原因之一，同时也容易造成对历史唯物主义基本结构的错误理解。

第二次世界大战后日本马克思主义者林直道②曾指出："'市民社会'的用语，是 18 世纪以来布尔乔亚的惯用语，蕴含多层含义。马克思

---

① ［日］平田清明：『市民社会と社会主義』，50 頁，東京，岩波書店，1969。
② 林直道(1923—)，日本经济学家，著作有《西田哲学批判》(1948)、《马克斯·韦伯的思想体系》(1952)、《恐慌的基础理论》(1976)等。

最初也使用这一惯用语，借此进行对客观现实的批判性分析。"随着马克思理论的深化和展开，该用语开始包含"'社会经济结构'、'物质生产关系'等明确的含义，'市民社会'用语开始指认为'资本主义社会'"。因此，"除去早期马克思在'各种物质生活关系'意义上的'市民社会'，马克思所指出的'市民社会'概念，一般都是指布尔乔亚社会＝资本主义社会"。这一观点是典型的"市民社会"否定论，第二次世界大战前后，日本有不少的马克思主义者持有这种否定含义上的市民社会理论。面对第二次世界大战后日本资本主义迅猛发展的社会现实，以及不同层面对市民社会理论的不同理解，平田清明提出，要重新解读马克思的市民社会理论，还原其中缺失的东西，回到其原初语境，以达到对马克思独特的社会、历史理解的重新认识。在重新解读马克思所提出的市民社会理论的基础之上，平田提出了针对日本现代化进程的、具有独创性的市民社会理念。

三、"市民社会"所谓何指

在日本传统的马克思理论研究中，"市民社会"概念之理解存在特殊性，这与该用语的日文译法有密切的关系。平田清明认为，日语中的"市民"概念是一个完全没有历史沉淀的外来译语，所谓 bourgeois 原指中世纪自由城市(bourg)中的人(gens)，这个词本身就意味着从领主控制的农村中脱离出来，自由地形成城市的商人与手工业者，同时还具有主体通过斗争获得主权而成为自治人的人格特征。而在日本的日常话语中的"市民"，指的一般是明治之后市町村制中的"市"这一行政区内的居民。此时的"市民"，实际上是该行政区的主权所有者，即该地区的居民，基本等同于"公民"（法语：citoyen），这在含义上已经脱离了欧洲语境中的意义。由于日本原本就没有区分"市民"（bourgeois）与"公民"（citoyen）两个概念，因此日本人很容易将两者视作同一概念，将 bourgeois 译成日文中的"市民"，这正是产生这种混乱的源头。不仅如此，平田认为欧洲的市民是私人个体，当该私人属性获得政治自治的支持后，私人个体将自然而然向资本主义私人转化。因此，市民实际上是价值关系向资本关系的自然转化的人格承载者。鉴于此，平田清明认为无论是译作"布尔乔亚"还是"市民"，都避免不了其局限性，"布尔乔亚"的译法排他地表达了向资本家转化过程完成之后的私人，而"市民"的译法则指向资本家转化过程之前的私人①。在传统的日本学界，"bürgerliche Gesellschaft"这个词常被译作"布尔乔亚社会"，将"布尔乔亚"概念基本等同于"资本家"概念，因此，日本学术界往往将"布尔乔亚社会"直接指认为"资本家社会"，因此，"市民社会"、"资本家的社会"、"布尔乔亚社会"三种不同的译法在各种译本中交替出现，这种马克思著作的日文译版的最初状态令人困惑不已，同时也在很大程度上制约了日本人对马克思理论的理解。

平田清明在 1969 年发表了具有重大理论与现实意义的著作《市民社会与社会主义》，书中明确提出了市民社会理论，阐述了如何把握资本主义向社会主义转变的问题，同时对日本长久以来《资本论》研究中存在的问题从根本上进行了批判分析。平田在书中首先就社会概念进行了阐述，他认为"社会（Gesellschaft），首先指人的结合方式是受到特殊形式

---

① 参见［日］平田清明：『市民社会と社会主義』，150—151 頁，東京，岩波書店，1969。

规定的各种人格的结合关系"①。从词源上来看,"社会"一词来源于拉丁语 socialis,即"联盟伙伴",内含人是群居的社会生物之意。因而,"社会"概念首先被指认为相对于自然界而存在的人类社会,是由人所构成的、生存于自然界中的人类生产和生活的体系,是一种政治、经济、文化的整体性关联。平田认为,在马克思之前,甚至在黑格尔之前,卢梭、弗格森、斯密等人,已经在西欧确立了以分工和所有为基础的市民社会认识,尽管他们的观点存在差异性,但并不能由此否认他们在市民社会认识的核心观点上具有共通性。例如,弗格森所提出的社会上层建筑(Superstructure)概念,在黑格尔那里被设定为社会认识的一个方法概念。黑格尔是第一位在现代意义上使用"社会"概念的人,将社会指认为一种具有自身发展规律的实体。黑格尔主张广义的社会有三个层次:家庭、市民社会和国家。市民社会指相对于家庭和国家的私人经济活动领域,即"需要的体系",应当被扬弃并最终过渡到国家。在黑格尔那里,市民社会只是理念上的一个分裂形式,而且是一个相对而言的低层次的分裂形式,需要将这种低层次的具体性向高层次的观念性(国家)转化,从而实现两种要素的一体化,市民社会是人的私利支配的因果必然王国。

平田清明指出,马克思是沿袭黑格尔的学理传统对市民社会进行研究的,在马克思那里,"市民社会"概念本身便孕育了"国家"、"特殊理念"等概念,并且这促使其外化和异化,由此完成市民社会的社会形成。换言之,马克思认为社会是一个"人类的集合体的存在",社会形成的根

---

① ［日］平田清明：『市民社会と社会主義』,51 頁,東京,岩波書店,1969。

本要素，并非抽象的理念，而是来自具体的市民社会，市民社会的社会形成最终通过历史的、现实的发展而得以实现。马克思意识到市民社会与业已独立存在的法、道德密切相关，市民社会是对社会进行整体性把握的一个方法概念，是"全部历史的真正发源地和舞台"，是社会中最为核心的部分。平田指出，市民社会与资本家社会是马克思在描述近代社会时使用的两个概念。正是基于社会概念的上述特征，社会经济活动的发展过程，才会从一开始就被赋予制约社会政治、道德活动发展过程的特征。在社会的形成过程中，经济的、政治的、道德的活动的发展过程处于共时性的发展状态，这是马克思所理解的市民社会向资本家社会的转变过程。平田认为马克思所指认的社会概念，是"市民社会"与"资本家社会"，而非商品经济社会或资本主义社会，而将社会概念直接指认为商品经济社会与资本主义社会的通俗唯物论理解，一开始就曲解了马克思的思想。

　　然而，对于"市民社会"究竟所谓何指的问题，平田没有一个明确的解答。原因主要在于"市民社会"这一用语从欧洲词源上看，存在"société bourgeoise"和"société civile"两种说法，具有多重意味，而在日语语言中两者的区别与关联也并不明确①。平田在使用该用语时也注入了多样的含义，他认为市民社会从根本上看是由个人所形成的自由、平等的社会，市民社会反映了"生产、交往、消费"的发展过程，以及从事这些"生产、交往、消费"的人们的"物质的"、"精神的"生活，因而市民社会是一种市民日常生活过程中形成的社会。不仅如此，平田强调市民

---

　　①　参见［日］新村聪：「戦後日本の社会科学と市民社会論」，『経済科学通信』1996年（80）。

社会是一个与资本家社会形成鲜明对比的概念，主张近代社会的形成是"市民社会向资本家社会的不断转变"。而当时的日本马克思主义关注的重点是资本家和劳动者的阶级对立一元论，以及其延长线上的资本主义和社会主义的体制转换一元论。这一视点在一定程度上很容易等同于市民社会＝布尔乔亚社会＝资本主义，从而完全否定并批判市民社会，这是当时解读马克思文献时极易走入的误区。在平田看来，"简单地从阶级一元论上对马克思思想进行理解，才是完全歪曲了马克思的原意"[1]。平田清明主张市民社会概念是一个与资本家社会形成鲜明对比的概念的观点，正是其市民社会理论在 20 世纪 60 年代后半期在学界引起巨大反响的重要原因之一。

(一)市民的个体所构成的自由平等的社会：市民社会与个体所有

在平田清明看来，市民社会从根本上看是个人所形成的自由、平等的社会，他认为"市民社会，首先应当是人以市民的形式进行彼此间交往的社会。这里所谓市民，指的是日常的经济生活中普通的、具体的人，是自由平等的法主体的真实存在"[2]。由此可见，由"自由平等的法主体"所构成的社会，是平田清明市民社会理论的始发点。平田认为，市民社会是近代西欧社会的产物，是西欧历史过程中"共同体"解体的基础上形成的社会。从这层意义来看，平田所谓市民社会，是西欧近代自

---

① ［日］平田清明：『市民社会と社会主義』，66 頁，東京，岩波書店，1969。
② 同上书，79 页。

由、平等的私人所有者的社会，其中蕴含了与"共同体"（共同所有）相对立的意味。共同体与市民社会中的"分工"与"所有"具有质的不同，"个体"或"个体所有"是两者的主要区别，平田指出，市民社会中的"个体所有"存在于"私人所有"的内层，是在一个不断产生个体所有的过程中将个体所有转化为私人所有的社会。

平田清明强调，市民社会中的具体的人作为单一个体的独立存在，可以将所持有的物品（包括商品、货币、收入等），甚至是自己的意志拿出来进行相互交换。商品的所有者具有独立存在性，他们之间并不存在直接的相互关系，通过商品所有者之间不断进行的商品交换活动，他们之间最初的关系前提转化为彼此之间的排他性，即私人的排他性关系。此时，生产该商品的人类劳动，成为真正的私人劳动。而生产者制造出的产品，则是可以由自己自由支配和处理的具有排他性的所有物。总而言之，此时的劳动成为私人劳动，此时的所有成为私人所有。但是，这种表面上看来分散的、具有排他性的市民社会，实际上也是由各种相互依存关系客观组成的社会。在市民社会中，个体为了追求物的价值，直接生产商品并进行销售。此时的商品所具有的是用以满足他人欲望的使用价值，其结果往往是个体生产的商品为他人的生活所必需，个体之间相互提供彼此的生活必需品，客观地产生了相互依存性。同样，个体劳动尽管看似是相互独立的私人劳动，但无论从结果上还是从客观上来看，都是具有社会性特征的，个体劳动既创造了用以满足他人欲望的使用价值，同时也创造出了劳动者可以实现交换可能性的商品。换言之，个体劳动者本身就是一个具有社会价值的社会存在，而个体劳动则是个体劳动者对自身社会存在价值的自我确认。

由此可见，市民社会中的社会劳动尽管从表面上看被零散地分割开来，但是由于交换行为的存在，这实际上是一个具有社会连带性特征的社会，是对劳动进行社会整体分工的社会，正是由于对社会劳动的分工，社会交往也随之产生。马克思将其指认为"社会生产有机体"，在平田清明看来，"社会生产有机体"的说法，从理论上来讲即资本循环和再生产理论，是马克思从魁奈和斯密的分工论中得到的启发进而构建的具有独创性的市民社会图景。在市民社会这个"社会生产有机体"中，独立存在的市民社会成员，是总体的生产有机体的最基本的构成要素。市民社会成员的劳动，从表面上来看是私人劳动，但是从社会生产有机体的市民社会内部来看，则是个体劳动。"市民社会成员的所有，从表面来看是私人的、排他性的所有，但是从市民社会内部来看，却是不具备排他性的个体所有"①。这些内部的、外部的因素，在各自发展的过程中逐渐实现了体制统一的社会，即"社会生产有机体"。

在对市民社会中出现的"个体"、"个体劳动"、"个体所有"等概念进行研究时，平田清明关注到当时日本学界的马克思《资本论》研究中缺失的基础范畴之一，即马克思的价值论试图向人们揭示的"人类劳动"的概念。平田认为，在马克思那里，"类"是具有特殊性的"个体"的总体联系，是一种具体的存在。这种"类"劳动，以及作为其基本构成要素而存在的"个体"劳动，才是真正的人类劳动。独立个体的劳动生产物成为仅仅用于出售的产品和具有交换可能性的商品，之后，便可以以任何形式出售给任何人，当然个体也可以从他人手中买到任何想要的东西，此时，

---

① ［日］平田清明：『市民社会と社会主義』，88—89 頁，東京，岩波書店，1969。

人类劳动产品中所包含的具体的特殊性仅仅归结于一般意义上的交换可能性，人类劳动在市民社会中成为一种抽象的存在。平田认为，只有通过将人类劳动的概念置于价值论的研究，以及唯物史观的研究之中进行再探讨，才能够彻底理解："人类，既是一种生活在生产与享受产品使用价值之中的具体的人，同样也是存在于价值生产与价值支配中的抽象的人，是一个集两方面于一身的矛盾统一体的现实的人。"①同时，只有对人类劳动的概念进行再探讨，平田才有可能对这种个人与私人的矛盾统一体，即现实的、市民的人进行内在批判。平田清明认为马克思的价值论，正是立足于上述探讨的人类劳动的概念，才将根源于此的现实劳动批判作为研究的内容。也正因如此，马克思的价值理论不仅成为经济学的基础，也成为市民社会的总体性批判的基础。基于其市民社会经济学批判的基础地位，马克思的价值论同时也是其对市民的日常感觉的理论批判。在平田看来，马克思理论的伟大之处，正是在于其价值理论对市民的经济批判。

平田清明在讨论"市民的日常感觉"时特意使用了"布尔乔亚"（bourgeoisie）的日常感觉这样的说法，从文末注释中可以看出，平田主要是想强调"市民社会的消极面，即私人排他性与相互间缺乏关心，以及私人个体对社会分工形成的社会劳动的领有性"。当然，"马克思那里的 bürgerlich，并不仅仅指上述市民社会的消极面，还包括市民社会积极层面的意义"②。在平田看来，市民社会中的人类劳动是一种获得具有一般交换可能性这一自然属性的商品或货币的行为，是一种抽象的存

---

①　［日］平田清明：『市民社会と社会主義』，91 頁，東京，岩波書店，1969。

②　同上书，91 页。

在，因此，与分辨不清自他之间有区别的共同体关系中的人类自我感觉相比较，这种"布尔乔亚"的日常感觉是人类精神史上的一个巨大的进步。"市民社会虽然受到私人排他性的制约，但是，由于其明确了自他之间的区别，因此可以清晰地意识到'个体'与'类'之间的关联与区别，从而将作为'个体'的自我认知为自己。"①平田认为，市民社会中通过商品交换而自然形成的独立个体之间自由、平等的法关系及其观念，尽管表现为事实上的不自由、不平等，但其抽象性，包括人的意识等，实际上是存在于外部对象的一个飞跃，是人类有意识地形成历史的重要动因之一。在平田清明看来，只有从积极意义上对市民社会中的自由、平等进行评价，才有可能对市民社会进行客观的、正确的批判。

(二)市民日常生活过程中形成的社会：市民社会与日常话语

平田清明认为，市民社会的第二层意义是市民日常生活过程中形成的社会。市民社会反映了"生产、交往、消费"的发展过程，以及从事这些"生产、交往、消费"的人们的"物质的"、"精神的"生活。市民作为独立存在的个体，最基础、最日常的交往形式，是将自己生产的产品作为商品与他人交换。独立个体在特定的社会形式下进行的交换，即市民的交往，不仅将物作为商品与他人交换，同时也是相互沟通和交流个人思想的过程，是一种"物质的交往"与"精神的交往"的具体的统一。在平田看来，当"市民社会"在马克思那里被定义为一种方法概念时，这一概念已经在"生产方式"、"交往方式"、"消费方式"，及其统一体即"再生产

---

① ［日］平田清明：『市民社会と社会主義』，92 頁，東京，岩波書店，1969。

方式"等新的经济学范畴中进行了重新建构。马克思所指认的市民社会是"'各私人个体'作为平等的所有权拥有者自由地进行彼此间交往的社会"①，是一种交往的社会(Commercial society)，是一种特定的交往方式。这种市民交往方式成为社会决定性交往方式的前提是，建立在分工基础上的生产力的不断发展，社会生产方式以商品生产形式确立并展开。换句话来讲，即"交往方式"的基础是"生产方式"。平田认为马克思的独创之处正是在于将交往方式视作生产方式的产物，并由生产方式来决定。从生产方式和交往方式的角度来理解市民社会，是马克思重构市民社会概念的第一步。在平田看来，

> 只有在生产领域实现真正自由的思考、理解而后行动，才可以真正在交往领域自由地思考、理解而后行动。同时，只有在生产与交往领域中形成上述关系行为，才有可能在消费领域真正实现自由的选择与享受。这正是所谓生产、交往、消费领域中个体的自我获得(所有 propriété，Eigentum)，即"个体所有"。②

总而言之，首先是进行独立自主的劳动，生产出的劳动产物成为基于自身劳动基础上的"所有"，将这种"所有"交付于"交往"领域并形成社会关系，此时才能实现作为社会劳动的重要组成部分的"个体劳动"与"个体所有"。所谓市民的生产方式，其特征首先是"独立自主的劳动过程。抽

---

① ［日］平田清明：『市民社会と社会主義』，56 頁，東京，岩波書店，1969。
② 同上书，56 页。

象价值的生产过程不断展开，形成了一种可以购买和支配他人的劳动产物或他人劳动的独特的'领有方式'"①。"领有"这一说法是平田清明著作中常见的、相对于"所有"而言的独特用语，主要是指强行占有共同使用的或他人所有之物，即马克思所指认的不平等的根源。平田认为正是这种私人所有的不平等，最终导致了富人对穷人的支配。

由此可见，市民的生产方式所形成的个体所有，实际上具有"私人所有"的特征。当生产资料成为私人所有时，生活资料也随之成为私人所有，生产、交往、消费统统具备了排他性的特征。在平田看来，将"个体所有"与"私人所有"之间的差异，作为市民社会的决定性因素加以认识与阐述，正是马克思重构市民社会概念的决定性一步。市民的生产方式是一个自我竞争的过程，同时也是一个自我解体的过程，其主要原因在于市民的生产方式促进并激化了私人所有的不平等，多数市民生产者因此被迫退出平等的竞争市场，只能以市民的交往方式为中介进行各自的生产过程。平田指出，市民生产方式向资本家生产方式的转变，实际上是"占多数的市民生产者私人占有的生产资料被占少数的市民生产者破坏，并最终导致私人所有发生了不平等的、质的转变"②。在市民的生产方式逐渐向资本家生产方式转变的过程中，市民的交往方式在形式上保障了平等、自由，但事实上却是已经完成了质的转变的不平等的私人所有的假象。换句话说，交往方式保留了市民交往的形式，在本质上逐渐倾向于资本家的交往形式，这一过程正是再生产过程（生产过程

---

① ［日］平田清明：『市民社会と社会主義』，58 页，東京，岩波書店，1969。

② 同上书，59 页。

与流通过程的统一)的积累过程，即形式上保存了建立在自身劳动基础之上的市民的所有，实质上却是对他人无偿劳动的领有。

平田清明认为，资本的运动过程，实际上是一个将作为自身运动前提的生产方式逐渐转化为对整个体系具有支配性作用的生产方式的过程，是将生产与流通(交往)统一为一个整体的过程。存在于生产领域以及流通领域的资本制造了一个所谓"社会生产有机体"。这种社会有机体的表面是流通(交往)，而内在则是生产。市民社会中的成员，由于参与了社会分工，从客观上来看隶属在商品交换这一特殊的交往方式下形成的市民社会，一种"社会生产有机体"。在这个生产有机体中，市民社会的成员只是其中的一个部分，共同进行社会生产，这是一种社会成员无法直接感知的关系，马克思在写作《1857—1858 年经济学手稿》之后，将这种无法直接看到的人与人之间的关系，定义为"生产关系"。社会分工不可避免地带来了交换，通过交换，私人个体实现了对社会生产的贡献，并确认了自身的价值，马克思将这种社会成员用以直接确认自身社会性的关系，定义为"交往关系"。平田认为，马克思所定义的"生产关系"与"交往关系"两者虽然在概念上是独立的，但实际上是一个统一的实体，即人类直接的社会关系正是存在于商品交换这一交往关系之中，而生产关系则是将这种交往关系与社会凝合力即生产力相比较，从两者的关系层面进行反思，就是最终被理性所把握的、客观抽象的社会关系。总而言之，平田认为，生产、交往、分配、消费等过程，对于内在而言，分别是相对独立的子过程，但是从过程上来看却是统一的，相互关联、统一存在于总过程之中。尤其是社会生产的过程与关系，尽管并非直接可见，然而交往、分配、消费都是其实际存在的形式。这种无法直接可见的生产关系，正是生产、交往、分配、消费的总过程、总关系的基础。平田发现，马克思在《1857—1858 年经济学手稿》中已经注意到这个问题，曾经就"相对于分配、交换、消费而存在的一般的生产关系"展开过相关讨论，马克思在《政治经济学批判》序言中，将这种一般的生产关系定义为"各种生产关系的总和"。

在对市民日常生活过程中"生产、交往、消费"的发展过程，以及从事这些"生产、交往、消费"的人们的"物质的"、"精神的"生活进行观察研究后，平田清明指出，市民生产方式不断发展，

> 终有一日会结构化为生产、交往关系或是"生产关系的总体"，并形成相应的经济社会，同时这种经济过程的发展，会带动法、意愿、意识的发展，最终促成法关系、意愿关系、意识形态的形成。……生产、交往、消费的分离及其过程的统一体，即再生产方式的展开，构成了市民社会的真正理论内涵。此时的生产、交往、消费，不仅是单纯意义上的物质的存在，同时也是精神层面的存在。①

马克思在《政治经济学批判》序言中曾指出，"物质生活的生产方式，制约着社会的、政治的、精神的生活过程"，市民社会正是"建立在经济过程的发展基础之上的社会形态，是所有和分工在经济、社会层面的发展过程"②。综上所述，在平田眼中，真正的市民社会，是以客观结构物象

---

① ［日］平田清明：『市民社会と社会主義』，174—175 頁，東京，岩波書店，1969。
② 同上书，174—175 頁。

化之前的具体的人为主体进行的生产、交往、消费的诸过程，在其自身的发展过程中，不仅形成了法律、政治等上层建筑（Superfötation），同时还完备了与之相应的社会意识形态。

(三)一个与资本家社会相对应的范畴：市民社会与资本家社会

平田清明强调市民社会是一个与资本家社会形成鲜明对比的概念，主张近代社会的形成是"市民社会向资本家社会的不断转变"，这是平田所指认的市民社会的第三层意义。针对当时日本马克思主义研究学界中的诸多问题，平田指出，当前日本马克思主义将关注重点放在"资本家和劳动者"的阶级对立一元论，以及"资本主义和社会主义"的体制转换一元论上，这一视点在某种程度上很容易等同于"市民社会＝布尔乔亚社会＝资本家社会"，从而完全否定并批判市民社会，这是当时日本解读马克思文献时极易走入的误区。在平田看来，"简单地从阶级一元论上对马克思思想进行理解，是完全歪曲了马克思的原意"①，必须对马克思关于资本家社会的基础范畴进行重新认识。马克思曾指出：

> 市民社会包括各个人在生产力发展的一定阶段上的一切物质交往。它包括该阶段的整个商业生活和工业生活……"市民社会"这一用语是在 18 世纪产生的，当时财产关系已经摆脱了古典古代的和中世纪的共同体[Gemeinwesen]。真正的市民社会只是随同资产阶级发展起来的；但是市民社会这一名称始终标志着直接从生产和交

---

① ［日］平田清明：『市民社会と社会主義』，66 頁，東京，岩波書店，1969。

往中发展起来的社会组织，这种社会组织在一切时代都构成国家的基础以及任何其他的观念的上层建筑的基础。①

此时，市民社会概念似乎正指向资本主义社会。马克思在《德意志意识形态》中明确指出，"在过去一切历史阶段上受生产力制约同时又制约生产力的交往形式，就是市民社会"②。可以看出，马克思在不同时期的不同文本中对市民社会概念的指认具有差异性，既特指西方工业文明社会即资本主义社会，又有在与一切生产力相关的物质生产关系意义上的使用，有学者将其归结为马克思市民社会理论的双重维度。

平田清明在解读马克思市民社会思想时，关注到日本学界容易忽略和误用的若干基础范畴，即"市民社会"、"布尔乔亚社会"、"资本家社会"。平田在对"市民的日常感觉"进行阐述时，曾特意使用了"布尔乔亚"的说法并加以注释，主要是想强调市民社会中的私人排他性，以及私人个体对社会分工形成的社会劳动的领有性。对于"布尔乔亚"这一基础范畴在日本学界的误读与误用，平田做过专门说明："布尔乔亚"从词源上来看等同于市民关系，原指中世纪为了对抗封建领主统治而自发形成的都市的独立手工业者、商人，现指这些拥有自由权利的市民之间相互的社会关系，以及这些人群的集合。因此，"布尔乔亚"具有否定封建的、共同体的特征。古典古代，尤其是古罗马的市民，从私人所有者这层意义上来看，是中世纪"布尔乔亚"的历史先例。在"布尔乔亚"发展的

---

① 《马克思恩格斯选集》第1卷，130—131页，北京，人民出版社，1995。

② 同上书，87—88页。

过程中，私人所有的不平等，导致了生产和交往资料的私人所有与非私人所有的敌对，并逐渐产生了独占市民公共生活的阶级，即"资本家"，以及被占有生产和交往资料的阶级，即贫困的市民阶层。这些非私人的所有者阶层事实上被剥夺了"布尔乔亚"的资格，成为"新的无产阶级"，这种新的阶级是相对于共同体关系中的旧无产阶级而言的，与共同体相对立并试图破坏共同体的市民关系，是从内部衍生出来的。这种新旧关系的交锋带来了"近代社会"的形成。因此，平田认为将"布尔乔亚"（bourgeoisie）直接代换为"资产阶级"，将"无产阶级"（proletariat）直接代换成"劳动者阶级"，就如同"将商品、货币直接替换成资本、雇佣劳动是严重的经济学误读一样"，这是一个极其严重的误读。平田在文末特意加注：

> 资本是商品与货币的发展形式，资本实际上存在于商品与货币的形式中，因此将资本归结为货币与商品，在一定程度上是允许的。同样，将"布尔乔亚"替换为资产阶级，将无产阶级替换为劳动者阶级，在一定程度上也是允许的。事实上，马克思在阐述资产阶级与劳动者阶级时，也使用了布尔乔亚与无产阶级一词。因此，这种习惯上的词语替换，也不是完全错误的。但是，如果说在讨论该问题时，脱离了西欧的社会历史形成的特征来考察资本，那么，出现上述词语替换问题就可以算是严重的误读。①

---

① ［日］平田清明：『市民社会と社会主義』，70 頁，東京，岩波書店，1969。

平田认为，市民社会在欧洲语境中指的是布尔乔亚社会，而布尔乔亚社会指的又是资本家社会，因此这很容易将资本家社会直接指认为市民社会。如果看不到西欧市民社会具有一定的特殊性，是一种文明史的典型形态，马克思的理论是站在西欧市民社会思想与理论的基础之上的超越，那么我们就很容易忽视非西欧地区尤其是亚洲地区的适用性问题。

平田清明认为马克思所提出的市民等同于资产阶级这一说法，严格地说仅仅在西欧才能成立。在近代欧洲，市民社会存在于资本家社会的基底，对社会和历史的理解必须从市民社会与资本家社会两层意义上加以理解。平田对马克思《资本论》准备时期、第一卷完成时期，以及第二卷执笔时期的观点进行对比分析，发现《资本论》中批判的资本主义，指"近代"欧洲市民社会史中市民社会向资本家社会的转化过程。如果说市民社会是近代欧洲的第一次社会形成，那么，资本家社会则是在此基础上产生的第二次社会形成。在马克思那里，"资本家"是一种扬弃了市民社会关系的资本家。因此，马克思在法文版《资本论》中使用了"资本家的市民"（bourgeois capitaliste）的说法。平田认为"在市民社会向资本家社会不断转变的过程中，现实的市民社会依然存在，而此时资本家社会也同时存在。因此，在马克思那里，市民社会概念，本身就包含了资本家社会这层含义"①。换言之，在平田看来，马克思所谓市民社会是一个区别于资本家社会的社会，并不是说在资本家社会形成之前的某一个历史时期被称为市民社会，现实的社会是在市民社会向资本家社会的不断转变中逐渐形成的，实际上并没有所谓市民社会阶段。平田认为，马

---

① ［日］平田清明：『市民社会と社会主義』，52—53頁，東京，岩波書店，1969。

克思所指认的"近代社会"的形成过程：一方面是市民生产方式与旧时期生产方式交锋的过程，另一方面也是市民生产方式向资本家生产方式的自我转变过程。[①] 在市民生产方式与旧时期生产方式交锋的过程中，随着共同体的破坏、私人所有的形成，个体所有不断发展，但是其代价是丧失了个体原本具有的共同性。而在市民生产方式向资本家生产方式的转变过程中，多数的直接生产者的私人所有被少数的大所有者占有，个体所有也逐渐形式化，以资本家领有形式存在的私人所有逐渐普遍化，其特征是由资本家私人所有形成的协作、生产资料成为事实上的社会所有。市民社会的生产方式转变为资本家的生产方式之后，通过重构"近代社会"形成过程中丧失的共同体，社会组织形式将形式化的个体所有"真实化"，即重建个体所有与共同所有的统一，最终形成与之相对立的共产主义这一人类最终目标。

在西欧市民社会向资本家社会的转变过程中，在经济基础方面，商品、货币所有者向资本所有者转变，市民所有权也在向资本家领有权不断转变，在经济基础的决定性作用下，政治的、道德的各种关系，也同时处于转变的过程中。马克思在《政治经济学批判》和《资本论》中，重点讨论了社会形成过程中的经济基础问题，在《资本论》表述经济基础范畴的重要转折点时，往往直接使用人格这一说法来讨论经济、道德与法的问题，可见马克思在分析时注意到了西欧社会中经济、法、道德的共时性展开这一本质。平田在对马克思进行研究时提出，市民社会向资本家社会转变的中介理论是领有法则转变理论。社会分工一方面产生了"所

---

① 参见［日］平田清明：『市民社会と社会主義』，67 頁，東京，岩波書店，1969。

有"，另一方面促成了社会协作生产力的形成，随着分工的不断发展，私人所有的权利和法逐渐形成，同时社会产生了协作生产力这种普遍利益。在这种私人的特殊利益与普遍的共同利益的矛盾中，共同利益从私人利益中分离开来，以一种独立的姿态外显出来，即国家。可以说，国家是生产关系与所有关系的发展形态。此时，独立个人通过权利和法的形式获取并共有了客观的协作生产力。在市民社会向资本家社会转变的过程中，国家也发生了变化，从国家保障社会分工过程中出现的私人所有，向国家保证社会分工过程中出现的阶级的私人所有转化。此时，国家已经由独立个人通过权利和法的形式获取并分别占有了客观协作生产力的形式，转变为具有特殊阶级性质的个人对普遍协作进行生产力的掠夺、共有的形式。

平田清明主张市民社会是一个与资本家社会相对应的范畴，近代社会的形成是"市民社会向资本家社会的不断转变"，"近代的生产方式"实际上就是市民生产方式向资本家生产方式的转变。"近代社会"的形成过程正是这种市民生产方式在与旧时期生产方式的不断抗衡中发展继而转变为资本家生产方式的。在这一过程中，经济基础发生变化，个人所有逐渐转变为资本家领有，政治的、道德的各种关系也随之转变。市民社会发展到资本家社会这里，私人利益和私人所有逐渐普遍化，原本依赖传统血缘和地缘共同体的社会成员日益从旧有的社会依赖关系中脱离出来，成为独立自主的个体，在与旧的生产方式的交锋中形成一种以私人的利己目的为纽带的新的社会整合机制，这是平田从马克思那里解读到的"市民社会"，并以此来理解和批判资本家社会。平田在《市民社会与社会主义》一书的后记中对其写作目的有明确表述：

从市民社会的根本性来重新理解资本家社会，为资本主义认识提供一个新的准轴，通过这种方法，开拓用以展望扬弃资本主义的共产主义的新天地，从市民社会的根本性来重新认识资本家社会，可以对资本家社会固有的市民意识、宗教形式进行本质理解和批判。①

平田的市民社会观点包含了对俄国马克思主义，乃至日本马克思主义的强烈批判意识，在 20 世纪 60 年代后半期的日本学界引起了巨大反响。

---

① ［日］平田清明：『市民社会と社会主義』，345 頁，東京，岩波書店，1969。

第三章 | 回归：还原马克思的原初语境

　　平田清明的马克思研究注重回归马克思的原初语境，不同于当时日本学界对世界历史发展阶段的界定，平田提出要从马克思本人的固有视角来进行还原分析。马克思曾指出资本主义以前的人类共同体可以分为亚细亚共同体、古典古代共同体、日耳曼共同体三种类型，那么，近代市民社会的形成和发展在世界史的发展阶段中扮演着怎样的角色？马克思的历史理论又是以怎样的形式得以展开的？平田清明将经济学与历史认识结合起来，主张用市民社会范畴来解释马克思所创立的新的历史观，通过对日本马克思研究，尤其是对《资本论》研究中缺失的基础范畴进行分析，重新理解马克思所提出的市民社会理念，同时强调其独创市民社会理论的一个核心概念，即个体所有的再建构理论。

一、平田清明对马克思历史唯物主义的重新解读

第二次世界大战之后，日本学界的历史唯物主义一般从生产资料的所有与非所有的角度，将世界历史发展阶段界定为"无阶级社会→阶级社会→无阶级社会"的若干历史发展阶段。同时，基于生产资料的所有与非所有的不同存在形式，他们将世界历史发展阶段进一步区分为"原始共产制→奴隶制→农奴制→资本主义→社会主义"。平田清明对此提出异议，他认为将阶级史观确立为历史考察的唯一方法是绝对不科学的。他主张马克思的历史理论首先是关于资本主义的历史认识，应该在对其基础即"市民社会"进行考察的基础上确立其独特的历史唯物主义。"市民社会"是马克思用于表述近代社会本质的基本范畴，也是马克思在创立唯物史观原初语境中使用最频繁的概念之一。平田通过对古典古代，以及中世纪特殊的市民社会的形成进行理论考察后得出结论，他认为意识到市民社会与共同体（collective）两种历史存在形式之间存在对立，是市民社会理论批判的前提。可以说平田清明市民社会理论最大的理论贡献之一，正是以"共同体→市民社会→社会主义"的逻辑来理解马克思的历史理论。

（一）本源共同体的三种模式

关于本源共同体的模式问题，马克思在《1857—1858 年经济学手稿》中关于"资本主义生产以前的各种形式"部分提出了三种模式，即亚细亚共同体、古典古代共同体和日耳曼共同体，同时指出这三种共同体的存在并没有使"自由劳动同实现自由劳动的客观条件相分离"，这构成

了资本主义生产以前的社会共同体形式的总体特征。劳动者既拥有劳动
资料和劳动材料，同时又拥有劳动对象即土地，马克思指出，在劳动和
所有的同一之处，才有自由劳动；劳动和所有分离之时，自由劳动者的
血汗就要受到剥削。① 资本主义生产以前的社会共同体中，劳动与所有
是同一的，劳动的主体与客体并没有分离，劳动的过程是创造价值和实
现自我，劳动的目的在于满足家庭成员以及整个共同体的生存。马克思
试图通过对本源共同体三种模式的研究，将资本主义还原到历史之中，
揭示资本主义社会存在的不公正、不合理、不平等都将终结，取而代之
的将是一个自由、平等、公平、公正的社会，是一个自由人的联合体。
对于马克思所规定的资本主义生产以前的三种本源共同体模式，日本学
界从共同体的视角曾展开过激烈的讨论②。大塚久雄认为亚细亚共同
体、古典古代共同体和日耳曼共同体三种形态应该被视作一系列的从原
始社会出发的继起阶段（《共同体的基本理论》）；藤原浩主张将日耳曼及
古典古代两个共同体视为并列类型，认为三种形态以亚细亚共同体为起
点，或向着古典古代的形态或向着日耳曼形态，以两个并列的发展途径
演进（《日耳曼共同体》）；福富正实根据《政治经济学批判大纲》对马克思
的亚细亚观和共同体理论进行重构，他主张亚欧间（相互断绝的）是并列
的和两者内部进行独自阶段的设定（《共同体论争和所有的原理》）；望月
清司提出从文献学上证明《各种形式》不是狭隘的"共同体的三种形式"理

---

① 参见[日]望月清司：《马克思历史理论的研究》，韩立新译，344—346 页，北
京，北京师范大学出版社，2009。

② 《资本主义生产以前的各种形式》（Formen, *die der kapitalistischen Produktion
vorhergehen*）早在 1947 年就被翻译介绍到日本，日译本以俄文版（1939 年出版）为底本。

论，而是"由两个原始积累理论夹着共同体理论的三明治形状"的资本的
原始积累理论（《马克思历史理论的研究》）。① 平田清明在《市民社会与
社会主义》中指出日耳曼共同体是欧洲中世纪发端史的始源，因此，对
亚细亚共同体与日耳曼共同体进行对比研究是一个极其重要的课题。马
克思指出三种本源共同体的共同前提，

> 首先是自然形成的共同体：家庭和扩大成为部落的家庭，或通
> 过家庭之间互相通婚［而组成的部落］，或部落的联合。……所以，
> 部落共同体，即天然的共同体，并不是共同占有（暂时的）和利用土
> 地的结果，而是其前提。②

可见共同体的主体是"部落"。在共同体中，土地一方面提供劳动资料和
劳动材料，另一方面提供共同体成员以居住的场所，这成为构成共同体
的基础，共同体成员通过劳动生产和再生产土地这个共同体财产。可见
共同体的客体是"土地"。平田清明在对亚细亚共同体与日耳曼共同体进
行对比研究时发现，在两种形式的共同体中，主体"部落"的存在形式和
客体"土地"的所有形式均存在差异，随着私人个体的出现，共同体成员
的劳动与所有相分离，劳动者摆脱人格依赖关系而具有自由身份，劳动异
化产生，共同体中的个体所有向私人所有转化，共同体逐渐解体，市民社
会逐步形成。

---

① 参见［日］大塚久雄：《共同体的基础理论》，于嘉云译，109—110 页，台北，联
经出版事业公司，1999。

② 《马克思恩格斯全集》第 46 卷上，472 页，北京，人民出版社，1979。

平田认为，日耳曼共同体中的成员虽然在亲缘关系、语言、历史上存在共性，但由于其地理特殊性，

> 在日耳曼人那里，各个家长住在森林之中，彼此相隔很远的距离，……公社也只是存在于公社成员每次集会的形式中，……公社便表现为一种联合而不是联合体，表现为以土地所有者为独立主体的一种统一，而不是表现为统一体。①

可见日耳曼共同体是为了每个人的共同利益而联合行动的需要才出现的，其存在的前提是个人及其行为，这是日耳曼共同体的典型特征。马克思将日耳曼共同体中的个体固有的家与耕地规定为"个体所有"（indivi-duelles Eigentum），而公有地（anger publicus，如牧草地、打草场、采樵地等），是一种特殊的生产资料，是可供共同体成员使用的共同财产，因此其性质应该属于共同体所有。从这层意义上来看，日耳曼共同体中，共同体成员首先是"经济独立体"，是独立的生产中心。马克思指出，

> 在这里，个人土地财产既不表现为同公社土地财产相对立的形式，也不表现为以公社财产为媒介，而是相反，公社只是在这些个人土地所有者本身的相互关系中存在着。公社财产本身只表现为各个个人的部落住地和所占有土地的公共附属物。②

---

① 《马克思恩格斯全集》第46卷上，480页，北京，人民出版社，1979。
② 同上书，482页。

平田将其描述为"个体所有的增补"。以管理公用土地等物质基础的祭祀、军事等共同行为，促成了共同体成员的自觉"联合"（Vereinigung），这种联合中的独立个人的土地所有者，较容易通过夺取共同体中的公用土地，逐渐形成私人个体。此时，资本与雇佣关系产生，共同体与作为其基础的所有制一同分崩瓦解。

平田清明指出，由于中世纪欧洲的形成与古罗马的没落密切相关，因此，日耳曼共同体中固有的"个体所有者"（individueller Eigentümer）继承并内含了罗马共同体中固有的"私人所有"的特征。日耳曼共同体具备继承这种"私人所有"特征的高度生产力，因而它蕴含着将个体所有者转变为私人所有者的可能性。在这种可能性之下，农业与工业相分离，城市与农村相分离，并且产生了农业与工业、城市与农村的对立，欧洲社会中开始了"农村的城市化"的"近代"历史过程。随着"个人"成为"私人"，近代"私人个体"逐渐形成，这促进了商品生产体系的形成，同时最大可能地发挥了商品生产的积极效能，它的最终结果是带来了私人所有向资本家私人所有的转变。在这种社会形态下，私人所有者与国家，即"私"（private）与"公"（public）在形式上的区别已经非常明显，个人也被分离为"公"与"私"。平田指出，此时日耳曼共同体中的个体性，

　　无论是资本家私人个体还是劳动者个体，都无一例外地被异化了。只是这种异化，在劳动者个体方面体现得尤为彻底。当劳动者被夺去了（priviert）本应共同使用的生产资料时，他们开始不得不意识到"私人"问题。……日耳曼的个体所有者正是由于被驱逐出公有土地，被剥夺（priviert）了公有土地的使用权，因此属于私人所有

者（Privateigentümer）。①

个人所有力量的增强逐渐削弱了共同体的稳固性，生产与交往分离，劳动者要求夺回被夺走的个体性，这必然要求"重建"自身固有的"个体所有"以及其后被私人所有所掩盖的"个体所有"。

相较于日耳曼共同体，平田发现亚细亚共同体中的情况恰恰相反。在亚细亚地区，作为神之子的专制君主将其统治下所有的土地、种族据为己有，将共有物掠夺为私人所有，从这层意义上来看，他才是真正意义上的"唯一的所有者"。这个唯一的所有者凌驾于所有一切单个的、小的共同体之上，剩余产品属于这个最高统一体。而在专制君主所管辖的各共同体之间进行的交换行为，会令共同体自觉到彼此间的对立关系，从而逐渐形成"所有"观念，建立在共同所有基础上的共同体成员，也逐渐产生"占有"意识。② 但是，共同体成员在现实中归属于共同体，在他们看来，单独的个人只是一个偶然的形成，共同体才是真正的实体，个人只不过是实体的偶然因素，或者是实体的纯粹自然形成的组成部分。③ 亚细亚共同体不存在个人所有，共同体成员充其量只是"私人占有者"（Privatbesitzer），土地财产只是作为公共财产而存在。马克思将

---

① ［日］平田清明：『市民社会と社会主義』，143 页，東京，岩波書店，1969。

② 此时的意识还只局限在"占有"范畴之内。黑格尔在《法哲学原理》"抽象法"第 1 章"所有权"中，对"所有"与"占有"概念做过严格区分，按照他的规定，"占有"是指对某物拥有使用权，即虽可以使用但不得转让。而"所有"不仅指对某物的"直接占有"和"使用"，而且还指在法律和意识上明确自己对某物的排他性所有权，因此可以"转让"（参见［德］黑格尔：《法哲学原理》，范扬、张启泰译，61 页，北京，商务印书馆，1982）。

③ 参见《马克思恩格斯全集》第 30 卷，468 页，北京，人民出版社，1995。

这种共同体结构，归结为亚细亚共同体的时代典型。亚细亚生产模式是一种独特的生产方式，城乡并存、农业与手工业结合在一起，这样的社会具备生产和再生产的全部条件，自给自足，因此很难发生劳动与土地的分离。马克思指出，"这种社会的基本经济要素的结构，不为政治领域中的风暴所触动"①，具有顽强的生命力，这样的共同体在分工不发达的情况下难以产生市民社会。

平田清明指出在亚细亚共同体结构下，共同体成员无法实现真正的"所有"，主要原因在于亚洲社会的家族式结构。独特的地理位置和强大的家父长制②的特征，使得亚细亚共同体本身具有一定的封闭性，共同体成员在利用森林、水利等公共资源或集中进行耕作劳动时，都无法脱离其中不可或缺的共同性，人与共同体之间有着无法割离的羁绊，因此生产者无法真正成为私人所有者，共同体成员完全消解于共同体之中，其独立性只有通过偶然的契机才能实现。亚细亚共同体的生产力决定了其社会成员无法成为西欧语境下的个人。当亚细亚共同体的生产力在某一局部地区或某一时间段获得提高，个人试图成为私人个体时，在亚细亚共同体结构下形成的思维模式(将"个"认作是"恶"的思维模式，被认为是亚细亚固有的原始思维 pensée sauvage)，将会被认作是恶的行为③。平田认为，亚细亚地区尽管在历经了悠久历史之后，同样产生了私人个体，但它实际上已经成为阶级的国家。亚洲国家带有强大的家父长制的特征，因而其本质仍然属于统一的共同体。换句话来讲，这里的

①　马克思：《资本论》第 1 卷，397 页，北京，人民出版社，1975。
②　家父长制，即父权制(patriarchy)，男子在经济上及社会关系上占支配地位的制度。
③　参见[日]平田清明：『市民社会と社会主義』，139—140 页，東京，岩波書店，1969。

"私人个体"仍然带有共同体的特质。总而言之，亚细亚式思维方式，在产生了私人个体之后，兼具了"私人的"以及"共同体的"双重特性。这种社会状态下的人，"一般会在社会和国家公认的阶级秩序中确认自身活动的社会价值，而公认秩序之外的一切行为被认作毫无意义"①。这种特殊的亚细亚式思维方式在一定程度上影响了亚细亚共同体的生产方式。

日本学界的马克思研究中，有学者将《政治经济学批判》序言中所提出的"亚细亚的、古典古代的、封建的以及近代市民的生产方式"，认作奴隶制、农奴制、资本主义生产方式的阶段性发展，并由此来讨论"亚细亚生产方式"是否与其他生产方式相同，这也是一个具有阶级性的生产方式的问题。平田认为这实际上否认了马克思唯物主义史观中对诸多范畴的探讨都是在经济学理论研究的层面上进行的事实，并且认为这些范畴可以脱离理论层面的各项规定而独立存在，这是一个重大的谬误。在平田看来，《政治经济学批判》中提出的"古典古代的生产方式"（antik），指的是欧洲文明处于辉煌时期的古典时代，而绝非直接指奴隶制。"封建的生产方式"（feudal），是指法国大革命中象征着废除封建权利的人格的、契约的隶属关系，而非直接指土地所有关系。"近代市民的生产方式"，指的则是从共同体关系中解放出来的私人个体的社会关系，而非资本主义的雇佣奴隶制②。平田认为，在马克思那里，"亚细亚的、古典古代的、封建的以及近代市民的生产方式"，并非直接指具有阶级性的生产方式，马克思想阐述的并非阶级关系本身，而是形成阶级关系

---

① ［日］平田清明：『市民社会と社会主義』，145—146 頁，東京，岩波書店，1969。
② 同上书，96 页。

的基础，即生产与所有的问题。

引发上述争论和误解的原因，平田清明将其归结为缺乏对近代市民社会与共同体进行逻辑的、历史的比较分析的方法视角。平田在反复研读马克思《1857—1858 年经意学手稿》后发现，在马克思那里，亚细亚的、古典古代的（罗马的）以及日耳曼的（封建的）社会形态，实际上是被认作从逻辑上、历史上与近代市民社会相对立的共同体的类型，是一种发展过程的形态表现。马克思通过对比分析共同体与近代市民社会提出了商品论，以及历史唯物主义定式，即从商品论的逻辑层面来对世界历史进行抽象的阶段设定。在对马克思的历史唯物主义进行探讨时，倘若研究者缺少了从共同体向近代市民社会过渡这一世界史认识的基础视角，便很难理解马克思思想的真谛。

（二）从共同体到市民社会：市民社会理论批判的前提

马克思从市民社会视角发展经济学与历史唯物主义，是在弗格森、斯密等人的市民社会史观、文明史观的继承的基础上进行的。18 世纪的历史、经济学者已经敏锐地意识到，分工与私人所有的发展具有其特殊的社会内涵，并由此形成了奴隶制、农奴制等社会的阶级结构。19 世纪的法国实证主义历史学家们，如梯也尔（Thierry）、基佐（Guizot）等同样清晰地意识到社会的历史是阶级斗争的历史。由此看来，无论是市民社会史观，还是与之一脉相承的阶级史观，在马克思之前都已经形成。马克思批判性地继承了这些思想，并独创性地展开自己的理论。他认为十八九世纪的学者在研究时，将文明社会的市民社会与未开化时期的社会进行比较，具有一定的局限性，他认为是分工与私人所有在量的层面上的发展带来了从未开化社会向文明社会的转化。马克思提出"共同体"这一与"市民社会"相对立的概念，通过从哲学、经济学层面对市民社会进行批判，阐述共同体与市民社会中的分工和所有具有质的不同。同时，马克思还认识到世界史的本源之"亚细亚生产方式"的存在，并由此对市民社会进行了重新认识。平田清明指出，"马克思所提出的'共同体'，是与市民生产方式完全对立的共同体（collective）生产方式的历史存在形式。这种生产方式，不仅是欧洲史的本源，同时也是欧洲市民社会之外的亚洲、非洲等社会中现存的占主导地位的生产方式"①。由此可见，马克思不仅追溯到世界史的本源，同时还关注到包括非西欧地区在内的全世界人类史，通过对古典古代以及中世纪特殊的市民社会的形成进行理论考察，马克思得出共同体与市民社会对立的认识，平田将其视作马克思西欧市民社会史论的特色之一，并认为从共同体到市民社会是市民社会理论批判的前提。

平田清明在对马克思西欧市民社会理论进行研究时发现，马克思注意到现代西欧地区存在两大共同体解体类型（即古典古代式与日耳曼式），在共同体的解体过程中逐渐形成了其固有的私人所有与个体所有，最终过渡到奴隶制与农奴制的社会形态。无论是古希腊、古罗马城市的市民社会，还是中世纪城市中的市民社会，都并非在共同体解体之后形成的，而是在共同体的基础之上，作为共同体的一个固有属性形成并发展的。从这层意义上来看，这种市民社会，实际上是一个与"近代市民社会"这种共同体解体完成之后形成的社会相对立的概念，马克思将其命名为"旧市民社会"，这种与共同体密切相关的市民社会（旧的市民社会）的发展，最终随着共同

---

① ［日］平田清明：『市民社会と社会主義』，64 頁，東京，岩波書店，1969。

体的解体而得以实现，形成真正意义上的市民社会。而这种近代市民社会，最终将会转化为资本家社会。平田特意对"近代"与"旧"这两个概念展开了分析，认为马克思的"近代"概念是与"共同体"状态处于对立位置的概念，与"近代"相对立的"旧"（alt）或"旧时期"（altertümlic），指的也并不仅仅是时间上的先行性。马克思在把握历史过程时指出，历史实际上就是"旧时期（altertümlic）生产方式向近代（modern）生产方式的转变"①。通过对马克思的"近代"概念的分析，平田指出，不同于十八九世纪学者仅仅将"近代"简单地从肯定的层面上加以理解，马克思摒弃了片面的思想，在肯定的认识中进行否定的理解，同时在否定的认识中寻求肯定的理解。

　　具体来讲，马克思将所谓资产阶级史学家认为的同一物的"私人的东西"与"个体的东西"视作对立的概念。他认为"近代"的发展过程是在否定"私人"的过程中肯定"个体"，"个体的东西"只有在私有的形式下才得以实现，马克思明确揭示了这一制约性，并指出在这样的"近代"，随着旧的共同体的解体，个体本身所具有的共同性也随之遭到破坏。旧时期生产方式向近代生产方式的转变，在原始积累的过程中，实际上是一种"封建生产方式向资本家生产方式的转变"过程。所有旧时期的生产方式，最终会作为封建的生产方式在中世纪社会中被重新整合。可见，这里所谓"近代生产方式"，实际上就是不断向资本家生产方式转变的市民生产方式。而这种市民生产方式又是在与旧时期生产方式的不断抗衡中发展，继而转变为资本家的生产方式的②，平田清明认为这就是马克思

---

① ［日］平田清明：『市民社会と社会主義』，66 頁，東京，岩波書店，1969。
② 同上书，67 页。

所指认的"近代社会"的形成过程。重新认识"近代"形成过程中逐渐丧失的共同体，重建个体所有与共同所有的统一，才有可能从真正意义上理解"市民社会"。平田认为当前日本学界所缺失的，正是从共同体向近代市民社会过渡这一世界史认识层面的基础视角，对马克思历史唯物主义的理解不能仅仅停留在对经济基础与上层建筑的理解上，要通过加深经济学的理论认识来研究马克思历史唯物主义。马克思在《政治经济学批判》(1859)一书中，在阐述现今被称为历史唯物主义的定式时，特意指出了市民社会研究的意义，并且认为必须要从经济学层面来对市民社会进行解剖。马克思在研究资本家社会时，首先对其基础即"市民社会"进行了分析，并就此形成了历史唯物主义。市民社会从字面上来理解就是作为市民的人进行社会交往的社会形态，从本质上来看是社会分工不可避免地带来个体间交往的一种社会形态，因此，市民社会正是伴随着分工、交往等基础范畴的产生才逐渐兴起的。我们对市民社会的外部表现形式进行批判性考察，可以捕捉到市民社会的内在实质，市民社会中独立的法关系及国家形态，只是该社会特殊的精神交往的一种形式而已，私人个体以营利为目的进行生产，彼此进行商品交换，才是市民社会典型的经济特征。平田认为马克思的历史唯物主义实际上是在马克思独创的市民社会理论以及"市民解剖学"即经济学的发展过程中形成并确立的。

平田清明从经济学视角对马克思历史唯物主义进行了解读，对本源共同体的三种模式、市民社会以及自由人的联合体提出了自己的理解，并绘制了一份图表，如图 3 所示[①]。平田指出，马克思所提出的共同体，

---

① ［日］平田清明：『市民社会と社会主義』，109 頁，東京，岩波書店，1969。

经济学与历史唯物主义图示

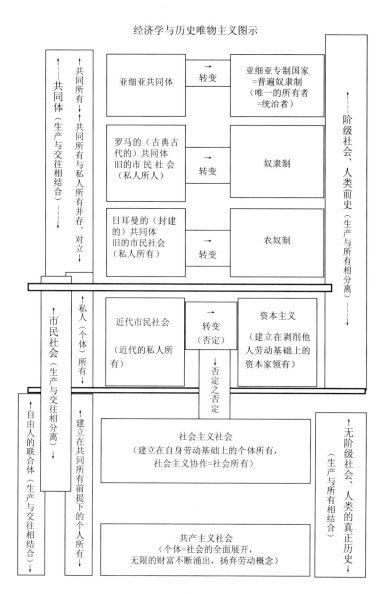

图 3

是与市民生产方式完全对立的共同体生产方式的历史存在形式，这种生产方式是欧洲史的本源，从日耳曼共同体中产生的个人所有，成为分工和交往的前提和基础，为从共同体到市民社会提供了可能。日耳曼共同体的这种建立在个人所有基础上的分工、生产与交换方式为劳动和土地的分离提供了可能，劳动者由此逐渐获得自由身份，成为自由的劳动者。马克思曾指出，日耳曼共同体蕴含着现代市民社会产生的两个历史前提：第一，自由劳动同实现自由劳动的客观条件相分离，即同劳动资料和劳动材料相分离；第二，自由劳动以及这种自由劳动同货币相交换。[①] 当自由的劳动者出现时，货币、资本开始作为中介瓦解了共同体中的人格依赖关系，并逐渐促成了共同体的消解，市民社会产生了。

(三)平田清明对本源共同体三种模式的差别性特征分析

关于《资本主义生产以前的各种形式》中的"共同体所有"与"自由的小土地所有"形式问题，平田清明指出，在资本主义生产以前的各种土地所有形式中，马克思强调"共同体所有是本源所有"，并将其与"小土地所有"相区别[②]。马克思指出，"雇佣劳动成立的前提之一，即自由的小土地所有，以及以东方共同体为基础的共同体土地所有的解体"[③]。而这里在所谓"共同体所有"与"自由的小土地所有"两种形式下，劳动者都把劳动的客观条件视作自己的财产，认为自己劳动是社会生产劳动的自然的经济过程。此时，个人是劳动者的同时，也是所有者，是进行劳

---

① 参见《马克思恩格斯全集》第 30 卷，465 页，北京，人民出版社，1995。
② 参见平田清明：「マルクスにおける経済学と歴史認識（下の一）」，『思想』第 506 号，113—114 页，東京，岩波書店，1966。
③ *Marx Grundrisse der Kritik der politischen ökonomie*，1953，s. 375. ［日］高木幸二郎監译：《1857—1858 年经济学手稿》Ⅲ，407 页，東京，大月書店，1961。

动的共同体成员，由此衍生出土地所有的三种形态：第一形态为以东方共同体（亚细亚共同体）为基础的共同体所有；第二形态为"自给自足的自由农民"的平等和私人所有，以及与之相分离的公有地共存，即古罗马共同体形态；第三形态为劳动的个体即自给自足的共同体社会成员占有劳动的自然条件的形态，即日耳曼形态。平田清明将"第一种形态"视作"共同体土地所有"形式，将"第二种形态"和"第三种形态"视作"自由的小土地所有"①形式。针对马克思在《资本主义生产以前的各种形式》中所提出来的三种本源共同体模式，以及其中"共同体所有"的形态问题，日本学界对此持有几种不同的意见，其中比较有代表性的是大塚久雄的"阶段论"②和福富正实的"类型说"③。对此，平田清明比较同意"类型说"，他认为，"马克思那里，亚细亚的、古典古代的（罗马的）以及日耳曼的（封建的）社会形态，被认作是从逻辑上、历史上与近代市民社会相对立的共同体的类型，是一种发展过程的形态表现"④，相对于"第一种形态"，"第二种形态"与"第三种形态"是一种发展了的形态。⑤

　　从平田清明的文本中可以发现，平田所理解的"发展"，所指的是

---

① 关于这一点，日本学者望月清司认为，"自由的小土地所有"指的是封建制解体后产生的小农民的分割地所有。参见［日］望月清司：「マルクス歴史理論の形成——分業論の歴史分析の展開」，『思想』第 539 号，1996 年 5 月，67—68 頁。

② 大塚久雄的阶段论的代表研究，可参见［日］大塚久雄：『共同体の基礎理論』，東京，岩波現代文庫，1955。

③ 福富正实的类型说的代表研究，可参见［日］福富正実：『共同体論争と所有の原理』，東京，未来社，1970。

④ ［日］平田清明：『市民社会と社会主義』，97 頁，東京，岩波書店，1969。

⑤ 参见［日］平田清明：「マルクスにおける経済学と歴史認識（下の一）」，『思想』第 506 号，119—120 頁。

"个体从共同体中独立出来"。他认为在亚细亚地区，共同体成员这一"个体"被完全埋没在共同体之中，无法真正存在"个人"，同样也无法真正实现"所有"。与此相对，在"欧洲中世纪的发端史的始源"即日耳曼共同体中，存在"个人所有"，也"比较容易形成私人的个体"。而被视作"发展"的最根本依据的原因在于生产力的差异。① 生产力的特征主要表现在农、工的分化，以及以家庭为生产单位的独立存在，平田认为在"第三种形态"即日耳曼共同体中，"农业生产虽然还没有产生农工的分化，但已经达到了足以让单独的家庭成为独立的生产单位的程度"。与此相对，在以亚细亚形态为中心的"第一种形态"中，农业生产力未能分化手工业，同样也未能实现单独家庭的独立化，生产力仍处于相对"第二、第三种状态"而言较为低级的状态。② 平田清明从"所有"、"生产力"等角度对本源共同体三种模式进行了差别性特征分析。

第一种形态：小共同体将农业与工业统一起来，形成自给自足的生活圈，由于共同体内部"并没有进行商品交换，因此并不存在'私人所有'"。农业生产力未能分化手工业，"因而也未能实现单独家庭的独立化"，同时，农业社会中"由于未能形成真正的个人，因此也未能真正形成'所有'观念"，"个体还只是非所有者"③。这是平田清明对本源共同体的第一种形态的特征分析。由此可见，平田认为在以亚细亚地区为中

---

① 参见[日]平田清明：「範疇と日常語——市民社会と唯物史観」,『思想』第 526 号, 1968 年 4 月, 6—8 頁。『市民社会と社会主義』, 139—140 頁, 東京, 岩波書店, 1969。

② 参见[日]平田清明：「マルクスにおける経済学と歴史認識（下の一）」,『思想』第 506 号, 118—119 頁。

③ 同上书, 119—121 頁。

心的第一种形态中不存在私人所有，其主要原因在于尚未实现农工分化因而缺少商品的交换，此时还没有存在真正的"个人"与"所有"。

第二种形态：农民向城市集中是这一共同体形态的特征。因此，此时"农工实现了分离"，出现了用于直接消费而进行的小规模农业，出现了如纺织类的由妇女等从事的家庭副业，出现了独立成单独部门的工业。共同体成员之间开始普遍进行商品交换，并且开始视对方为"私人所有者"。劳动方式也不再是自然生产方式，而是以商品为媒介的生产方式。此时的"类"是指"以城市国家这种成员间的共同体组织，以及私人所有者之间的社会生产有机体这两种形式构成的二重状态"①。依照平田清明对本源共同体第二种形态的特征分析，我们可以看出，此时的商品生产者已经成为私人所有者，共同体社会被视作一种生产有机体。

第三种形态：在家庭成为经济完全体的日耳曼形态下，"农业生产力虽然还没有产生农工的分化，但已经达到了足以让单独的家庭成为独立的生产单位的程度"，比较容易通过"夺取公有地的方式形成私人个体"。与此同时，共同体中的家庭可以共同利用"狩猎地、牧草地、打草场"等公用土地，商品经济尚未普遍形成，"劳动样式是以共同体中的家庭的合作与共同利用为媒介进行相互关系的行为样式"②。平田清明认为，日耳曼共同体与亚细亚共同体不同，在经历了古凯尔特共同体时代之后，日耳曼共同体中的个人以及个体所有都已经形成。以管理"个体所有的增补"即公用土地为物质基础的祭祀、军事等共同行为，促成了

---

① ［日］平田清明：「マルクスにおける経済学と歴史認識（下の一）」，『思想』第506号，118—119頁，東京，岩波書店，1966。

② 同上书，118—120页。

共同体成员的自觉"联合"（Vereinigung）①。而这一点正是平田所认为的日耳曼共同体与亚细亚共同体形成鲜明对比的核心所在。

总而言之，无论是"第二种形态"的古典古代共同体，还是"第三种形态"的日耳曼式共同体，都不同于"第一种形态"的亚细亚共同体，前两者发展了"私人所有"，生产与交往也由此产生了分离。正如平田清明所言，"这种与共同体密切相关的市民社会（旧的市民社会）的发展，最终随着共同体的解体而得以实现，形成真正意义上的市民社会"②。

二、日本马克思研究中缺失的基础范畴

"市民社会"概念是马克思创立历史唯物主义时使用频率极高的概念之一。在其代表作《资本论》以及其他诸多著作中，马克思曾多次用到"市民社会"这一概念。然而，在传统马克思主义理论体系中，这一概念鲜有人提及，也经常会被当成一个马克思不成熟时期的过渡性概念。平田清明发现，在日本学界对马克思的研究中，有很多在马克思创立唯物史观时极为重要却在当代"马克思主义哲学"体系中"缺失的基础范畴"③。日本学界很多时候拒绝使用"市民社会"这个词，而在不得不使

---

① ［日］平田清明：『市民社会と社会主義』，141 頁，東京，岩波書店，1969。

② 同上书，99 页。

③ "缺失的基础范畴"的说法来自平田清明《市民社会与社会主义》（岩波书店，1969）一书。

用该概念时，选取诸如"商品经济社会"或"资本主义社会"之类特殊的日式用语；诸如"私人"与"个人"这样的极为基本的概念，很多研究学者分辨不出两者的区别；一些在马克思看来极为核心的经济学、社会学的诸多范畴(如所有、交往、市民社会等)在此前的研究中缺失。[①] 鉴于此，平田对马克思市民社会概念进行讨论的时候，通过恢复其中缺失的基础范畴，试图开拓一条线索以还原马克思的原意。

(一)回到马克思的市民社会概念

马克思对"市民社会"概念的理解主要分为三个阶段。在早期马克思市民社会概念的形成时期，其基本思想主要体现在《黑格尔法哲学批判》(1843)、《论犹太人问题》(1843—1844)、《〈黑格尔法哲学批判〉导言》(1843—1844)等文本中。中期马克思论及市民社会问题的主要著作有《巴黎手稿》(1844)、《德意志意识形态》(1845—1846)、《哲学的贫困》(1847)，这是马克思市民社会概念的定型时期。晚期马克思市民社会概念的成熟时期的重要文本有《1857—1858 年经济学手稿》、《政治经济学批判》(1859)等。平田清明初遇马克思始于对《哲学的贫困》的翻译，平田以马克思《资本论》及其《1857—1858 年经济学手稿》、《政治经济学批判》等重要手稿为中心进行文本学解读，讨论其中对市民社会的剖析和批判，厘清马克思在各个时期对"市民社会"概念的不同规定和基本特征。

马克思在 1843 年辞去《莱茵报》主编的工作之后，开始了对黑格

---

① 参见[日]平田清明：『市民社会と社会主義』，127—128 頁，東京，岩波書店，1969。

尔法哲学的批判。他首先修正了黑格尔的国家与市民社会的关系框架，摆脱了黑格尔唯心主义的束缚，从市民社会来解释国家，马克思提出"市民社会是主语，国家是谓语"的著名论断，提出由无产阶级来实现对市民社会的扬弃，而非依靠政治国家。但是，在马克思眼中，市民社会更多的是一个"欲望的体系"，是一个如犹太商人般尔虞我诈、牟取暴利，少数人巧取豪夺、奴役和剥削他人的肮脏的世界，是"一切人对一切人的斗争"。可见，早期马克思更多地偏向于从消极和否定的层面上把握市民社会，并没有能对黑格尔从积极的意义上理解市民社会①产生认同感。

究其原因，马克思早期对市民社会的研究大多从法哲学或哲学角度展开，对经济学，尤其是对以亚当·斯密为代表的国民经济学并不太熟悉，因此，此时的马克思还不能发现经济学对解剖市民社会的意义，还没能从市民社会结构本身进行批判把握。1844 年，马克思开始着手国民经济学的研究，通过对英法两国众多经济学家的文献的阅读，拓宽了视野，超越了古典哲学家黑格尔，提出了其独特的市民社会概念。马克思在《德意志意识形态》中对市民社会进行了系统分析，具体来看，他主要对市民社会概念进行了三重规定，这三重规定对平田市民社会理论的研究产生了重要影响。

第一，贯穿整个人类历史的市民社会。马克思在《德意志意识形态》第一章《费尔巴哈》中对市民社会做过如下规定："在过去一切历史阶段

---

① 黑格尔认为，市民社会是一个相互依赖、彼此得以陶冶的社会，这一点是从积极的意义上把握"市民社会"的。早期马克思在对黑格尔哲学进行理解时未能真正理解这一点，因此马克思更多地偏向从消极和否定的层面上看待市民社会。

上［每次］出现的受生产力制约同时又制约生产力的交往形式，就是市民社会。……这个市民社会是全部历史的真正发源地和舞台。"①依照马克思的这一逻辑，只要生产力和交往存在，市民社会便存在。马克思认为"市民社会"是与上层建筑相对的经济基础，是"直接从生产和交往中发展起来的社会组织，这种组织在一切时代都构成国家的基础以及任何其他观念的上层建筑的基础"②。马克思认为市民社会贯穿整个人类历史始终，自然存在于人类社会的一切历史阶段，这实际上否定了将市民社会直接等同于资本主义这一人类历史上某一阶段的理解。同时，他开始背离黑格尔及黑格尔左派的历史唯心主义，从历史唯物主义视角提出从物质生产出发阐述现实的生产过程。平田清明在其著作中多次使用"历史贯通性"这一说法，认为市民社会贯穿从本源共同体到近代资本主义社会和未来社会主义社会的始终，它作为一种基本的社会结构存在于任何社会形态当中。这一观点与马克思所指认的市民社会贯穿整个人类历史的论断有异曲同工之处。

第二，伴随着私人所有而出现的市民社会。如马克思对"市民社会"的第一规定所述，市民社会是"直接从生产和交往中发展起来的社会组织"，当"私人所有"摆脱了共同体，市民通过商品和货币结合成市民社会，此时"商业生活和工业生活"与国家相分离，市民社会的成员作为独立的商品生产者，为了满足自身需要，"用自己消费不了的剩余劳动生

---

① ［日］广松涉编注：《文献学语境中的〈德意志意识形态〉》，彭曦译，38 页，南京，南京大学出版社，2005。

② 同上书，146 页。

产物，交换自己所需要的别人劳动生产物的剩余部分"①。马克思的这一规定比较符合"市民社会"最原初的含义，即摆脱了封建领主的控制。中世纪城堡(Burg)中的居民，成为城市中的商人和手工业者。他们在经济上成为私人所有者，在政治上拥有市民权。私有财产是市民社会的经济关系，市民社会中人的异化、不平等及对抗，都离不开与私人所有的关联，马克思从异化劳动的批判入手，创立异化劳动学说，挖掘市民社会的本质矛盾和私有财产的秘密。随着"私人所有"的出现而形成的社会，正是马克思所规定的市民社会的第二层定义。平田清明对马克思所提出的这层规定展开阐述，就私人所有、个体所有、分工与交往等经济学范畴进行了重点研究。平田认为，市民社会首先是一个商品的社会，在这里货币君临一切，人被物支配，个体所有在私人交换的社会中表现为私人所有，私人所有本身兼具排他性和社会性，是一个矛盾统一体，使整个社会成为一个以交往为核心的市民社会。但是值得注意的是，平田特意强调马克思在这里所指认的，市民社会并不等于完全意义上的"资产阶级社会"或"资本家社会"，即马克思对市民社会的第三层规定。

　　第三，"资产阶级社会"意义上的市民社会。马克思指出，"'市民社会'这一用语是在 18 世纪产生的，当时财产关系已经摆脱了古代的和中世纪的共同体。真正的市民社会只是随同资产阶级发展起来的"②。在马克

---

① ［英］亚当·斯密：《国民财富的性质和原因的研究》上卷，郭大力、王亚南译，20 页，北京，商务印书馆，1983。

② ［日］广松涉编注：《文献学语境中的〈德意志意识形态〉》，彭曦译，146 页，南京，南京大学出版社，2005。

思所指认的资产阶级社会（Bourgeois Gesellschaft①）中，雇佣劳动和资本的关系成为社会的主导，原本平等的市民分裂为无产阶级和资产阶级两大对立阶级，阶级斗争的剩余价值规律成为社会主要特征。马克思那里的市民社会是 18 世纪随同资产阶级发展起来的近代市民社会。有学者认为，"马克思理论框架中的市民社会与资产阶级社会都对应于他眼前的近代社会，属于同一个社会的两个不同的层次"，市民社会是第一层次，是一个阶级对抗被抽象掉的平等自由的商品经济社会；资产阶级社会是第二层次，商品交换关系不再占据整个社会的主导地位，雇佣劳动和资本的关系成为主导。马克思理论上严格地区分了这两种特征迥异却紧密相关的社会概念。② 平田清明在对马克思市民社会概念的解读中提出自己独特的见解，他指出传统的马克思主义体系直接将市民社会等同于资本家社会，这带来的结果是仅仅从消极意义上将市民社会指认为阶级社会，而将近代资本家社会的本质简单地归结为阶级斗争，将市民社会视作与资本家社会相对应的范畴，可以避免这种阶级一元论，同时从更为全面的视角理解资本主义的内在结构。平田从欧洲词源上分析"市民"、"市民社会"等用语，指出"市民"范畴等同于"资产阶级"范畴的说法，严格地说仅仅在西欧才能成立。平田认为马克思的市民社会是一个区别于资本家社会的社会，市民社会并非资本家社会形成之前的某一

---

① 马克思和恩格斯在《德意志意识形态》中使用了 Bourgeois Gesellschaft 这一用语来表述资产阶级社会。参见《马克思恩格斯全集》第 3 卷，280 页，北京，人民出版社，1960。

② 参见韩立新：《〈德意志意识形态〉中的市民社会概念》（上），载《马克思主义与现实》2006 年第 4 期。

个历史时期，所谓市民社会阶段本身并不存在，存在的只是一个"市民社会向资本家社会的不断转变"的社会形态，近代社会的本质是"从市民社会向资本主义社会的过渡"，市民社会具有其内在必然性和积极意义。

(二)缺失的基础范畴：所有、交往、市民社会

"市民社会"概念是马克思在创立唯物史观时极为重要的概念，在其代表性著作中也多有提及。然而，平田清明在对马克思的研究中却看到，在日本学界由于各种原因，一些在马克思看来极为核心的经济学、社会学的诸多范畴在此前的研究中缺失。平田指出，

> 马克思在《资本论》中，批判了在以市民社会为形式的资本家社会中日渐普遍化的私人生活排他性和人与人之间的漠然，由此，揭露了基于社会分工的社会劳动私人占有与资本家领有。然而，如果不能从自身所处的生活层面来对这一根本性批判进行主体性认识，那么，很有可能会在对马克思这位共产主义者经过理论上的苦心钻研后最终形成的诸多关键基础范畴进行理解时产生缺失。①

那么，平田所提出的日本马克思研究中"缺失的基础范畴"究竟所谓何指？

1. 所有

这是平田清明指认的第一个缺失的基础范畴，他认为这是一个触碰到资本主义认识的根底的问题。蒲鲁东在《什么是所有权》(1840)中，借

---

① ［日］平田清明：『市民社会と社会主義』，76 頁，東京，岩波書店，1969。

用法国大革命时期布里索的名言，提出"所有权就是盗窃"（"财产即盗窃"）的著名论断。这是从法权观点对资产阶级的私有财产的批判，蒲鲁东认为每个人都应有平等享有自己劳动产品的权利，而地主和资本家通过地租和利息的方式掠夺了劳动者的部分产品，这实际上是一种盗窃行径，侵犯了劳动者的权利。所有权问题是蒲鲁东学说的出发点和核心，弗兰茨·梅林曾指出，"法国的无产阶级认为自己的最卓越代表就是蒲鲁东，他的《什么是财产？》一书，在一定的意义上是西欧社会主义的最前哨"①。1864 年，蒲鲁东从哲学与经济学方面对所有权问题展开深入研究，并写就《贫困的哲学》一书，在书中回答"贫困的根源是什么"的问题，他指出，19 世纪以来，

> 许多人就开始苦心思虑这个问题，可是始终没有人拿得出答案来……既然贫困的直接原因是收入太少，那么，需要弄清楚除了天灾和恶意行为之外，究竟是什么原因使得工人的收入太少。归根结底，这还是一个世纪以前闹得满城风雨的那个老问题，即财富分配不均的问题。②

它已经"成了现代社会一切问题的症结所在"。马克思辩证地批判了蒲鲁东的思想。一方面，马克思肯定了其思想中的积极因素，认为其可贵之

---

① ［德］梅林：《马克思和恩格斯是科学共产主义的创始人》，何清新译，91 页，北京，生活·读书·新知三联书店，1962。引文有改动。
② ［法］蒲鲁东：《贫困的哲学》第 1 卷，余叔通、王雪华译，28 页，北京，商务印书馆，1998。

处在于从社会现实出发，"第一次带有决定性的、严峻而又科学"①地对私有制度进行了批判性考察，对资产阶级私有制的批判比之青年黑格尔派鼓吹的"纯粹的批判"或"批判的批判"要高明得多。但另一方面，马克思也指出蒲鲁东的小资产阶级社会主义有缺陷，并写就《哲学的贫困》，明确自己新的历史观和经济观的基础点。

针对马克思与蒲鲁东对所有（私有财产）的论争，平田清明认为，无论"所有权就是盗窃"这一论断正确与否，这个问题的提及本身就是对资本主义本质的探讨。平田指出，

明治末年，日本人通过对马克思主义与无政府主义的认识，第一次产生了对私有财产的批判性意识。当时这在社会上引起了强烈的反响，但这种强烈的反应，随着大正后期日本马克思主义与无政府主义论争的终结而逐渐消失无踪，直至《资本论》引入日本 50 年后的今天，日本人对私人所有问题的关心，无论是理论上还是实践上，都已经几乎不复存在。②

平田认为，马克思曾系统地、尖锐地批判过"私人所有"的问题，并且在很多文本中都对此赋以重墨，但是日本学界对这一问题的无视，的确值得深思。

平田清明在其著作中首先从词源上对"所有"概念进行了分析。在欧洲语系中，"所有"指的是"propriété Eigentum"。德语"Eigentum"是一

① 《马克思恩格斯全集》第 2 卷，39 页，北京，人民出版社，1957。
② ［日］平田清明：『市民社会と社会主義』，77 頁，東京，岩波書店，1969。

个形容词，与"eigen"（固有的）一词归属同一词源，法语"所有"概念对应"propre"，无论是德语还是法语，该词都含有"自身的"①意思。因而，"所有"指的是"将他物据为己有、掠夺成为自己的东西，'所有'的形成，不可避免伴随着将他物据为己有的掠夺行为"②。由此可以看出，平田所指出的"所有"概念必须具备两个因素，一个是"将他物据为己有的掠夺行为"，另一个是通过该行为所获取的"物"。有许多日本学者从字面意义出发将德语"Eigentum"翻译为"自领"或"自获"，或是"财产"、"获取物"之类③，平田认为，将 privates Eigentum 与 propriété privée 在日文翻译时译作"私有财产"存在一定的问题，这个词首先指将其纳为私有之物的获取行为本身，该行为的结果则是产生了"财产"，因此把它简单地译作"私有财产"不够确切。但是，平田也肯定了该译法包含一定的合理性，其中包含了经济价值的积累的含义，同时这种译法也表达了对某种社会地位的排他性占有。平田强调，"所有"概念"将他物据为己有的掠夺行为"本身包含三个动量：

其一，人对于自然生产条件这一所有物的主观能动性（关系行为 Verhalten）；其二，生产活动中建立起的人们彼此之间的关系行

---

① 这两个概念的反义词为"他人的"，德语和法语分别对应为"fremd"和"étranger"。

② ［日］平田清明：『市民社会と社会主義』，138 頁，東京，岩波書店，1969。

③ 在《经济学批判大纲》的《资本主义生产以前的各种形式》部分，中文版译者曾对德语"Eigentum"的译法做出说明："所有制"原文是 Eigentum，在本节中，按上下文分别译为"财产"、"所有"、"所有权"、"所有制"；与土地相联时，则分别译为"土地所有权"、"土地所有制"、"土地财产"、"地产"（参见《马克思恩格斯全集》第 30 卷，465 页，北京，人民出版社，1995）。

为；其三，组成社会并从事生产活动的人的固有意识中的自他区别意识，特别是法意识基础上的自他区别意识行为。①

换句话来讲，即"所有"首先要实现对外在对象的占有，确认自己是其所有者，明确自他区别，从这层意义上来看，"所有"本身势必会与"私人所有"密切相连。

由此可见，平田清明所理解的马克思"所有"概念，更多地指向将他人之物据为己有的行为，而这种获取行为首先指的是"生产"，因此，"生产"是"所有"的第一概念。从这层意义上来看，这里的"所有"是"生产意义上的所有"。平田在研究马克思文本时发现，马克思在德文版《资本论》第一卷以"资本的生产过程"为题，讨论了资本，资本家将他人的劳动无偿地据为己有，并且无偿占有他人的劳动所得，获取他人的剩余产品与剩余价值。因此，他认为《资本论》的第一卷，实际上应该称作所有论篇。《资本论》的第三卷主要从理论上揭示了：土地所有者、银行资本家、商业资本家们尽管没有直接参与生产的任何过程，但是这些地主、资本家们从与之相关联的产业资本家那里，将剩余产品与剩余价值以地租、利息、商业利润等方式加以瓜分。此时的瓜分与生产并没有产生直接关联。以土地所有为例，产业资本家将剩余产品与剩余价值作为

---

① ［日］平田清明：「マルクスにおける経済学と歴史認識」下の一，『思想』（岩波书店）第 506 号，1966 年第 8 号。参见马克思在《资本主义生产以前的各种形式》中对"所有"做的三个规定：一是对自然生产条件中的占有的关系行为；二是人们在生产活动中形成的相互关系行为，是个人向共同体的归属；三是自己和他人相区别的意识行为，即在意识中和法律中予以承认。（参见《马克思恩格斯全集》第 30 卷，484—485 页，北京，人民出版社，1995。）

平均利润加以瓜分也是同理。平田认为，这层意义上的获取实际上才是真正的"所有意义上的所有"①。因此，马克思《资本论》第三卷《资本主义生产的总过程》，从更高一层意义上来讲也应该属于所有论篇。在平田清明看来，马克思的"所有"是指在物质的、精神的生产，以及其带来的交换、分配，甚至消费的过程中，个人在现实中获得的自我实现。"所有"既是一个经济学上的概念，代表物质上的财物，同时也兼具一定的伦理学、心理学意味，是一种个人自我实现的形式。

2. 交往

平田清明指认的第二个缺失的基础范畴是"交往"，在日文中通常写作"交通"，有的译本中直接译为"交通"，语义包括"交往"、"交流"、"交换"、"交际"等多重含义。平田关注到"交往"（Verkehr，commerce）一词在日译中有时会译成"交易"或"贸易"，表示人与人之间的经济活动。但究其词源，以德文中的"Verkehr"为例，"geschlechtlicher Verkehr"常被译作"性的交往"，这里的"Verkehr"指的是男女的交往或爱的盟约。恩格斯在《德意志意识形态》中曾说过："费尔巴哈所知道的，充其量只是二人间的（男女间的）交往而已。"其后，马克思也指出，"我在使用 commerce 一词时，正如德语中的 Verkehr 一词，含义相对而言更为宽泛"（《马克思致帕·瓦·安年柯夫》，1846）。可见，"交往"除了表示人的经济活动外，同时还指代人的一般行为，"交往"在表示特殊的、历史的私人活动的同时，还表示具有历史贯通性的人类普遍的生命活动。平田将"交往"指认为"各独立个体在特定的社会形式下，彼此进行物质

---

① ［日］平田清明：『市民社会と社会主義』，77 頁，東京，岩波書店，1969。

的、精神的交际活动"①，将"市民的交往"定义为通过把物作为商品与他人进行交换，是个体之间进行交涉和交往的过程，同时也是个体本身以独立个人的形式进行相互间沟通和交流个人思想的过程。平田将这两种交往形式从内容上区分为"物质的交往"和"精神的交往"，个体之间现实的交往一般是这两种过程的具体的统一。私人所有具有排他性，个体成为孤立的、分散的存在。作为独立存在的个体，市民最基础、最日常的交往形式，是将自己生产的产品作为商品与他人交换。马克思把市民社会规定为"物质交往"的关系，其本质是经济交往关系。这种关系不仅包含直接由物质需要决定的关系，还包含某些高于物质需要的关系。产业资本家之间买卖商品的关系、产业资本家与银行资本家、土地所有者之间的货币及土地使用权的买卖关系、商业资本家的活动等，都属于市民社会的交往范畴。

马克思对"交往"的研究始于《巴黎手稿》，马克思在《穆勒评注》中规定了交往的两种情况：第一种是"生产本身内部的人的活动的交换"，即人与他人的劳动在生产劳动的过程中的结合与交换；第二种是"人的产品的相互交换"，即人与人之间劳动产品的交换，是一种社会交往。这两种交往形式结束了人格的分离，实现了人格与人格之间的交往，同时交换使自己的劳动与他人产生关系，使自己的劳动成果在与他人产品的交换过程中满足了自己与他人的需求。平田认为，在市民社会中交往的第一概念是交换，交换是一种经济过程，同时也是一种社会过程。市民社会的成员原本并不存在直接的相互关系，是无直接关联性的个体，平田将其称作"无缘

---

① ［日］平田清明：『市民社会と社会主義』，81 頁，東京，岩波書店，1969。

性"。当这些"无缘性"的个体通过自身劳动获得产品并相互转让时，个体间产生交换关系；当这种交换活动反复进行时，商品所有者之间的"无缘性"继而转化为彼此之间的"排他性"。"生产劳动"逐渐具有私人的排他性，"所有"逐渐披上"私人所有"的外衣，由此，平田提出"生产意义上的所有"和"所有意义上的所有"，实际上这正是通过"交往"才得以实现的，"交往"成为资本家最为直接关心的事情，同时也成为资本家的主要活动。交往的世界正是资本的世界，交往是市民社会的基本原理。

　　平田指出，尽管"交往"是人的一种行为，但实际上不过是"将商品与资本换一种形式，或变换商品与资本的所有者的一个过程"①。当物作为商品被生产时，生产成为一种以资本为基础的连续性的生产过程，不可避免地会产生商品以及资本的形式变换。平田认为，直接作为人的行为存在的交往，实际上是这种以连续性生产形式存在的再生产过程的表面形式，即交往是社会的外部活动，生产是社会的内部活动，两者形成一个统一整体。平田在对马克思文本进行梳理时发现，《资本论》第二卷《资本的流通过程》，主要论述了交往，尤其是资本家的交往问题，本卷实际上讨论的是流通论意义上的生产论，即再生产论。马克思《资本论》全三卷被平田解读为对"生产意义上的所有"、"交往意义上的所有"和"所有意义上的所有"三层意义的阐述。可以说，这是对市民的生产、交往、消费方式向资本家的生产、交往、消费方式的转变，以及市民社会向资本家社会的转变，特别是市民所有向资本家领有的转变等问题所进行的抽象与具体阐述。

---

　　① ［日］平田清明：『市民社会と社会主義』，82 頁，東京，岩波書店，1969。

　　通过对"所有"和"交往"两个概念的分析可以发现，"生产"是"所有"的第一概念，"交往"从本质上来看即"生产"，"所有"和"交往"两个概念与"生产"都存在密不可分的联系，由此，生产成为市民社会概念中最重要的问题和最基本的要素。马克思认为，市民社会从根本上来看是一种交往形式，是一个以分工为前提的交往体系，生产以人与人之间的交往为前提，交往的形式由生产决定。生产带来劳动产品的产生，是私人所有与交换的基础，没有生产，就不可能产生私人所有及抽象物商品和货币，更不可能形成以商品交换为核心的市民社会。平田认为资本的运动过程，实际上是一个将作为自身运动前提的生产方式逐渐转化为对整个体系具有支配性作用的生产方式的过程，是将生产与流通（交往）统一为一个整体的过程。存在于生产领域，以及流通领域的资本制造了一个所谓"社会生产有机体"，这种社会有机体的表面是流通、交往，而内在则是生产，生产是一个私人的、内在秘密的过程，而交往是独立个体之间进行彼此外部交际的过程。商品与商品的交换、收入与产品的交换这些外在的交往形式，实际上是基于生产方式的历史特征，以及生产关系的特征而形成并确立的。平田认为，在市民生产方式逐渐向资本家生产方式①转变的同时，交往方式保留了市民交往的形式，在本质上逐渐倾向于资本家交往形式，这一过程正是再生产过程（生产过程与流通过程的

----

　　①　"资本家生产方式"即用以生产包括剩余价值在内的商品的劳动形式。资本家生产方式的基本形态，指的是"协作"，是资本将多数的劳动个体统一起来，形成一个整体的、具有凝聚力的生产力结构。客观上决定独立劳动个体的统一和资本生产力的社会整合的外部强制力，即各种资本之间的竞争。参见［日］平田清明：『市民社会と社会主義』，83页，東京，岩波書店，1969。

统一)的积累过程，即形式上保存了建立在自身劳动基础之上的市民的所有，实质上却是对他人无偿劳动的领有。

3. 市民社会

"市民社会"概念是平田清明所指出的马克思理论体系中发挥了巨大作用却消失了的第三个基础范畴。马克思在对资本家社会进行整体研究时，首先对其基础即"市民社会"进行分析，并由此形成了独特的历史唯物主义。在《政治经济学批判》序言中，马克思曾明确指出，

> 法的关系正像国家的形式一样，既不能从它们本身来理解，也不能从所谓人类精神的一般发展来理解，相反，它们根源于物质的生活关系，这种物质的生活关系的总和，黑格尔按照 18 世纪的英国人和法国人的先例，概括为"市民社会"，而对市民社会的解剖应该到政治经济学中去寻求。①

在阐述历史唯物主义的定式时，马克思特意指出了市民社会研究的意义，并且认为必须要从政治经济学层面对市民社会进行解剖，要将历史认识与经济学结合起来。可见，市民社会概念在马克思的理论体系中不可或缺且发挥了巨大作用。但是，平田发现，日本学界有部分日本马克思主义研究者认为马克思在《资本论》中并没有讨论到"市民社会"，"市民社会"的用语是与马克思无缘的、完全异质的东西，对马克思历史唯物主义的把握较为

---

① 《马克思恩格斯全集》第 13 卷(6)，12—13 頁，東京，岩波文庫版『经济学批判』，1964。

片面。平田对这一症结进行了分析，他认为形成这一问题的成因在于这些学者未能真正理解市民社会的亚细亚原始思维模式，以及私人共同体的日常感觉在其中产生的巨大影响，此外，日语译法的困难也是导致其误读的原因之一。因此，平田认为"市民社会"这一马克思在创立唯物史观原初语境中使用最频繁的重要范畴在传统的马克思主义理论体系中遭到了轻视，当代马克思研究的首要任务应该是恢复市民社会的权威。

平田清明首先就"市民社会"概念的日文译法与欧洲词源的原初语境的差异进行说明。从欧洲词源上来看，"市民社会"这一用语存在"société bourgeoise"和"société civile"两种说法，马克思在其著作《马克思致帕·瓦·安年科夫》(1846)和《哲学的贫困》(1847)中，曾区别使用过这两种说法，在强调市民社会的资产阶级性质时使用了"société bourgeoise"(资本家社会)，而在强调与国家相对的市民社会时，使用了"société civile"(市民社会)。法语"bourgeoisie"①在日语中的音译为"布尔乔亚"，一般指市民或市民中的特权阶层，即资产阶级②。平田在讨论马克思市民社会概念时，有若干处特意使用"布尔乔亚"的译法，并加以着重号强调，从文末注释中可以看出，平田主要是想"强调市民社会的消极面，即私人排他性与相互间缺乏关心，以及私人个体对社会分工形成的社会劳动的领有性"③。当然，平田并没有因此否认马克

① 平田清明在翻译法国加利玛出版社(Gallimard)版本的《哲学的贫困》时发现，法语中的"bourgeoisie"(布尔乔亚阶级)并不能直接完全地等同于"资产阶级"。该译著后收录在《马克思恩格斯选集》(大月书店)第一卷下(1950年4月)。

② "布尔乔亚"这一音译在20世纪30年代从日本传入中国，成为"资产阶级"一词的最早期的译名。

③ ［日］平田清明：『市民社会と社会主義』，91頁，東京，岩波書店，1969。

思所指认的市民社会存在积极层面的意义。市民社会中的劳动，在平田
看来是一种获得具有一般交换可能性的商品或货币的行为，

> 市民社会虽然受到私人排他性的制约，但是，由于其明确了自
> 他之间的区别，因此可以清晰地意识到"个体"与"类"之间的关联与
> 区别，从而将作为"个体"的自我认知为自己。①

因此，相较于分辨不清自他区别的共同体关系中的人类自我感觉，这种
"布尔乔亚"的日常感觉可谓是人类精神史上的巨大进步。市民社会中通
过商品交换而自然形成的独立个体之间自由、平等的法关系及其观念，
虽然表现为事实上的不自由、不平等，从观念上、法制上来理解现实中
存在的不自由、不平等，并审视作为法的基准本身的人类精神，是人类
有意识地形成历史的重要动因之一。平田认为只有能够从积极意义上来
对市民社会中的自由、平等进行评价，才有可能对市民社会进行客观
的、正确的批判。

　　平田清明指出，马克思在《资本论》第一卷第一篇"商品货币论"（中
文版是"商品和货币"）中，讨论的是市民生产方式的形态特征，指出市
民社会的实质内容是以商品的运动以及货币的运动等外在形式表现出来
的，是社会劳动的分割与统一的整体；在第二篇"货币向资本的转化论"
（中文版是"货币转化为资本"）中，马克思对市民生产方式向资本家生产
方式的转变过程进行形式论阐述；在第三、四、五、六篇"剩余价值、

---

　　① ［日］平田清明：『市民社会と社会主義』，92 頁，東京，岩波書店，1969。

工资论"（中文版是：第三篇为"绝对剩余价值的生产"，第四篇为"相对剩余价值的生产"，第五篇为"绝对剩余价值和相对剩余价值的生产"，第六篇为"工资"）中，马克思对市民生产方式向资本家生产方式的转变过程进行实体论分析；在第七篇"积累论"（中文版是"资本的积累过程"）中，马克思对以资本家积累形式表现出来的具有支配性的布尔乔亚形态展开讨论；第八篇（中文版没有第八篇，第八篇内容归并于第七篇中）明确地揭示了市民生产方式向资本家生产方式的转变过程的历史的、理论的意义①。平田在对《资本论》第一卷全卷的解读时指出，马克思在讨论市民社会向资本主义社会不断转变的过程中，从理论上将其表述为该过程中各要素的重叠式发展过程。马克思在《资本论》第二卷"资本流通过程论"（中文版是"资本的流通过程"）中，主要将市民社会向资本主义社会的不断转变过程，上升到生产过程与流通过程的统一体即再生产过程，以及生产方式与交往方式的统一体即再生产方式的高度，在更高的层次上进行了独创性的阐述。《资本论》第三卷则是对上述再生产方式的发展过程中所包含的不断发展的资本家的领有方式，或者说对资本家的再生产过程中所包含的不断发展的资本家的领有过程进行阐释，并且明确揭示了该过程的结构性特质。在《资本论》最后一卷最终篇"各种收入及其源泉"中，马克思揭示了资本家、地主、雇佣劳动者这些近代的阶层披上市民的外衣登上历史舞台的客观依据，明确指出资本家的领有是

---

① 平田在阅读马克思担任主编的法文版《资本论》第一卷时发现，法文版与德文版《资本论》存在些许不同，主要在于对第八篇的重新设定，通过对原始积累即所有权法转变的历史的、理论的过程的阐述，总括性地对第一卷全卷进行了整理。详细内容请参见《马克思研究之法文版〈资本论〉的意义》（《思想》1996 年第 5、6 号，日文版）。

市民的所有在资本普遍体系中的最终实存形式。平田从马克思的上述论断中读出，商品与商品的交换，收入与产品的交换这些外在的交往形式，实际上是基于生产方式的历史特征和生产关系的特征而形成并确立的。

马克思认为，西欧的市民社会形态形成于人类漫长的历史发展过程中，从客观上产生了"个体"、"个体劳动"、"个体所有"等概念，这与亚当·斯密从经济学的层面对市民社会进行解剖得出的结论比较接近。马克思反对个体只是排他性的私人，个体劳动只是作为私人劳动而真实存在的，以及个体所有只能作为私人所有而存在的主张，马克思从商品价值论的视角对市民社会进行批判性剖析。平田指出，马克思这个立足于西欧文明史观的理性产物，在对以人的结合形成家庭、社会与国家并未做出明确区分的亚细亚地区，具有进行分析的可能。但是，亚细亚地区的国家原本就是一种不同共同体的总和形式，是一种位于各共同体之上的生产关系与生产力的总和形式，因此在旧的亚细亚体系与原始思维模式下，我们要完全理解市民社会的本质比较困难。平田指出，很多经济学研究者被旧的亚细亚体系与原始思维所禁锢，无法真正把握市民社会与国家的差别，而且对市民社会与具体的人的理解存在偏差。在平田看来，市民社会直接表现为私人个体进行自由交往的社会关系，是一种"社会生产有机体"，其中存在的独立个体，是总体的生产有机体中的重要构成要素，是社会生产有机体这个"类"中某一组成部分。独立个体的劳动从市民社会的外部来看是私人劳动，但是从作为"社会生产有机体"的市民社会的内部来看则是个体劳动。同理，独立个体的所有从表面上来看是具有私人的排他性的所有，但是从市民社会内部来看却是不具备排他性的个体所有。平田指出，这正是马克思试图向《资本论》的读者揭示的"人类劳动"概念，同样也是迄今为止的《资本论》研究中缺失的范畴。人类的活动以"类"的形式进行，其本身就是有意义的活动，"类"是其中具有特殊性的个体的总体联系，是一种具体的存在。这种类劳动，以及作为基本构成要素而存在的个体劳动，才是真正的人类劳动。这是一种直接的社会劳动，同时也是具有直接社会关联的有意识的活动。但是市民社会的情况较为特殊，独立的个人成为私人，他们的劳动生产的是用于出售的产品，是具有交换可能性的商品。人类的劳动产品中所包含的具体内涵，在这里并不是讨论的对象，这些劳动产品所包含的具体的特殊性可以归结为一般意义上的交换可能性。在抽象的一般交换可能性面前，人类活动的特殊的具体性消失殆尽。平田指出，市民社会中的私人劳动，是一种具有双重意义的社会劳动，这种社会劳动，只存在于交换可能性这一抽象性层面，人的劳动在市民社会中是一种抽象的存在，即马克思所指认的"抽象的人类劳动"。

综上所述，在平田清明那里，市民社会是具体的人作为单一个体的独立存在将所持有的物品，以及自己的意志拿出来进行相互间交流的社会。所持有的物品，可以是市民生产的商品，抑或是货币或收入。独立个体从最初作为单一个体的独立存在，到不断进行商品的交换活动，因而又具备共同性与社会性特征。反复进行的交换活动中逐渐生成私人的排他性关系，生产该商品的劳动成为私人劳动，同时生产者制造出的产品，则是可以由自己自由支配和处理的具有排他性的所有物。即此时的劳动成为私人劳动，此时的所有成为私人所有。私人所有本身是排他性与社会性的矛盾统一体，而这种矛盾统一不仅使交往成为该社会的必然行为，而且使整个社会成为一个以交往为核心的市民社会。平田看到了马克思所指认的市民社会积极层面的意义，他指出马克思并没有一味地批判私人所有，对私人所有的否定主要集中在私人所有带来的资本对劳动的剥削层面上，而肯定了市民社会明确了自他之间、"个体"和"类"之间的关联和区别，"私人所有"使分工和交往成为可能，这带来生产力的巨大进步，也为否定之否定的未来社会创造了条件。

三、一个核心概念：个体所有

在平田清明看来，马克思的"所有"概念是马克思研究的一大重点，马克思主义是对"私人所有"的社会体制进行批判的思想与理论，而这些概念在日本学术界中没有得到应有的重视和充分的理解。平田通过对马克思《政治经济学批判大纲》和法语版《资本论》等文本的反复研读，分析日本马克思研究中缺失的基础范畴，在还原马克思所提出的市民社会理念的同时，平田提出了其独创的个体所有的再建构理论。平田将马克思在《资本论》第 24 章(法语版第 32 章)中提出的"个人所有"表述为"个体所有"，并从本源共同体的三种模式开始研究，通过对市民生产方式、资本家生产方式等进行对比剖析，探讨其中"个体"、"私人"、"个体所有"、"私人所有"、"领有"等若干核心概念。

(一)个体所有与私人所有

"个体所有"与"私人所有"一直是比较容易混淆的两个概念，"所有"的这两个修饰词，即"个体的"(或个人的)和"私人的"这两个概念也一直是平田清明在马克思研究中极为关注的重要概念。平田从日常话语中对

"个体的"（或个人的）和"私人的"这两个概念进行了探讨。他指出，早在德川幕藩体制时期，"公私有别"就被尊为伦理的德目，而现代社会则主张尊重个人隐私（privacy）的权利。由此可见，"公私有别"中的"私"一般是从否定的层面上进行评价，而个人隐私（privacy）中的"私"则一般从肯定的层面加以诠释。但是，两者中都包含"私人的东西"，是一种家族的关系、一种私下的男女关系的意思。从这层意义上来看，将"私人的"简单地替换为"个人的"似乎亦无不可。此外，日文中"个人"的代名词"我"的汉字写法为"私"（watasi），从汉字写法上来看更容易与"私人"混为一谈，因而在日语中"私人的"与"个人的"这两个词常常被视作同义语。但实际上，欧洲语境中的这两个词是具有不同类别的两个词，是不能被称为同义语的两个相互独立的概念。平田指出若无法对这两个概念进行区别，在对"个人"概念进行讨论时，往往可能站在否定的价值判断上加以理解。在平田的著作中，按照日文中惯常的译法，"privé"概念一般被译作"私人的"，"individual"概念一般用"个体"或"个人"表示。

从西欧语境的词源来对这两个词进行分析时可以发现，从严格的意义上来讲，"privé"概念并不包含"individual"概念的含义。具体来讲，法语中的privé（英语：private）实际上是priver（掠夺）这个动词的过去分词所派生出的形容词，因而，"'privé'概念直接指代的是从共同使用的土地或建筑物中'夺取'的东西。与此相对，'individual'概念则直接指代gens indivisé（英语：undivided members），是与共同体的人类结合密切相关的概念"。由此可以看出，"individual"概念直接指认了与共同体（commune，Gemeinde）的关系，揭示了与"类行为（Begattung）→类存在［或类（Gattungswesen）］"的关系，因而欧洲语境下提到的"individual"概念，使人自然而然联想到共同体。欧洲语境中的"个人"，是在共同体成员彼此交换私人获取物的过程中自然而然形成的。[①] 这里所谓私人获取物，实际上即私人所有，当私人所有、私人交换在共同体成员之间进行时，共同体中的人开始个别化，逐渐变成独立的"个人"。因此，"'私人的'所有与'个人'同时形成。当商品的生产与交换完成之后，'个人'成为实际上的'私人的'（Privatmensch）人，这是建立在从共同体中'夺取'东西的基础之上、彼此排他地对立的人"[②]。但是，这里有一点非常重要，即"个人"是以共同体的原始存在为前提的，从表面上看私人的、排他的、相互对立的个人，实际上是共同体中具有共同性与社会性的、相互依存最为密切、最为深刻的关系的个人。个人之间的相互依存关系，通过商品生产这一社会分工而维持。由此看来，"个人"的概念，不仅从词源上看是以共同体这一集团内个体成员的原始存在为前提的，而且从客观意义上看，所指代的内容也应当是自主地成为集团内个体的人。

平田清明指出，"作为'个体'（Individuum）的人，无论在什么时代、什么形式的社会中，都是以'类'、'类体'（Gattungswesen）的形式存在的"[③]。马克思在《1844 年经济学哲学手稿》中也曾指出，"个人是社会的存在"，人的个体的生活（individuelles Leben）与类的生活（Gattugsleben），并不是两个完全异质的东西[④]。在分工劳动的社会体制下，个人

---

① 参见［日］平田清明：『市民社会と社会主義』，135—136 頁，東京，岩波書店，1969。
② 同上书，136 頁。
③ ［日］平田清明：「マルクスにおける経済学と歴史認識（下の一）」，『思想』第 506 号，1969 年 6 月，71 頁，東京，岩波書店，1966。
④ 参见马克思：『経済学・哲学手稿』，藤野渉訳，149—150 頁，東京，大月書店，1963。

作为社会成员之一，不可避免地需要与客观的生产条件发生关系。共同体中的个人直接进行分工劳动，这一点毋庸赘言，独立的私人交换组织中的个人，客观上也进行着分工劳动。从某种意义上看，"'个体所有'（'个体的所有'，individuelles Eigentum）概念，与私人交换社会中的'私人所有'（Privateigentum）是异次元的两个概念。个体所有，无论是在共同体组织中，还是在私人交换组织中，都是一种隐性存在。在共同体组织中，它显性表现为共同体所有，而在私人交换组织中，它则表现为私人所有"①。由此可见，平田所谓"个体所有"实际上是一种本质性的概念，与"私人所有"和"共同体所有"这样形式上的概念从根本上来看是异质的。在平田看来，"个体所有"的本质实际上从现象上表现为"私人所有"，"个体所有"指的是个体间的相互关系，对客观的生产资料产生作用，使之成为己物的行为。

上文已有提及，平田曾指出马克思所谓"近代社会"的形成过程，一方面是市民生产方式与旧时期生产方式交锋的过程，另一方面也是市民生产方式向资本家生产方式的自我转变过程②。在前一个过程中，"个体"逐渐丧失原本具有的共同性与社会性，共同体遭到破坏，私人所有逐渐形成。而在后一个过程中，市民生产方式促进并激化了私人所有的不平等，从而导致多数的直接生产者的私人所有被少数的资本家占有，资本家私人所有形成协作，生产资料成为事实上的社会所有。可见，市民生产方式所形成的个体所有，实际上具有"私人所有"的特征。当生产

---

① ［日］平田清明：「マルクスにおける経済学と歴史認識（下の一）」，『思想』第506号，111頁，東京，岩波書店，1966。

② ［日］平田清明：『市民社会と社会主義』，67頁，東京，岩波書店，1969。

资料成为私人所有时，生活资料也随之成为私人所有，生产、交往、消费统统具备了排他性特征。随着生产与生活中共同性的消除，人们不仅排除了自己以外的他人，甚至将自己从自身的人的共同的本性中排除出去。因此，认识到个体所有与私人所有之间的差别，对于把握市民社会的真正内涵具有关键性的意义。

平田清明在对"个体所有"与"私人所有"概念进行剖析的基础上，提出了其独创的个体所有再建构理论①。在平田看来，"个体私人所有"建立在以私人劳动形式存在的个体劳动的基础之上，"个体私人所有"转变为"资本家私人所有"，实际上是"资本家私人所有"对"以个体劳动为基础的个体的私人所有"的否定，而对资本家私人所有的否定，是对资本家社会进行革命的扬弃，也是一种否定。依据否定之否定的三段论逻辑，这是一种对"资本主义的私有制"的否定之否定。近代市民社会中个体所有被私人所有遮蔽，通过对资本家所有以及私人所有的一般性否定，个体所有被重新设定。平田提出的否定之否定的目的在于通过个体所有概念将市民社会与社会主义结合起来，以此提出未来的社会主义社会应该是一个以个体所有为基本所有制形式的社会。

(二)平田清明的独特用语：领有

平田清明在著作中多次使用到"领有"这一概念，例如，在《市民社会与社会主义》一书中，平田有几处特意使用了"布尔乔亚"的说法，在

---

① 平田清明的个体所有的再建构理论，依据马克思《资本论》第 1 卷第 24 章第七节"资本主义积累的历史趋势"中关于"重建个人所有制"的部分。马克思在《资本论》(日文版)第一卷中曾明确指出，"否定之否定，再建的并非劳动者的私人所有，而是其个体所有"。

对自己的意图进行注释时写道："我主要是想强调市民社会的消极面，即私人排他性与相互间缺乏关心，以及私人个体对社会分工形成的社会劳动的**领有**性。"① 又如，平田在论述生产方式由市民生产方式向资本家生产方式转变时，指出在这一过程中，"形式上保存了建立在自身劳动基础之上的市民的所有，实质上却是对他人无偿劳动的**领有**。市民的所有权法，在维持其原初形式的同时，开始了向资本家的**领有**权法的转变过程"②。平田指出，马克思在《资本论》中批判了以市民社会为形式的资本家社会中日渐普遍化的私人生活排他性和人与人之间的漠然，由此揭露了基于社会分工的社会劳动私人占有与资本家领有。从这里可以看出，平田在形容资本家所有时，多次使用"资本家领有"、"资本家领有形式"等说法。"领有"概念，在平田这里实际上是一个相对于"所有"而言的独特用语。

那么，这里首先有必要对"所有"或是词义上与"所有"概念很接近的"占有"，以及平田清明所提出来的"领有"等概念进行差异性的厘清。黑格尔在《法哲学原理》"抽象法"第一章"所有权"中，对"所有"与"占有"做过严格区分，按照他的规定，"占有"是指对某物拥有使用权，即虽可以使用但不得转让。而"所有"则不仅指对某物的"直接占有"和"使用"，而且还指在法律和意识上明确自己对某物的排他性所有权，因此可以"转让"。③ 平田清明将"领有"概念直接指认为"强行占有共同使用的、或他

① ［日］平田清明：『市民社会と社会主義』，91 頁，東京，岩波書店，1969。

② 同上书，59 页。

③ 参见［德］黑格尔：《法哲学原理》，范扬、张启泰译，61 页，北京，商务印书馆，1982。

人所有之物"①，即马克思所指认的不平等的根源，平田指出正是这种
私人所有的不平等，最终导致了富人对穷人的支配。在平田那里，市民
生产方式的特征首先是"独立自主的劳动过程。抽象价值的生产过程不
断展开，形成了一种可以购买和支配他人的劳动产物、或他人劳动的独
特的'领有方式'"②。换言之，在市民社会的前提下，"自我"即个体的
人逐渐形成，并且通过发挥个体的能力，形成了对他人的物的支配。按
照英国市民社会经济学的说法，即"自我"通过将自身劳动产品以商品形
式转让给他人的中介形式，达到对他人劳动的购买和支配。

> 马克思将这种对他人劳动的"购买和支配"定义为"领有"
> （Aneignung＝appropriation）。所谓领有，即领先占有无主的土地，
> 继而控制、篡夺使之成为个人所有物。③

社会分工不断发展，一方面，产生了所有，这促使私人所有的权利
和法不断形成；另一方面，客观上促成了社会协作生产力这一普遍利益
的形成。在这种私人的特殊利益与普遍的共同利益的矛盾中，共同利益
从私人利益中剥离开来，以一种独立的姿态外显出来，这是第一次国家
形成的最根本的特质。此时，独立个人可以通过权利、法的形式获取并
分有客观的协作生产力。平田清明从这层意义上，将国家视作"生产关
系与所有关系的发展形态"。"所有关系"指的是法律承认其社会合理性

---

① ［日］平田清明：『市民社会と社会主義』，58 頁，東京，岩波書店，1969。
② 同上书，58 页。
③ 同上书，205—206 页。

的权利关系，"生产关系"指的是无关私人个体的自觉意愿而形成的现实的关系，是形成于交换关系背后的抽象关系。前者是一种意愿关系，而后者是一种事实的抽象关系，市民社会中的所有关系是生产关系的法的体现。平田指出，"市民社会中的所有关系，实际上是生产关系的法的体现"①。当私人所有形式的"所有关系"到向特殊形式即阶级关系转化时，市民社会中的所有关系形式上保存了建立在自身劳动基础上的市民的所有，实质上却是对他人无偿劳动的领有。资本家私人的阶级就会为了维持社会与自身统制，将现实已经形成的所有权作为社会原理而确立下来，这里的业已形成的所有权实质上是资本主义领有权，被平田称为所有权向领有权的转变。

第二次世界大战后日本马克思主义理论家、《德意志意识形态》文本研究专家望月清司在其代表作《马克思历史理论的研究》（岩波书店，1973）一书中，将马克思的"Aneignung"概念译作了"领有"。"望月史学"的核心概念之一是"所有"，同马克思经典文献中与"所有"相关的概念"Eigentum"、"Besitz"、"Aneignung"有着严格的区分。望月将"Eigentum"译作"所有"、"财产"、"所有权"、"所有制"等（将"Privateigentum"译作"私人所有"，将"Grundeigentum"译作"土地所有"），指获得某物或拥有某物，不仅指获得或拥有的结果，也指获得这一活动和行为本身。望月将"Besitz"译为"占有"，考虑到"占有"是指对某物持有使用权，但

①　[日]平田清明：『市民社会と社会主義』，166 頁，東京，岩波書店，1969。平田为"生产关系的法的体现"的说法特意加了注："这里所谓生产关系的法的体现，并非意味着实定法中的所有权关系，而是指形成这种所有权关系的社会规范。我们首先必须明确所有关系与实定法上的权利关系之间的区别，在此基础上讨论两者之间的关联。"

不可转让，而"所有"则可"直接占有"，亦可"转让"，因此"所有"比"占有"对某物的私有程度更高。望月将"Aneignung"译作"领有"，这一点与平田清明的译法保持一致。在望月那里，"领有"并非一般占有，原意是指将外在于自身的某物扬弃，使其成为"为我之物"，它往往是指"对象化"（Vergegenstand lichung，主体将自己的体力和脑力外化给对象的过程）的反过程，即"对象性剥离"或"非对象化"（Entgegenstand lichung）过程。①

　　平田清明在阐述异化概念时曾就上述观点有过详细描述，他指出，"异化"是市民日常生活中现实发生的"外化、转让"现象。用自己的商品来换取他人的商品，实际上是用自己的劳动去购买、支配他人的劳动。"生产用于转让他人的商品的劳动一方面是自己的劳动；另一方面也是放弃自己的人的本质的劳动，是自身已经默许他人支配的劳动"②，是一种自我外化的过程。同时，劳动生产出的劳动产品成为商品，使之成为他人之物，也是一种外化、转让的过程。马克思在《1857—1858 年经济学手稿》中，明确将该过程定义为外化、转让（Ent-und Veräuberung）。实际上，马克思早在 19 世纪 40 年代的《论犹太人问题》一文中，已经意识到了这个问题，并提出"转让即外化的实践"的论断。平田指出，"异化，首先是物成为商品转让给他人，即转而成为他人领有的形式"。因此，"对异化进行批判的、科学的叙述，应该从理论阐述外化、转让，即领

---

① 参见韩立新：《马克思历史理论的新解释——关于望月清司〈马克思历史理论的研究〉的译者解说》，载《现代哲学》2009 年第 4 期。

② ［日］平田清明：『市民社会と社会主義』，204 頁，東京，岩波書店，1969。

有的过程开始"①，市民社会的人将"通过转让获得的领有"视作市民社会的生活原理。这种外化、转让，或领有的过程，实际上正是生产、交换、分配、消费这一总过程的再生产过程。以私人所有为前提展开的外化、转让或领有的过程，最终重新生产出私人所有。平田正是从资本家的领有、异化与领有的过程等角度来对市民社会的根本原理，即私人所有进行批判的。因此，明确平田所指认的"领有"概念的内涵，对于把握其对市民社会的批判性理解具有重要的作用。

---

① ［日］平田清明：『市民社会と社会主義』，206 頁，東京，岩波書店，1969。

第四章

扬弃：商品论视域下的市民社会异化考察

平田清明在对市民社会理论进行研究时，通过对马克思各时期的文本进行解读发现，马克思所讨论的社会科学，尤其是经济学，是对市民社会（其本质为私人所有）的内在的、理论的批判。因此，他认为马克思的经济学从根本上看，实际上是从生活意识上对西欧人这一私人所有者的典型进行批判，通过对私人所有的经济学分析，来对近代所有权法进行批判，以及对西欧的宗教形式即基督教进行内在的批判。尤其是马克思的价值论（商品论），是"近代市民社会的批判性认识的基础和精髓，从根基上动摇了西欧基督教文明下市民社会的人的生活感觉，追求一种真正适用于全世界范围的个人的生活感觉"①。然而，平田发现日本学者往往将马克思的价值论作为一种经院哲学来研究，对马克思《资本论》的研究也往往与早期马克思的异化理论脱节。平田指出，"马克思的经济学体系，本身就是通过扬弃早期的异化理论继而形成晚期的物象化理论而最终确立起来的"②。马克思曾对市民社会的异化问题进行反思，在《德法年鉴》、《1844 年经济学哲学手稿》、《黑格尔法哲学批判》中分别就市民社会中的资本异化、劳动异化，以及政治异化的问题进行了剖析。在平田看来，市民社会理论的研究从根本上看是一种商品论视域下的研究，通过对货币异化、劳动异化、分工与交往的考察来批判市民社会中人与人之间的异化，即市民社会的异化问题。

一、从马克思宗教、政治批判到市民社会异化的批判

平田清明的市民社会理论研究不乏对马克思、黑格尔，甚至卢梭、弗格森、斯密等学者的理论考察，平田认为黑格尔的高明之处在于从与国家的关联层面对业已确立的市民社会概念进行方法上的思考，将弗格森所提出的社会上层建筑（Superstructure）概念设定为一个方法概念。在黑格尔看来，市民社会是最终被扬弃而过渡到国家的社会，是一个相对而言低层次的理念上的分裂形式，理念在现实的展开，正是其向国家这一高层次的观

---

① ［日］平田清明：『市民社会と社会主義』，178 頁，東京，岩波書店，1969。

② 同上书，182 页。

念转化，进而实现两种要素的一体化的过程。马克思继承了黑格尔的思想，并形成了自己独到的见解，他认为"市民社会本身同时孕育了'国家'、'特殊理念'等概念，并且促使其外化和异化，由此完成市民社会的社会形成。社会形成的根本要素，并非抽象的概念，而是来自具体的市民社会，市民社会的社会形成最终通过历史的、现实的发展而得以实现"①。可见，此时的马克思已经意识到市民社会与已经独立存在的法、道德密切相关，市民社会是对社会进行整体性把握的一种方法概念。

平田关注到，马克思在 19 世纪 40 年代开始初涉市民社会问题时，由于思想深受黑格尔理性国家观的影响，最初是从政治哲学的角度来把握市民社会的。19 世纪三四十年代，德国社会运动主要集中在宗教与政治领域②，马克思在参与社会运动时发现，宗教和政治问题的背景与关键还在于经济问题，他认为"资产阶级在革命进程中所获得的政治解放并不能解决作为市民社会成员的个人与作为国家公民的个人之间的矛盾"。因此，资产阶级革命所获得的政治解放是与人的解放相对立的，人类的解放不是政治革命所能完成的，而必须通过社会革命，必须"通过消灭私有制来消灭社会和国家之间的对立"来完成。马克思把德国古典哲学对宗教、政治的批判引向对市民社会的批判。③

---

① ［日］平田清明：『市民社会と社会主義』，55—56 頁，東京，岩波書店，1969。

② 恩格斯曾指出，当时有实践意义的首先是两种东西：宗教和政治。

③ 马克思在 1843 年从（自我）意识哲学转到费尔巴哈的人本主义哲学立场之后，以"人的类本质"取代了"自我意识"而成为批判理论的逻辑前提，马克思的人本主义异化史观由此建构起来。关于青年马克思的人本主义异化观的形成，参见张一兵：《马克思历史辩证法的主体向度》（武汉，武汉大学出版社，2010）第一章中的总体描述，以及《回到马克思——经济学语境中的哲学话语》（南京，江苏人民出版社，2009）第二章第四节的进一步确证。

平田清明在对马克思研究方法进行反思时指出，"马克思的经济学体系，本身就是通过扬弃早期的异化理论继而形成晚期的物象化理论而最终确立起来的，在这种高于社会认识的物象化理论体系中，其经济体系仍然保留了异化理论的重要内容"①，平田强调对马克思的重新解读应当首先从早期马克思的异化理论开始。

(一)马克思从宗教批判到政治异化

平田清明指出，要理解马克思异化理论，首先应当关注马克思的《论犹太人问题》(1943)，马克思在文中指出，犹太教是"基督教的卑鄙的功利主义的运用"，是市民社会的宗教异化形式，是货币拜物教形成的意识形态，同时也是扬弃这种货币拜物教的宗教形式。犹太人问题是一个欧洲固有的问题，尽管从表面上看这只是种族问题，但其本质却是一个社会问题。从这层意义上来看，欧洲的犹太人问题跟美国的黑人问题有其相似之处，但两者之间存在着一个重大差异，即犹太人问题除了种族问题，同时还涉及宗教问题，这就决定了犹太人问题在欧洲基督教地区的精神史上占据了近乎决定性的地位。犹太教是古以色列族的民族宗教，当时的古以色列民族从事畜牧业的同时，还从事商业活动。商业将人类劳动的产物变成商品，并创造了特殊的商品即货币。此时产生的货币，例如，金、银等物品，其本身与其他商品无异，但在行使货币职能时，便可以表示其他所有商品的交换价值，同时可能购买、支配其他商品。可见货币在用以行使货币的职能时，便成为其他现实商品的抽象

---

① ［日］平田清明：『市民社会と社会主義』，182 頁，東京，岩波書店，1969。

代表。同时，货币还是创造现实商品的人的社会性的概念表示。因此，商品生产者，即商品持有者，被货币所统括和控制。这就是形成犹太教这一抽象神教的客观基础。犹太教的特征正是对观念的神，即唯一的、绝对的神的崇拜。由于犹太教产生的客观基础是商业、私人所有、私利的经营，因此，当古代欧洲共同体解体，各地陆续出现获得独立的生产者时，犹太教便成为一种新的人类救赎方式渗透进来，人们开始摆脱自身的民族狭隘性。

平田认为，犹太教的形成始于商业的人即"货币人"，以及以色列"旧的市民社会"之中，随着市民社会的确立而达到顶点。在马克思那里，犹太人问题从根本上看是私人所有引起的经济异化问题，是早期的商业与等价交换的商业之间的对立问题，是后者对前者的扬弃问题。大卫、所罗门时代终结之后，以色列人沦为亡国奴，他们流浪至各古代共同体之间，开始从事远距离商业，并从中获取商业利益。商业利益，主要是通过不平等交换获取差额利润。当古代共同体内部产生商品交换与商业之后，商业与犹太人所从事的远距离商业的"暴利商业"形成对立。平田将早期的、暴利的商业向"近代"商业转变，再转到市民社会完全确立的这一过程，指认为犹太教向基督教转变的客观基础。"犹太教向基督教的转变过程，与欧洲'市民社会'的发展过程是同步的。"[①]马克思也曾经指出，"市民社会的精神"，就是"利己主义"（egoism），是"人与人之间的争斗"。市民社会是私人活动的场所，其通行准则即利己主义，使"人成为这样的私人，他们将他人作为手段，同时也将自己沦落为手

----

① ［日］平田清明：『市民社会と社会主義』，190 頁，東京，岩波書店，1969。

段，最终成为他人权力的玩偶，这样的市民社会"，正是基督教形成的客观基础，是政治的（民主主义）国家形成的经济基础。在平田看来，"正是在基督教的统治之下，市民社会才能够从国家生活中完全脱离出来，并切断了人的'类'的联系，这种'类'的联系被利己主义、私人欲求取代，将人类的世界消解成独立的、敌对的个体"。基督教从观念上确立了市民社会中全面丧失的"类本质"或共同性，这正是基督教文明的异化。[①] 正如马克思在《论犹太人问题》中所言："基督教是高尚的犹太教思想，犹太教是基督教的卑鄙的功利主义运用。""基督教从犹太教中产生，并且最终消解于犹太人之中。"平田清明在对犹太教与基督教的特性，以及市民社会的精神进行分析后指出，市民社会将人的类本质、共同性异化为宗教，而宗教从观念上同时确保了人的类本质与个体性，以促进个体的人自觉进行共同体的建设。然而，在私人所有者的、市民的社会中，个体的人自觉进行共同体的建设需要通过某种形式，来摒弃现实的市民身上的具体差别，以克服市民社会的不自由与不平等，而这种形式依托于宗教。马克思曾指出，

> 在政治国家真正形成的地方，人不仅在思想中，在意识中，而且在现实中，在生活中，都过着双重的生活——天国的生活和尘世的生活。前一种是政治共同体中的生活，在这个共同体中，人把自己看作社会存在物；后一种是市民社会中的生活，在这个社会中，人作为私人进行活动，把他人看作工具，把自己也降为工具，并成

---

① 参见［日］平田清明：『市民社会と社会主義』，191 頁，東京，岩波書店，1969。

为异己力量的玩物。①

马克思认为政治国家与市民社会之间存在矛盾，而这种矛盾将人分裂为相互对立的两面，"人在其最直接的现实中，在市民社会中，是世俗存在物……相反，在国家中，即在人被看作是类存在物的地方，人是想像的主权中虚构的成员；在这里，他被剥夺了自己现实的个人生活，却充满了非现实的普遍性"②，简言之，人被分裂为国家的抽象公民与市民社会的现实的私人。由此可见，马克思把对宗教的批判引向对政治的批判，揭示了政治解放的必要性。他认为，当社会的个体通过"民主主义"结合的形式，共同建设"政治的国家"时，"政治的国家"由于摒弃了市民的现实生活，因而也摒弃了市民的生活情感，即基督教信仰。换言之，"民主主义国家、真正的国家，是一个在完成政治上的自我确立时，不需要宗教辅佐的国家，即可以摒弃宗教"。而在"未成熟国家"，即民主主义国家尚未完全形成的时期，国家为了填补缺少的共同性，需要宗教发挥自身的作用，因而需要宗教加以辅佐，不可能真正实现国家与宗教的分离。当民主主义真正得以确立，国家成为成熟的国家时，政治的国家，从精神上超越了市民社会，市民社会中市民之间的竞争与对立，转化为掌握政治国家的个人对其他市民的公认的统治，政治的国家逐渐向阶级的国家转变。在民主主义国家，组成阶级的个体之间的对立，公然成为阶级之间的斗争，继而演变成政治的国家与市民社会之间的斗争。

---

① 《马克思恩格斯全集》第 3 卷，172—173 页，北京，人民出版社，2002。
② 同上书，173 页。

马克思在《论犹太人问题》中把近代政治的本质归结为市民阶级的政治解放，是"同人民相异化的国家制度，即统治者权力所依据的旧社会的解体"。只有实现"人类普遍解放"的社会革命，现代社会才能真正扬弃欧洲的市民社会。这种"人类的普遍解放"的社会革命，包括政治解放在内。具体来说，它是将人"还原为市民社会的成员，还原为利己的独立个人，同时也还原为公民，还原为精神的人格"①。平田指出，宗教意识是无法获得自身社会定位的个人所产生的自我意识，是人试图获得、实现个体的类生活的直接意识。这种宗教形式的意识，"只有通过实现'个'与'类'的自觉的、现实的统一的社会变革，才能真正得以实现"②。"类的普遍解放"的社会革命，其目的是扬弃政治解放过程中产生的宗教异化，此时的现实的个人尽管形式上仍然是独立的个人，但已经意识到个人通过"个体劳动"形成了"个体间的关联"，并逐渐凝结为"类"，即形成社会有机体。马克思在《论犹太人问题》中对人类解放的社会革命做过如下描述：

> 只有当现实的个人把抽象的公民复归于自身，并且作为个人，在自己的经验生活、自己的个体劳动、自己的个体关系中间，成为类存在物的时候，只有当人认识到自身"固有的力量"是社会力量，并把这种力量组织起来因而不再把社会力量以政治力量的形式同自身分离的时候，只有到了那个时候，人的解放才能完成。③

———————————

① ［日］平田清明：『市民社会と社会主義』，197 頁，東京，岩波書店，1969。
② 同上书，198 页。
③ 《马克思恩格斯全集》第 3 卷，189 页，北京，人民出版社，2002。

平田清明在理解这段话时注意到，在马克思所提出的共产主义中，个人虽然在形式上是个体的人，但实现了个体（个体所有）与"类"（共同所有）的统一，单独的个体有意识地将自身固有的力量凝结为社会力，但是更重要的是确保这种力量形成"政治力"，即政治的国家、政治共同体不被异化，这才是人类解放的真正课题。同时，平田指出，马克思在这段话中使用到"固有的能力（forces propres）"的说法，来自卢梭的《社会契约论》①，卢梭意识到，"个人，是一个完整却孤立的个体，必须将这种个人凝结为更大的、更利于个人享受生活、享受人生的一个整体"，马克思从卢梭那里学到了"政治的人的抽象化"的思想，在卢梭的个体与共同体思想的基础上发展了自己的共产主义理论。平田认为，马克思市民社会批判的一大特征，即透过卢梭的视角，批判地继承亚当·斯密的分工论。总而言之，平田从马克思的《论犹太人问题》中读到，马克思已经意识到私人所有所导致的经济的、宗教的、政治的异化，并提出只有通过对异化进行总体的批判，才能真正从理论上认识、在实践中扬弃犹太人问题。平田认为马克思所提出的政治解放将人变成市民的一员，变成利己的、独立的个人，同时也将人还原为公民、精神的人格，这是一种人

---

① 平田清明在《市民社会与社会主义》一书中指出，马克思在文中提出"固有的能力"的说法来自卢梭的《社会契约论》，这是马克思共产主义的思想源泉之一。马克思在写作上述引文之前，引用了卢梭《社会契约论》中的大段文字，例如，卢梭意识到，"个人，是一个完整却孤立的个体，必须将这种个人凝结为更大的、更利于个人享受生活、享受人生的一个整体"。卢梭就建立在契约基础上的民主国家中社会的人出现抽象化问题提出了批判。平田认为，马克思从卢梭那学到了"政治的人的抽象化"的思想，并由此发展了自己的共产主义理论。通过卢梭的视角，马克思批判地继承亚当·斯密的分工论，这是马克思市民社会认识、批判的发展过程中的一大特征。

的政治异化，并把犹太人的解放问题上升到人类解放，是对政治异化，以及市民异化的多种表现形式的克服与超越。马克思在文中尽管没有直接讨论资本主义异化问题，但是并不代表他在该时期没有关注到资本主义生产中的固有矛盾①，马克思从市民社会的异化入手，主张只有实现"人类普遍解放"的社会革命，才能真正扬弃欧洲的市民社会。平田强调，抛开市民的异化不提，直接批判资本主义的异化，主张只有消灭阶级社会才是社会主义的使命的观点，实际上歪曲了马克思共产主义思想的真正内涵。

(二)市民社会的异化：异化即"转让"

平田清明认为，在马克思正式对经济学进行研究之后，经由《政治经济学批判》、《资本论》等著作提出的市民社会理论，是一种对基督教批判的市民社会论。平田认为基督教是从私人个体的固有矛盾中产生的自我认识，是市民社会发展的精神原动力，是从观念上扬弃市民社会之后自我形成起来的。市民社会只有从观念上扬弃私人的、排他的消极面，才能实现市民社会中提高个体主体性的积极成果。从经济学层面来看，"货币拜物教的形成及其控制，衍生出了抽象的人的勤劳与节俭等新教伦理，为迈向产业资本主义提供了现实基础"。不仅如此，"基督教从观念上对市民社会这个近代市民眼中的对象性社会形态加以扬弃，将外在于人的自然对象物纳入观念的世界，并将其

---

① 同年，马克思写作《1844 年经济学哲学手稿》，明确揭露资本主义的异化问题。

人化"①。基督教首先是个人意识，同时也是自觉实现并推进个人与个人组成"类"的社会意识，实际上是"从被压迫者立场出发的对私人个体的批判，是自然的人化过程中的努力，是对发端于原罪的现实审判，是为此形成的自我防御的、创造未来的斗争组织"②。平田指出，马克思对此选择了批判地继承。马克思将基督教在观念的世界中扬弃私人个体的自我矛盾提升到现实中加以扬弃，指出历史是一个从共同体（commune）到共同体的解体，即从私人所有的社会（市民社会），到市民社会的革命性转变即实现真正的共同体（commune）的过程。马克思同时指出，基督教并非缺少对货币的批判意识，其局限性在于未能从根本上认识到货币是导致社会成为阶级社会的根源。马克思的异化理论正是从市民社会中的私人所有这一异化产生的根源入手进行批判的。

平田指出，尽管马克思在《资本论》中几乎没有直接提及"异化"的概念，但并不意味着早期马克思的异化论已经消失。"相反，这说明了马克思从理论上更为深入地把握了异化论的现实内涵。"③平田在对马克思的《资本论》，尤其是第一篇《商品与货币》的研究中发现，马克思的价值论和货币论，实际上是对西欧人的理解和批判，是对基督教，尤其是新教的理解和批判。在进入平田对马克思《资本论》的解读之前，我们首先来看一下《1844 年经济学哲学手稿》中马克思对异化理论的基本规定。

---

①　［日］平田清明：『市民社会と社会主義』，267 頁，東京，岩波書店，1969。

②　同上书，269 页。

③　同上书，202—203 页。

1. 马克思异化理论的基本规定

马克思的异化理论是在对费尔巴哈和黑格尔的异化思想的批判继承中创造性地提出来的，是马克思主义哲学的重要组成部分，其中集经济、政治、精神、自然异化于一体，揭示了人的异化根源，借此解开私有财产之谜。马克思以人的基本实践活动，即劳动为突破口，讨论异化的基础即劳动异化问题。在《1844 年经济学哲学手稿》中，马克思首次提出"异化劳动"概念，他指出异化劳动，

> 不仅意味着他的劳动成为对象，成为外部的存在，而且意味着他的劳动作为一种与他相异的东西不依赖于他而在他之外存在，并成为同他对立的独立力量；意味着他给予对象的生命是作为敌对的和相异的东西同他相对立。①

为此，马克思为异化劳动做了四个基本规定。

马克思对异化劳动的第一层规定是劳动者同他的劳动产品的异化关系。在对资本主义社会进行批判分析的过程中，马克思发现，"工人生产的对象越多，他能够占有的对象就越少，而且越受他的产品即资本的统治"，"物的世界的增值同人的世界的贬值成正比"②。工人的劳动产品成为一种不依赖于劳动者的、异己的、对立的东西，劳动产品是劳动的"实现化"、"对象化"，而"劳动的这种现实化表现为工人的非现实化，

---

① 《马克思恩格斯文集》第 1 卷，157 页，北京，人民出版社，2009。
② 《马克思恩格斯全集》第 42 卷，90—91 页，北京，人民出版社，1979。

对象化表现为对象的丧失和被对象奴役，占有表现为异化、外化"①。马克思在对异化劳动的第一层规定中，试图借助劳动者被自己生产出来的劳动产品所控制、占有，并与之处于异己、对立状态的事实，来揭示劳动者与他的劳动产品之间关系的异化本质。

马克思对异化劳动的第二层基本规定是劳动者同劳动活动本身的异化。劳动者同劳动活动本身的异化根源于市民社会世俗生活中的矛盾，首先表现在劳动者在自己的活动或生产行为本身中"从自身把自己异化出去"，在这种异化关系中，劳动并非自愿的，是一种强制劳动，成为对立于本质的、外在的东西。一旦强制停止，"人们就会像逃避瘟疫那样逃避劳动"。在异化劳动中，劳动者无法在劳动的实践过程中感受到创造的幸福感，对于工人而言，"这种劳动不是他自己的，而是别人的"②。这是一种自我丧失。这种归属关系的变化，使劳动成为相对于人而言外在的东西，劳动者"在自己的劳动中不是肯定自己，而是否定自己，不是感到幸福，而是感到不幸，不是自由地发挥自己的体力和智力，而是使自己的肉体受折磨、精神遭摧残"③，劳动活动本身成为劳动者异己的、敌对的统治力量。

马克思对异化劳动的第三层基本规定是人同自己类本质的异化关系。马克思使用了费尔巴哈提出的"类本质"一词，把"自由自觉的活动"看作人的类本质，"在改造对象世界的过程中，人才真正地证明自己是

---

① 《马克思恩格斯文集》第 1 卷，157 页，北京，人民出版社，2009。
② 同上书，159—160 页。
③ 同上书，159 页。

类存在物"①，劳动成果则是人的对象化的类本质，是"人化的自然"。马克思指出动物的活动是为了维持自身的生存，而人类的活动应当是有意识的、改造自然的活动。然而，异化劳动使得类生活变成维持个人生命这一动物性的生存手段，"它使类生活和个人生活异化……把抽象形式的个人生活变成同样是抽象形式和异化形式的类生活的目的"②。异化劳动将人的类本质，即自然界和人本身的生命活动，与人产生分离和异化。当异化劳动从人那里剥夺了他所生产的对象、他的类的生活、他的现实的类的对象性时，人的类本质发生异化，人的劳动沦为求生的手段。

马克思对异化劳动的第四层基本规定是人与人之间相互关系的异化。马克思认为，异化劳动使得劳动者的劳动不只是为了自身，还是为了他人，劳动生产被他人占有，"人不仅生产出他对作为异己的、敌对的力量的生产对象和生产行为的关系，而且还生产出他人对他的生产和他的产品的关系，以及他对这些他人的关系"③。这种同其他人的相互关系，被马克思指认为以私有财产为基础的劳动者与资本家之间的阶级对立。马克思通过对异化劳动的分析揭露了资本家社会中资本家与劳动者对立的经济根源，揭露了两者之间"剥削者与被剥削者"的经济关系，异化劳动理论解开了私有财产之谜，深化了对私有财产的批判，揭示了市民社会的异化本质。

2. 异化即"转让"

马克思在《1844 年经济学哲学手稿》中明确指出，"私有财产是外化

---

① 《马克思恩格斯文集》第 1 卷，163 页，北京，人民出版社，2009。

② 同上书，162 页。

③ 同上书，165 页。

劳动即工人对自然界和对自身的外在关系的产物、结果和必然后果"，
"私人财产只有发展到最后的、最高的阶段，它的这个秘密才重新暴露
出来，就是说，私有财产一方面是外化劳动的产物，另一方面又是劳动
借以外化的手段，是这一外化的实现"①。马克思所指出的外化实际上
就是异化劳动，异化劳动带来了私有财产的产生。平田清明在对马克思
异化劳动理论的解读的基础上明确指出，市民社会中产生的异化现象从
根本上看源自私人所有。平田指出，黑格尔通过对英国经济学（约翰·
穆勒[John Stuart Mill]与亚当·斯密）的研究，最终确立了异化概念这
一哲学范畴的内涵。从词源上看，"异化"（Entfremdung）一词与近代欧
洲语言的基干即法语中的 aliénation（转让）一词同源。法国大革命时的
《人权宣言》曾提出"人权不可转让"的口号，其中使用到"转让"的概念，
托马斯·霍布斯、约翰·洛克、卢梭之后的近代市民思想，也多讨论政
治国家中契约的主体即人民是否应当向国家转让自然权利的问题。"转
让"成为法、政治层面上的问题，主要原因在于市民社会中的物成为商
品并被转让，"转让"概念，实际上已经成为市民社会中的经济日常
话语。

　　在平田看来，黑格尔，以及马克思所关注的，"正是这种市民日常
生活中的'转让'问题，将自己的劳动产品作为商品转让给他人，实际上
是将生产该劳动产品所需时间的劳动让渡于他人"②。平田清明在"转
让"和"让渡"两个概念上特意加上着重号，并在文末使用括号对此加以

---

① 《马克思恩格斯文集》第 1 卷，166 页，北京，人民出版社，2009。
② ［日］平田清明：『市民社会と社会主義』，204 頁，東京，岩波書店，1969。

注释："这里的'转让'即向他人的让渡〈 Vergeben ＝ abandoner 〉＝放弃。"平田借用英国市民经济学家亚当·斯密的说法，指出用自己的商品来换取他人的商品，实际上是用自己的劳动去购买、支配他人的劳动。生产用于转让他人的商品的劳动成为放弃人的类本质的劳动，是自身已经默许他人支配的劳动。从这层意义上来看，"这是一种自我外化的过程。使劳动生产出的劳动产品成为商品，从客观经验来看这是他人之物，是一种外化、转让的过程"①。同时，平田从马克思文本中找到依据，指出马克思早在写于 19 世纪 40 年代的《论犹太人问题》一文中已经意识到了这个问题，并提出"转让即外化的实践"的论断，在《1857—1858 年经济学手稿》中，明确将异化过程定义为外化、转让（Ent-und Veräuberung），平田指出市民日常生活中现实发生的这种"外化、转让"现象正是"异化"。

　　关于市民社会中的异化现象，平田清明认为，从根本上看源自私人所有，个人从事生产劳动，私人占有自身劳动成果，正是异化产生的根本原因。在平田看来，这种私人所有的理论是近代市民法学的基本前提，同时也是市民社会产生的根本原因和古典经济学坚实的社会根据。马克思曾经在《1857—1858 年经济学手稿》中指出，"所有的近代经济学家，无论是采用经济学的说法，或是法学的说法，都将自身劳动阐释为原始所有，并且认为对自身劳动成果的所有，才是市民社会的根本前提"。这个市民社会的根本前提，是近代社会形成的原理，是政治上的民主主义国家的基础。平田认为，只有在市民社会这一根本前提下，社

---

① ［日］平田清明：『市民社会と社会主義』，204 頁，東京，岩波書店，1969。

会才有可能形成"自我"即个体的人，并且利于发挥个体的能力，同时产生对他人的物的支配。按照英国市民社会经济学的说法，劳动者凭借自身劳动，通过将自身劳动产品以商品形式转让给他人这一中介形式，达到对他人劳动的购买、支配。到了马克思那里，这种对他人劳动的"购买、支配"被定义为"领有"（Aneignung＝appropriation，即居先占有无主的土地，继而控制、篡夺使之成为个人所有物）。异化首先是物成为商品转让给他人，继而成为他人领有的形式。因此，平田清明强调，"对异化进行批判的、科学的叙述，自然应该从理论阐述外化、转让，或领有的过程开始"。将自己的商品转让给他人，意味着他人领有该商品，同时也意味着自己对他人商品的领有。市民社会的人，将这种"通过转让获得的领有"视作市民社会的生活原理。因此，讨论"转让、领有"的过程，实际上是对市民的生活原理的讨论。

总而言之，所谓异化，即原为私人所有的劳动产品以商品的形式外化、转让给他人，以及自身劳动从客观上为他人所支配、领有。异化产生的根本原因在于私人所有，这是市民社会的根本原理，也是马克思从英国古典经济学那里学到并加以批判继承的。平田指出，从经济学范畴来看，"转让、领有"的过程实际上是生产、交换、分配、消费的总过程，在这样不断重复的再生产过程中，以私人所有为前提展开的外化、转让，或领有的过程，最终带来"私人所有"。对"私人所有"的科学批判开始于对生产作为商品的物的生产方式，即对"市民生产方式"的批判。这种特殊的社会生产方式，不可避免地会产生"交换"、"转让"，以及市民的"交往方式"，同时，将绝大多数的他人劳动产品纳为私人个体所有的"领有方式"与"消费方式"也随之形成。由此可见，围绕所有论展开论述的《资本论》，实际上正是异化论的科学发展，平田清明所提出的"马克思在《资本论》中几乎没有直接提及'异化'的概念，并不意味着早期马克思的异化论已经消失。相反，这正说明了马克思从理论上更为深入地把握了异化论的现实内涵"的理论出发点正在于此。

二、商品论：建立在私人劳动基础上的社会分工论

马克思在《1844 年经济学哲学手稿》中从社会关系，特别是经济关系中对市民社会做出解释：

> 各个人借以进行生产的社会关系，即社会生产关系，是随着物质生产资料、生产力的变化和发展而变化和改变的。生产关系总和起来就构成所谓社会关系，构成所谓社会，并且是构成一个处于一定历史发展阶段上的社会，具有独特的特征的社会。①

可见，在马克思那里，市民社会是一种"物质交往"关系，其本质是经济交往关系。平田清明在解读马克思《资本论》时提出，《资本论》中的商品论是一种历史理论，实际上在《政治经济学批判》中马克思开始考察商品论时，作为历史理论的商品论就已经形成。在平田看来，马克思的《政治经济学批判》、《资本论》等著作中的商品论，是"市民社会理论作为商

---

① 《马克思恩格斯选集》第 1 卷，345 页，北京，人民出版社，1995。

品论的一种理论化"①。所谓商品论，实际上可以解释为由私人生产者所构成的社会（单纯商品社会）、商品世界论、商品生产关系论（市民的生产关系论）、拜物教论，或是物象化论。平田在对马克思《资本论》及其前期准备进行考察时发现，以资本、雇佣劳动、土地所有、国家、外国贸易、世界市场的次序展开的经济学体系，在《资本论》的准备阶段已经形成，其中包括资本、雇佣劳动、土地所有等一般性规定，以及国家、外国贸易、世界市场等抽象性规定。该体系"一方面揭示了由内部市民社会（资本、雇佣劳动、土地所有）所引起的国家异化，另一方面也阐述了以异化的国家为中介的外部市民社会（国家、外国贸易、世界市场）"②。平田通过对《资本论》准备时期、第一卷完成时期，以及第二卷执笔时期进行比对分析发现，《资本论》中批判的资本主义，是"近代"欧洲市民社会史中市民社会向资本家社会的转化过程，同时也是对西欧市民社会历史的批判，为人类历史的全面解放提供了条件。在对马克思《资本论》的重新解读中，平田开始了其商品论视域下的市民社会理论分析。

（一）私人劳动所构成的"社会分工的体制"

依据平田清明所提出的商品论，市民社会被定位成一种基于商品所有者相互之间进行商品交换而形成的社会，这里的商品所有者同时是该商品的私人生产者。因此，市民社会是由私人个体组成的社会，是由私

---

① ［日］平田清明：「五十年代マルクスの市民社会論——歴史理論としての商品論の成立」，経済学史学会編：『資本論の成立』No. 98，256 頁，東京，岩波書店，1967。

② ［日］平田清明：『市民社会と社会主義』，61 頁，東京，岩波書店，1969。

人劳动通过商品交换继而构成社会分工的社会。可见，平田从商品论视域下对市民社会的解释首先是由私人商品生产者或者私人劳动所构成的"社会分工的体制"。作为个体的人类生来就具有"类"的本质，个体本身是不可比较的，不需要由任何外部标准来评判个体独特的存在价值。但是，在近代市民社会与资本家社会中，个体和个体的活动被看作完全私人的东西，随着类本质的异化，社会尺度从外部被强加进来。个体劳动成为私人劳动，其社会意义只有在生产商品价值这一抽象层面上才可能体现出来。个体成为私人，其社会意义只有在作为商品的生产者及其所有者这一抽象层面上才能得到体现。在这个由私人个体所组成的、私人劳动通过商品交换所构成的"社会分工的体制"中，"社会分工"与"私有制"作为关键词成为首先要讨论的基础范畴。

1. 社会分工与私有制

马克思在《德意志意识形态》中论述生产与交往时曾指出，"分工发展的各个不同阶段，同时也就是所有制的各种不同形式"①，从人类社会的发展历史来看，这些所有制的形式包括原始的家庭所有制、奴隶主所有制、封建主所有制等不同形式，分别在不同时期对人类的社会历史产生重要的作用。马克思对西欧社会历史，以及分工与私人所有进行考察之后提出，社会分工对历史发展具有重要作用，社会分工的存在必然带来个人利益与人们的共同利益之间的矛盾，从而导致私有制的产生。在马克思看来，分工与私人所有实际上是等置的概念，"讲的是同一件

---

① 《马克思恩格斯全集》第3卷，25页，北京，人民出版社，1960。

事情，一个是就活动而言，另一个是就活动的产品而言"①。即分工从活动本身来看，是一种活动过程的动态表达；私人所有则从活动的产物上来看，是活动结果的静态表达。分工从概念上来看，原意是指对劳动的分割，一般可分为工场内分工和社会分工。前者指的是工场内部的劳动者为了生产某种商品而进行的劳动分割；后者指的是对社会总劳动的分配（division of social labour）。平田清明认为，马克思所说的等置于"私人所有"的"分工"，指的应该是社会分工，而并非工场内分工。劳动的分配，尤其是社会劳动的分配，即市民社会中私人个体所创造的社会劳动的分配，是私人个体自发形成特殊劳动的专业化后产生的社会劳动的分配，是社会必要的各种特殊劳动机能的自发整合。社会劳动（social labour）的分配，其客观结果是私人个体参与社会必要的各种特殊劳动机能的整合，结合成一股强大的社会凝合力。鉴于私人个体客观地隶属于这个社会集体，这种社会凝合力即生产力也归属于社会中的私人个体。从这层意义来看，分工实际上是"对社会凝合力即生产力的分配，是私人分有。随着分工的自然产生与发展，这种私人分有也逐渐深化，最终形成排他性的私人所有"②。市民社会是一个以广泛的分工为前提的社会。

　　社会分工是私有制得以产生的基础，也是平田清明所指认的私人所有产生的根源，同时社会分工又推动了私有制的发展，不同利益群体在分工中必然产生分化，从而带来劳动的异化，甚至人本身的异化。马克思曾指出，

---

　　①　《马克思恩格斯全集》第 3 卷，37 页，北京，人民出版社，1960。
　　②　［日］平田清明：『市民社会と社会主義』，162 页，東京，岩波書店，1969。相对于"共有"概念，平田清明在这里使用了"分有"的概念。

只要私人利益和公共利益之间还有分裂，也就是说，只要分工还不是出于自愿，而是自发的，那末人本身的活动对人说来就成为一种异己的、与他对立的力量，这种力量驱使着人，而不是人驾驭着这种力量。①

平田在私人所有产生时曾指出，近代社会的形成过程是在市民生产方式与旧时期的生产方式的交锋中向资本家生产方式的自我转变过程，在这个过程中个体丧失原本的共同性和社会性，私人所有逐渐产生，随着共同体的瓦解，以共同体为基础的分工也随之消解，取而代之的是以私人所有为基础的分工。当多数生产者的私人所有被少数的大资本家占有时，资本家私人所有形成的协作、生产资料，成为事实上的社会所有，分工和私人所有带来了资本与劳动之间的分裂。正如马克思所言，

私有财产的关系潜在地包含着作为劳动的私有财产的关系和作为资本的私有财产的关系，以及这两种表现的相互关系。……劳动和资本的这种对立一达到极限，就必然成为全部私有财产关系的顶点、最高阶段和灭亡。②

平田清明指出，"社会分工"或马克思所理解的"所有"概念包括三层含义：其一，围绕自己的所有物即土地等生产资料的关系行为（生产活

① 《马克思恩格斯全集》第3卷，37页，北京，人民出版社，1960。
② 《马克思恩格斯全集》第42卷，106页，北京，人民出版社，1979。

动）；其二，从事生产活动时在客观形成的人们彼此间的社会关系中自身与他者的关系行为（对"类"的归属）；其三，从意识上，特别是法意识上产生自他的区别意识，即自身与他者产生排他性的分离。他认为"分工"正是在这三个层面上的"所有"①，这三个要素中的任何一个都与其他两者相互关联，具有重大的现实意义，并从对分工与所有的剖析中引出了生产力与生产关系这一重要的理论范畴。

2. 生产力与生产关系

对于马克思而言，市民社会是一个以广泛的分工为前提的交往体系，而在这个交往体系中，物质交往，尤其是生产过程中的物质交往是一切交往的基础源泉。马克思的新历史观在于，"从直接生活的物质生产出发阐述现实的生产过程，把同这种生产方式相联系的、它所产生的交往形式即各个不同阶段上的市民社会理解为整个历史的基础"②。可见，马克思从生产力与生产关系的视角对市民社会展开阐述。生产力决定生产关系，生产力发展到一定程度产生分工，这种分工将生产力与生产关系连接到一起。依照对社会分工及其含义的规定，平田清明将生产力指认为"各种劳动机能的社会整合，这种整合本身就是人的能力"③。因此，生产力首先是这种社会整合或结合中形成的社会凝合力，是"人的社会能力"、"社会人的能力"。在市民社会中，劳动的分配和分化的结果是整合和综合，综合是一种能力，分化同样是一种能力，平田将这两个概念视作同义语，并认为这是理解分工与协作的关键。在市民社会

---

① ［日］平田清明：『市民社会と社会主義』，162—163 頁，東京，岩波書店，1969。
② 《马克思恩格斯选集》第 1 卷，92 页，北京，人民出版社，1995。
③ ［日］平田清明：『市民社会と社会主義』，163 頁，東京，岩波書店，1969。

中，这种社会能力成为私人占有物，尤其是私人转变为资本家后所持有的私人所有。平田对资本家的工场协作及工场内分工进行了分析，他认为"工场内分工是工场内部的劳动者为了生产同一种类的商品而进行的劳动的分割，直接表现为资本家私人有意识地进行整合的协作、凝合力，资本的生产力，直接存在于这种工场内的凝合力之中。而产生资本的生产力的前提，是在社会分工中产生的凝合力的基础之上形成的工场内凝合力"①。具体来讲，资本家将以工场内凝合力形式体现出来的社会凝合力据为私人所有，工场内的分工和协作，是资本家依据自身意愿进行专制的具体形式，在社会范围内则体现为资本家之间的无政府主义竞争。因此，在平田看来，凭借着私人的能力、资本家的能力，在现实中获取的生产力，正是市民社会的生产力。

平田清明继而指出，由于市民社会的人参与了社会分工，因而从客观上隶属于"这个名为社会凝合力的新共同体。这个新的共同体不同于原始的共同体，是在商品交换这一特殊的交往方式下形成的，是生产与交往在过程上、体制上的统一"②。此时的市民社会，实际上形成了一种"社会生产有机体"，即资本循环、再生产。资本的运动，将作为自身运动前提的生产方式逐渐转化为对整个体系具有支配性作用的生产方式，将生产与流通（交往）统一为一个整体。无论在这种"社会生产有机体"的内部还是外部，都遍布着人的社会关系。其外部社会关系体现为交换，而内部社会关系则体现为生产。私人个体只是这个生产有机体中

---

① ［日］平田清明：『市民社会と社会主義』，164 頁，東京，岩波書店，1969。
② 同上书，164—165 页。

的一个部分，共同进行社会生产，人与人之间的关系无法直接看到，马克思在写作《1857—1858 年经济学手稿》时将其定义为"生产关系"，是"相对于分配、交换、消费而存在的一般的生产关系"。当分工不可避免地产生了交换，私人个体通过交换实现了对社会生产的贡献，并确认了自身的价值时，马克思将私人个体用以直接确认自身社会性的关系，定义为"交往关系"。"生产关系"、"交往关系"两个概念尽管从概念上看是独立的，但实际上是一个统一的实体。市民社会中的个人在这个社会生产有机体中必须结成一定的生产关系，从而进行生产、交往、分配、消费等过程，这一过程虽看似是相对独立的子过程，实际上是统一的整体，相互关联、统一于总过程之中。其中，社会生产的过程与关系并非直接可见，交往、分配、消费是其实际存在形式。而这种无法直接可见的生产关系，正是生产、交往、分配、消费这个总过程、总关系的基础。在《政治经济学批判》序言中，马克思将这种一般的生产关系定义为"各种生产关系的总和"。

人类直接的社会关系存在于商品交换这一交往关系之中，生产关系是在对这种交往关系与社会凝合力即生产力进行比较之后，从两者的关系层面进行反思并最终理性把握的客观抽象的社会关系。对此，平田特别指出，生产关系是反思交往关系之后形成的概念，

> 马克思在《德意志意识形态》中直观到生产实存于交换之中的本质，因此，在表述"交换形式"时使用了"生产与交往的关系"这一说法。在《1857—1858 年经济学手稿》之后的《资本论》中，马克思将其表述为"生产关系与交往关系"、"生产以及交往的各种关系"等概

念，将"生产关系"概念单独提出来，实际上是对价值这个抽象的客观存在产生了批判性的理论关注。①

(二)交往关系的异化

在马克思那里，市民社会在过去一切历史阶段上是受生产力制约的，同时也制约生产力的交往形式。平田清明在对生产力与生产关系进行阐述后转向对与之密不可分的范畴——"交往"的分析。平田将"交往"规定为"各独立个体在特定的社会形式下，彼此进行物质的、精神的交际活动"②。从内容上区分为"物质的交往"和"精神的交往"，个体之间现实的交往一般是这两种过程的具体的统一。马克思在对"市民社会"的规定中曾经指出，市民社会是"直接从生产和交往中发展起来的社会组织"③。交往的异化起源于个体以自己的私人所有为中介的交往。正如马克思所言，私有财产的丧失或放弃，就是人和私人财产本身的外化。④ 市民社会中的私人所有具有排他性，个体作为孤立的、分散的存在，必须将自己生产的产品作为商品与他人交换来完成同他人的交往，这是市民社会最基础、最日常的交往形式。这种私有者把自己的劳动产品即私人所有转让给他人，这种外化，即私人所有的外化，实际上就是交往的异化。马克思曾指出，人与人之间的异化是由现代市民社会中的

① ［日］平田清明：『市民社会と社会主義』，165—166 頁，東京，岩波書店，1969。
② 同上书，81 页。
③ ［日］广松涉编注：《文献学语境中的〈德意志意识形态〉》，彭曦译，146 页，南京，南京大学出版社，2005。
④ 参见马克思：《1844 年经济学哲学手稿》，172 页，北京，人民出版社，2000。

分工与交换关系造成的。这种分工与交换关系是一种异化的交往关系。它主要表现在两个方面：

> 一是货币异化，即货币作为交换的产物成为了一个人们崇拜的具有神性的东西；二是劳动异化，即劳动本来是人的主体力量的体现，现在却与人相对立。……人们自己创造出来的"生产力表现为一种完全不依赖于各个个人并与他们分离的东西"。①

平田在市民社会理论研究中，尤其关注到交往关系的异化问题，他认为交往的第一概念是"交换"这一经济范畴，并从货币拜物教、劳动二重性、抽象的人与具体的人等角度来对交往关系的异化问题展开了分析。

1. 交往的第一概念：交换

平田清明认为，商品的交换是"贸易"最为普遍的形式（除商品交换之外，"贸易"的形式还包括资本贸易）。当劳动的目的是生产用于出售的商品时，这样的劳动方式不可避免地会产生商品的"交换"②。"交换"实际上是一种经济过程，是彼此没有关联的人通过自身劳动获得产品，并将该产品相互转让的过程。此时，个体间不同的想法形成独立的意愿，并彼此进行沟通，因而"交换"也是一种社会过程。平田强调，交换

---

① 王浩斌：《市民社会的乌托邦——马克思主义的社会历史哲学阐释》，139 页，南京，江苏人民出版社，2011。

② 交换行为一般分为两种：一是"生产本身内部的人的活动的交换"，即人在劳动过程中与他人劳动的交换和结合，其对应的是工场内分工；二是"人的产品的相互交换"，是人与人之间的劳动产品的交换，其对应的是社会分工。

是以人与人之间的"无关联性"为前提的，交换的过程，实际上是将这种彼此间的无关联性作为独立性确立下来，形成作为个体的人的个别"意愿"。在这种个别的独立意愿的基础之上，个体的人自觉形成社会的普遍结合。继而，人的相互的"意愿关系"以及在此基础上展开的"法关系"，成为独立个体的共同的"意愿行为"。换言之，此即产生了"私人所有"①。最初的"私人所有者"是"商品持有者"，而这种"私人所有者"被平田指认为真正意义上的"市民"，他认为正是由于交换才产生了"私人所有者"的个人。当私人所有产生，"交往"概念的内涵也随之发生变化，原本指代人格对人格的交往、对精神的交往等社会行为的交往，变成了以商品和货币为中介的商品交换。交换本身就是交往的异化，交往以交换的形式存在便是异化。

在商品持有者之间不断进行的商品的交换活动中，人与人之间的"无关联性"随之转化为彼此之间的排他性，即逐渐形成了私人的排他性关系。此时，生产该商品的人类劳动，成为真正的私人劳动。而生产者制造出的产品，则是可以由自己自由支配和处理的具有排他性的所有物。在将所有物作为商品进行交换的社会中，评价人类活动生产出的物，往往以是否可用于买卖为标准，平田清明将其概括为从是否具有"交换可能性"这一外部基准来衡量物的价值，商品是保持"交换可能性"这种社会属性的物。② 所谓"交换可能性"，指的是在交换过程中购买、支配对方提供的商品或劳动的可能性或能力。平田认为，商品的意义或

---

① ［日］平田清明：『市民社会と社会主義』，153—154 頁，東京，岩波書店，1969。
② 同上书，86—87 頁。

价值首先是具有"交换可能性"，而这种"交换可能性"的真正实现，是发生在生产完成之后的交换环节中的。因此，市民社会对生产活动的价值评价，都是具有事后性的，是通过其结果来进行评价的，不会直接评价制造物的生产过程本身。从这一点来看，市民社会是一种具有外在性特征的社会。从其结果以及是否具有交换可能性这一外部标准来对那些人类生产出来的物进行评价，物便具备了比较可能性以及计算可能性。可见，市民社会是冷漠的具有合理性的社会。

然而，这种表面上看似分散的、具有排他性的市民社会，实际上也是由各种相互依存关系客观组成的社会。市民社会中的个体为了追求物的交换可能性，生产的商品用于买卖，商品具有能够满足他人欲望的使用价值。商品交换的结果往往是个体生产的商品为他人的生活所必需，个体之间相互提供彼此的生活必需品，即客观地产生了相互依存性。个体劳动亦是如此，独立的私人劳动，从劳动结果上看，客观上具备了社会特征，创造了用以满足他人欲望的使用价值，个体劳动具备了社会性，而个体劳动者本身也成为一个具有社会价值的社会存在，个体劳动由此达到了对自身社会存在价值的自我确认。从这一点来看，尽管市民社会看似是分散的、具有排他性的社会，社会劳动表面上被零散地分割开来，但是，由于社会中存在交换这一人的外部行为，因而市民社会实际上是一个具有社会连带性特征的社会。

综上所述，平田清明通过对交往的第一概念即交换的分析，指出市民社会具有排他性、外在性的特征，与此同时，市民社会还具有社会性特征，因此，市民社会是对劳动进行整体分工的社会，是对社会劳动进行分工的社会，是社会交往的社会。平田强调，正是市民社会对社会劳动进行了分工，社会交往才随之产生。通过交换，人们实现了自己的劳动成果的价值，满足了自身的需要，独立存在的人和被分割的劳动被重新整合起来，在这种社会中各种内部的、外部的因素在各自发展的过程中逐渐实现了体制统一，形成"社会生产有机体"。平田认为，这正是马克思从亚当·斯密的分工论中得到的启发，继而形成了具有独创性的市民社会图景。

2. 货币拜物教与市民生产方式

市民社会中的分工与交换关系所带来的异化的交往关系，首先体现在货币异化上，即货币作为交换的产物成为一个人崇拜的具有神性的东西，即货币拜物教。早在古希腊时期的亚里士多德就已经提出，当物成为商品或是"财富"时，它不仅具有使用价值，同时还具有交换价值。使用价值是使用以及消费时呈现出的物的价值能力（value in use），是商品的自然属性；而交换价值则是指交换过程中呈现出的物的价值或能力（value in exchange），当物作为商品用于交换时，用以购买、支配对方物品的能力是商品的社会属性。这种社会属性是单纯的物所不具备的，只有当物作为商品用于交换时才会形成。平田清明将马克思提出的商品的这种社会属性定义为商品特有的"领有力"，货币就产生于这样的商品之中。马克思指出，人在市民社会中的利己主义之个人的自我异化在生活实践中必定要造就一个实际的神，实际需要和自私自利的神就是钱，钱是从人异化出来的人的劳动和存在的本质；这个外在本质却统治了人，人却向它膜拜。[①] 马克思所指出的"自私自利的神"、"统治了人，人

---

① 参见《马克思恩格斯全集》第 1 卷，440—450 页，北京，人民出版社，1956。

却向它膜拜"的钱的出现，正是货币异化。在以商品和货币为中介的交往中，人们并不关心商品的使用价值，而一味地追求商品的交换价值，由此具有普遍性的中介货币应运而生，并带来了社会交往的异化。

平田在分析市民社会中交往的异化问题时特别关注到货币异化、货币拜物教的问题。在对不同国家、不同时期的学者关于货币功能的观点做了比较分析后，平田发现，以亚当·斯密为代表的英国学者认为，货币是物作为商品进行交换的手段，市民社会中的货币是人的生活手段或仆役，人类可以随意使用货币，货币对于人而言是绝对顺从的。与该观点截然不同的是以布尔吉尔贝尔（Boisguillebert）为代表的法国学者，他们认为在市民社会中，货币非但不是人的仆役，相反应是居于人之上的神明，货币一方面充当商品交换中的中介角色，另一方面利用这种中介手段随意地操控商品本身。平田认为，前一种观点将货币认作交换手段，而后一种观点则将货币看作一般的购买、支配手段。两种看似对立的观点存在一个共通点，都认为货币可以表示所有商品的价值，所有商品的价值大小都可以通过货币度量出来（即货币的价值尺度）。平田在对各种观点进行对比分析后指出，马克思批判地继承并发展了上述市民经济学的认识，从而突破了市民的货币认识的局限。

平田在马克思《1857—1858 年经济学手稿》中看到，马克思在文中系统地分析了市民经济学中各种对立、交叉的货币论，指出只有将古典经济学家们提出的相互独立的各种货币功能统一起来，才真正理解什么是"货币"。马克思对货币所包含的各项功能之间的相互关系做了详细的阐述。货币是商品运动的形式，不同的商品运动形式，货币在其中所起到的作用也不尽相同。在平田看来，马克思在"货币"章中第一次明确地分析了货币的三种形态，界定了货币作为价值尺度的根本职能及序列结构。在后来的《政治经济学批判》与《资本论》中，马克思对货币异化理论及资本理论做了详细阐述。平田指出，马克思将货币功能定义为三个方面，即"第一功能"（价值尺度）、"第二功能"（流通手段）、"第三功能"（一般财富的绝对定在），他认为，三个方面功能的统一才是货币，第一、第二功能统一至第三功能，即"一般财富的绝对定在"，才是货币的本质。①

当货币发挥第一功能即价值尺度的功能时，货币可以用来度量所有商品的价值，可以将所有具体的有用物用价格这一数字形式来表示，各种具体的商品转化为观念上的抽象数字。当货币发挥第二功能即充当流通手段时，乍一看似乎货币是商品的仆役，但当货币完成中介的使命实现商品的交换之后，货币便从商品交换的过程中脱离出来，开始发挥货币特殊的功能。货币的第三功能，即一般财富的绝对定在，是相对于特殊财富（个别商品）、相对于个别商品的瞬间性存在而言的，货币是"永恒的、不灭的财富"。个别的商品以其特殊的形式发挥自身作用，并为人所消费，从时间上来看是瞬间性的存在。商品的使用价值，无论在生产过程中，还是在消费过程中，都会受到个人的或地域的限制。然而，货币则不同，从质地上看货币首先是永恒的、不灭的；其次不受个人的、地域的限制，是一种一般财富的绝对定在。它可以将具体的、个别的商品通过抽象的、物质的形式表现出来，是一种抽象财富的物质定在，货币即使不用于购买商品，通过其物质定在的形式，也可以作为财

---

① 参见［日］平田清明：『市民社会と社会主義』，210—211頁，東京，岩波書店，1969。

富、富裕的表征。在充当一般财富的物质定在的货币的驱使下，人开始无休止地追逐并积累货币，货币开始介入市民社会中唯一直接的人格关系，即债权债务关系中，当货币成为债务者偿还债务的唯一手段（支付手段）时，货币便开始君临于这种人格关系。此时，货币成为掌控世界的一般支付手段、一般购买手段，成为一般财富的绝对定在。① 如此一来，货币成为人世间的神。货币异化使得"各个个人互不依赖，联系仅限于交换"，而货币作为交换的产物却成为人崇拜的具有神性的东西。

平田清明指出，市民社会中抽象价值的生产过程不断展开，逐渐形成一种可以购买、支配他人的劳动产物或他人劳动的独特的"领有方式"，即市民生产方式。这种商品生产的市民生产方式，正是货币产生的客观土壤。要维持这种生产方式的存在，必然要形成货币。劳动产品的价值形式，是市民生产方式最抽象的也是最普遍的形式。将市民生产方式与共同体生产方式进行历史的、理论的比对，我们可以发现市民生产方式所蕴含的特质，即历史地决定下一个社会生产的特殊形式。市民生产方式促进并激化了私人所有的不平等，最终向资本家生产方式转变。因此，市民生产方式不仅是社会生产的一个特殊形式，同时也具有历史的特质。正如马克思在《资本论》第一章中所言，"如果静止地将其视作社会生产的永恒的自然形态，那么，其结果必然是看不到价值形式、商品形式，甚至是货币形式、资本形式等的特殊性"②。

---

① 参见［日］平田清明：『市民社会と社会主義』，212—213 頁，東京，岩波書店，1969。

② 马克思在《资本论》（日文版）第一卷第一篇商品、货币论中，首先就市民生产方式的形态特征展开讨论；第二篇货币向资本的转化论中，马克思从形式论上描述了市民生产方式向资本家生产方式的转变过程。

3. 劳动二重性与抽象的人

平田清明除了关注到交往关系的异化在劳动方面的异化体现外，还在对马克思价值形态论进行分析时发现，"马克思批判性地认识到生产商品的劳动具有二重性和对立性。正是这种劳动的内在矛盾，构成了市民社会发展中人之主体的基础"[①]。在马克思那里，劳动的二重性(Two-fold Character of Labour)指的是具体劳动和抽象劳动这二重属性。所谓具体劳动，指的是生产目的、劳动对象、使用工具、操作方法、生产结果都各不相同的劳动，生产的是商品的使用价值；所谓抽象劳动，指的是无差别的一般人类劳动，生产的是商品的价值。而具体劳动与抽象劳动是同一劳动过程中形成的相互联系又对立的两个方面，是同一劳动过程的二重表现。

依照平田的理解，基于商品的内在必然性，以及商品持有者的人为活动，商品的内在价值外化为货币，商品通过货币获得自身价值。此时，同时具有使用价值与交换价值的商品，客观地获得了商品的自然形式与价值形式双重外在属性，即商品形式的二重性。商品形式的二重性，即自然形式与价值形式，意味着商品与货币的分离。商品的价值通过商品的对立物即货币得到体现，在现实的交换过程中，货币可以实现该商品的价值。因此，货币的作用在于实现商品的价值，以及促成商品实现自身价值。货币具有空间的普遍性与时间的永恒性，相对于货币的定在性与运动性而言，商品则是一个瞬间的存在，受到个人、时间、空间的制约，并且将作为商品被消耗。平田认为，基于商品具有内在的、

---

① ［日］平田清明：『市民社会と社会主義』，220 頁，東京，岩波書店，1969。

外在的二重性，生产商品的劳动本身也具有二重性，即"生产商品使用价值的劳动与生产商品价值的劳动。劳动一方面通过商品的使用价值，即自然形式来表示，另一方面也通过商品的价值，即货币形式来表示"①。前者是具体的有用劳动，而后者是抽象的人类劳动。

在平田看来，建立在私人所有基础上的人的生产活动，并非作为人的直接的社会使用价值而个体地、具体地存在，该生产劳动的人之类本质、社会本质，只有通过商品的交换价值才能真正得到体现。这是马克思所定义的"抽象的人类劳动"。而在出现交换之前，人们为了满足欲求而从事生产必需品的劳动，从私人所有意义上来看，也可以称作生产商品使用价值的劳动，这是马克思所定义的"具体的有用劳动"。平田认为，"劳动"的概念正式具有二重性，事实上已经暗示了人的活动在市民社会中的特殊性及其内部存在的对立性。② 在马克思批判性地提出这一说法之前，古典政治经济学家亚当·斯密和大卫·李嘉图等人已经提出劳动价值论，并意识到劳动二重性的存在，但是并没有形成科学的理论。平田将主要原因归结于这些古典政治经济学家并没有从"所有"的本质区别上来比较市民社会与共同体，没有意识到前者是后者的"对立的发展形式"，即在把握历史时没有将共同体的固有特征作为本源加以认识，这是斯密等人共同存在的"市民视角的局限性"。而马克思创立的劳动二重性学说，使古典政治经济学家亚当·斯密和大卫·李嘉图等人提出的劳动价值论成为科学的价值理论。

---

① ［日］平田清明：『市民社会と社会主義』，221 頁，東京，岩波書店，1969。
② 同上书，158—159 页。

马克思在法文版《资本论》中，将抽象的人类劳动定义为"无差别的人类劳动"（force humaine de travail）。平田清明结合法文版《资本论》中的相关表述指出，"抽象的人类劳动是人的个体劳动（人类有机体的部分器官功能）排除了人的共同性特征的劳动，是带有一定私人个体性特征的劳动"。劳动二重性在物作为商品生产出来时就已经客观存在了，是"市民社会中的人所具有的内在二重性与矛盾的体现，是私人个体的两面性与矛盾的体现"①。一方面劳动的二重性表明共同体时代纯粹的、直接的人与人之间的相互依存关系逐渐丧失，即丧失了共同个体性；另一方面，抽象的人类劳动形式客观地带来了人的结合，形成了不同于共同体时代的社会分工，并展开了分工协作，获得了私人个体性。换言之，市民社会的人，冲破了共同体时代与自然、与他人关系上的狭隘性，形成了分工，丧失了共同个体性，获得了私人个体性。从这一点来看，平田将其理解为"人的'普遍文明化'的进步"不无道理，市民社会是个体发展的人类历史中的一个必经阶段。原本不可比较的现实财富，通过抽象价值进行相互比较，这为人的行为赋予了合理性。市民社会中的生产现实财富的个人，成为生产抽象财富的人，具体的人只有通过私人劳动创造价值从而成为"抽象人"，其社会价值才被肯定。此时，社会中不可避免地产生了对"抽象人"的现实崇拜。

马克思在 19 世纪 40 年代的手稿，尤其是《1844 年经济学哲学手稿》中指出，劳动是"异化了的劳动"，人是生活在"抽象的表象"中的人。劳动和人在《资本论》中被定义为"抽象的人类劳动"和"抽象人"。平田清明

① ［日］平田清明：『市民社会と社会主義』，222 頁，東京，岩波書店，1969。

在对马克思异化论进行理解时提出，在马克思那里，劳动通过私人所有完成对类的、人的本质的异化，此时的劳动是一种对劳动本身的异化，同时构成了"私人所有的主体的本质"。被货币所左右的市民社会的人正是创造货币的主体，是不断进行私人所有的再生产和制定所有权法作为自身生活规范的主体"人格"①。马克思在《资本论》中明确表示，通过对价值形式论的展开，他发现市民社会中的人的思想与行为，实际上是与商品、商品的运动完全相同的，都是通过他者来表示自身价值的，正如马克思所言，"人，首先需要通过他人这面镜子来反映自己"。这里的"他人"，实际上就是自身创造出来的、可以反映出自身的他人，是"抽象人"，通过这面创造出来的镜子来反映人自身的能力与权威。他们利用不同的价值量来比较自身与他人，"将原本不可取代的、不可比较的生命活动(lebensäuberung)转化为可取代的、可比较的生命活动，通过他人来确认自身的能力，同时这也成为他人用以自我确认的手段"②。尽管市民社会的人客观上具有"抽象人"的特征，但在处理对自然、对他人的关系上，市民社会的人仍然是具体的人，是真实的、直接的人，即市民社会的人是一种兼具"抽象人"与"具体的人"的特征的存在。

三、共产主义：对市民社会异化本质的扬弃

平田清明在商品论视域下对市民社会的分工与交往方式、市民社会

---

① ［日］平田清明：『市民社会と社会主義』，225 頁，東京，岩波書店，1969。
② 同上书，227 頁。

的生产方式、市民社会的劳动与人等方面进行考察，试图还原一个客观、全面的市民社会，在揭露市民社会的异化所带来的消极影响的同时，也从积极的层面对市民社会进行思考。在平田看来，表面上看似分散的、具有排他性的市民社会，由于存在交换这一人的外部行为，实际上也是一个具有社会连带性特征的社会。通过交换，人们实现了自己劳动成果的价值，满足了自身的需要，独立存在的人和被分割的劳动被重新整合起来，形成"社会生产有机体"。不仅如此，抽象的人类劳动客观地带来了人的结合，形成了不同于共同体时代的社会分工，并展开分工协作，这使得市民社会的人在丧失了共同个体性的同时获得了私人个体性。这是平田从商品论视域下在进行市民社会异化的分析时看到的，市民社会中的私人所有带来人与人之间的异化，形成事实上的不自由、不平等。市民社会中通过商品交换而自然形成的独立个体之间自由、平等的法关系及其观念尽管表现为事实上的不自由、不平等，但可以视作"人类有意识地形成历史的重要动因之一"，是一种进步。正如平田所言，"只有从积极的意义上来对市民社会中的自由、平等进行评价的人，才是真正能够对其进行批判的人。市民社会的魅力正在于它具有上述批判性特征"①。客观、全面地对市民社会进行批判，才能真正指向对市民社会异化本质的扬弃，即马克思所提出的共产主义的道路。

(一)共产主义与人的本质的复归

马克思在《1844 年经济学哲学手稿》中对共产主义做过这样的描述，

---

① ［日］平田清明：『市民社会と社会主義』，92—93 頁，東京，岩波書店，1969。

共产主义是私有财产即人的自我异化的积极的扬弃，因而是通过人并且为了人而对人的本质的真正占有；因此，它是人向自身、向社会的（即人的）人的复归，这种复归是完全的、自觉的而且保存了以往发展的全部财富的。这种共产主义，作为完成了的自然主义，等于人道主义，而作为完成了的人道主义，等于自然主义，它是人和自然界之间、人和人之间的矛盾的真正解决。①

简单来说，马克思所指认的共产主义是私有财产和人的自我异化的积极扬弃，是通过人并且为了人而向社会的人的复归，从中能够明确读出马克思的共产主义理论的人学向度。共产主义是人类社会的最高理想，在共产主义社会中，人才能够真正实现自身价值，实现自由全面的发展，即达到全面的解放。在马克思那里，共产主义运动就是要通过对资本主义的批判，终结那种建立在"乌托邦"基础上的"粗陋的共产主义"和那种"具有政治性质和废除国家的、但尚未完成的共产主义"，实现人的全面解放。

马克思的市民社会理论将市民社会与人的存在方式联系起来考察，通过对市民社会的批判寻求政治解放和人类解放。市民社会中，

实际需要、利己主义是市民社会的原则；只要市民社会完全从自身产生出政治国家，这个原则就赤裸裸地显现出来。实际需要和

---

① 《马克思恩格斯全集》第 42 卷，120 页，北京，人民出版社，1979。

自私自利的神就是金钱……金钱贬低了人所崇奉的一切神，并把一切神都变成商品。金钱是一切事物的普遍的、独立自在的价值。因此它剥夺了整个世界——人的世界和自然界——固有的价值。金钱是人的劳动和人的存在的同人相异化的本质；这种异己的本质统治了人，而人则向它顶礼膜拜。①

货币拜物教与劳动异化导致了人的类本质异化，市民社会中的人成为一种抽象的、异化的存在，而摆脱这种异化，就是将人的存在方式从人对物的依附关系中解放出来，实现人的自由和全面发展。

平田清明指出，马克思在《共产党宣言》中曾经明确写道：共产主义之所以不同于其他主义，是由于废除的并非一般所有，而是市民（bourgeios 资本家）的所有，无产阶级的使命，是破坏此前个体所有的一切保障以及此前用以维护个体所有的一切。因此，平田认为马克思所提出来的社会革命，实际上是去除个体所有已经具备的、已经存在的私有形式，将其还原为真正的个体所有，即真正实现个体的"类"的所有。在马克思所提出的共产主义中，个人虽然形式上是个体的人，但实现了个体（个体所有）与"类"（共同所有）的统一，单独的个体有意识地将自身固有的力量凝结为社会力，并且更重要的是确保这种力量形成"政治力"，也就是政治的国家、政治共同体不被异化，这才是人类解放。总而言之，在平田那里，马克思所提出的共产主义的这种彻底的、社会性质的人类解放，是对本质为私人所有的市民社会的积极扬弃，扬弃市民社会中由

---

① 《马克思恩格斯全集》第 3 卷，194 页，北京，人民出版社，2002。

私人所有引起的经济、宗教、政治等各方面的异化和人的本质的异化，以及交往的异化。平田所指出的对私人所有的扬弃，并非将"所有"从社会中剔除出去，而是要求实现"个体所有的重新建构"，实现"真正的"个体所有，这正是平田清明个体所有的再建构理论的重要内容。

(二)共产主义是对私人所有的积极扬弃

马克思所提出的"共产主义"是对私有财产的积极扬弃，是对人的自我异化的扬弃。在马克思看来，市民社会的本质矛盾在于私有财产，市民社会的经济、国家、法、意识形态等各个方面都体现着这种异化关系。马克思通过对私有财产的剖析揭示了市民社会的异化本质，同时对扬弃异化的道路进行探索，而这条道路的最终目标指向共产主义。随着外化劳动即异化劳动的被扬弃，私有财产也必将随之被扬弃，共产主义正是对私有财产的积极扬弃。在平田清明那里，马克思所指认的私有财产的扬弃，实际上正是对"私人所有"的扬弃。平田指出，"扬弃货币这个私人所有的最佳形式，扬弃从根源上产生私人所有的商品生产，在商品与货币的发展过程中，通过其自身矛盾发展的形式完成这种扬弃，这正是马克思主义的核心所在"[①]。

在平田看来，市民生产方式在与旧时期生产方式的不断抗衡中发展，继而转变为资本家生产方式，这一过程正是马克思所指出的"近代社会"的形成过程，其特征就在于私人所有的产生消解了个体原本的共同性，以资本家领有的形式存在的私人所有逐渐普遍化，其特征是由资

---

① ［日］平田清明：『市民社会と社会主義』，286 頁，東京，岩波書店，1969。

本家私人所有而形成的协作、生产资料成为事实上的社会所有。马克思主义将历史理解为一个从共同体(commune)到共同体的解体即从私人所有的社会(市民社会)，到市民社会的革命性转变即实现真正的共同体(commune)的过程。市民社会生产方式不断向资本家生产方式转化，最终达到与其相对立的共产主义，共产主义是对市民生产方式的扬弃，是去除个体所有已经具备的、已经存在的私有形式，将其还原为真正的个体所有，即真正实现个体的"类"的所有。但是这一过程并非一蹴而就的，马克思和恩格斯曾说过，私有制是生产力发展到一定阶段上必然的交往形式，这种交往形式在生产力被创造出来而私有制成为阻碍这种生产力的桎梏以前是不可能被摒弃的，是直接的物质生活的生产所不可缺少的。① 只有当生产力高度发展到某一阶段，分工和私有制才可能被消灭，

> 只有交往和生产力已经发展到这样普遍的程度，以致私有制和分工变成了它们的桎梏的时候，分工才会消灭。……私有制只有在个人得到全面发展的条件下才能消灭，因为现存的交往形式和生产力是全面的，所以只有全面发展的个人才可能占有它们，即才可能使它们变成自己的自由的生活活动。……私有制和分工的消灭同时也就是个人在现代生产力和世界交往所建立的基础上的联合。②

---

① 参见马克思、恩格斯：《德意志意识形态》(节选本)，94 页，北京，人民出版社，2003。

② 《马克思恩格斯全集》第 3 卷，516 页，北京，人民出版社，1960。

　　关于如何扬弃市民社会生产方式的问题，平田清明指出，有必要还原"近代社会"形成过程中丧失的共同性的个体所有，即重建个体所有与共同所有的统一。① 马克思在写作《资本论》时指出，共产主义的思想基础即"重建个体所有"。平田认为只有实现"人类普遍解放"的社会革命，才能真正扬弃欧洲的市民社会。换言之，此时现实的个体尽管形式上仍然是独立的个人，但已经意识到"个体劳动"所形成的"个体间的关联"，逐渐凝结为"类"，这其实正是平田所指出的社会有机体的形成过程，他认为，

　　　　个体(个体所有)与"类"(共同所有)实现直接的统一，单独的个体有意识地将自身固有的力量凝结为社会力，这一层意义上的共同体(commune)主义，才是马克思所提出的共产主义(kommunisum)的精髓。②

扬弃市民生产方式，扬弃市民社会的本质即事实上的不自由、不平等和所有的丧失，实现理念上的所有、自由、平等，才是走向共产主义的正确方向。

---

① 参见[日]平田清明：『市民社会と社会主義』，70 頁，東京，岩波書店，1969。
② 同上书，199 頁。

第五章

蓝图：社会主义体制下的市民社会设想

　　平田清明通过对市民社会中异化现象的考察，指出扬弃市民社会异化的本质，是对私人所有的扬弃，而这种扬弃并非从社会中剔除"所有"，而是要实现"个体所有的再建构"。马克思在《资本论》第一卷曾明确指出，"否定之否定，再建的并非劳动者的私人所有，而是其个体所有"。平田依据马克思《资本论》第一卷第24章第七节"资本主义积累的历史趋势"中关于"重建个人所有制"的部分，在对"个体所有"与"私人所有"概念进行剖析的基础上提出了个体所有的再建构理论。他认为，建立在以私人劳动形式存在的个体劳动基础上的"个体私人所有"，向"资本家私人所有"的转变是一种否定，即"资本家私人所有"对"以个体劳动为基础的个体的私人所有"的否定，而对资本家私人所有的否定，是对资本家社会进行革命的扬弃，也是一种否定。依据否定之否定的三段论逻辑，这是一种对"资本主义的私有制"的否定之否定。近代市民社会中被私人所有遮蔽了的个体所有，通过对资本家所有以及私人所有的一般性否定而被重新设定。为此，平田设想了一个否定之否定的未来社会，通过个体所有的概念将市民社会与社会主义结合起来，他认为未来的社会主义社会应该是一个以个体所有为基本所有制形式的社会。

一、"社会主义"的问题设定

（一）何谓社会主义

社会主义经历了一个从空想到科学的发展过程。早在十六七世纪，英国的莫尔、意大利的康帕内拉就已经关注到"社会主义"的课题，他们为劳苦大众描绘了一个未来理想社会的轮廓，再到 19 世纪的圣西门、傅立叶、欧文等大批理论家，他们构建的社会主义理想表达了当时尚未成熟的无产阶级对现存社会制度的抗议和批判。这些空想社会主义者所提出的社会主义只是一种乌托邦，只是为人们带来美好希望的一种预想，是一种不成熟的理论。马克思的重大理论贡献正是将这种不成熟的乌托邦理想带入科学的领域，将空想变成科学。马克思认为社会主义是资本主义向共产主义过渡的整个历史时期，"社会主义就是宣布不断革命，就是无产阶级的阶级专政，这种专政是达到消灭一切阶级差别，达到消灭这些阶级差别所由产生的一切生产关系，达到消灭和这些生产关系相适应的一切社会关系，达到改变由这些社会关系产生出来的一切观念的必然的过渡阶段"①。马克思所提出的科学社会主义是无产阶级解放的学说，是消灭一切阶级实现共产主义的一般规律的科学。这个未来的理想社会是一个"自由人的联合体"，是一个"集体的、以共同占有生产资料为基础的社会""一旦社会占有了生产资料，商品生产就将被消除"②。马克思主张社会主义社会应设定生产模式或社会组织，使人在其中可以克服异化，即以社会主义建立一个新的社会形式，在这个社会中"除了个人的消费资料，没有任何东西可以成为个人的财产"③，这个社会中的人可以成为独立的人，不再为生产、消费这种异化模式所控制，不再为货币资本所异化，真正成为自己生命的创造者。

平田清明对"什么是社会主义"问题的思考，是基于对马克思历史唯物主义和对"所有、交往、市民社会"等马克思创立唯物史观时极为重要却在当代马克思主义哲学体系中"缺失的范畴"进行重新思考后进行的。平田首先从词源上对"社会主义"一词进行了溯源，"社会主义"（social-ism）源于拉丁文，有学者认为与 socialis（同伴的、同伙的）一词相关，也有学者认为与 socius（喜欢社交的）一词相关，可见其中蕴含着社会的、共同的、集体的生活之意。平田认为，从词源上看，"社会主义"主张整个社会作为一个统一整体，由社会拥有和控制产品、资本、土地、资产等，其管理和分配基于公众利益。因此，社会主义应当是"对资本

①　《马克思恩格斯选集》第 1 卷，462 页，北京，人民出版社，1995。

②　《马克思恩格斯全集》第 19 卷，20、245 页，北京，人民出版社，1963。

③　同上书，21 页。

家社会进行革命的扬弃的社会，是经过一定的过渡期最终纯化为无阶级的社会，通过消灭剥削阶级从而达到扬弃生产与所有的分离，进而形成社会所有的社会"①。通过对马克思历史唯物主义的全面梳理，平田发现马克思在《资本论》第一卷中已指出，

> 从资本主义生产方式产生的资本主义占有方式，从而资本主义的私有制，是对个人的、以自己劳动为基础的私有制的第一个否定。但资本主义生产由于自然过程的必然性，造成了对自身的否定。这是否定的否定。这种否定不是重新建立私有制，而是在资本主义时代的成就的基础上，也就是说，在协作和对土地及靠劳动本身生产的生产资料的共同占有的基础上，重新建立个人所有制。②

平田看到其中蕴含的重要内涵，即：

> 社会主义与资本主义并不是简单的断裂这么简单。近代市民社会中，被私有制所扭曲的劳动人民的个体性、个体劳动、个体所有，在社会主义社会中都可以真正得到发展。否定之否定的社会革命的积极意义就在于扬弃了私人所有。③

---

① ［日］平田清明：『市民社会と社会主義』，103 頁，東京，岩波書店，1969。
② 马克思：《资本论》第 1 卷，832 页，北京，人民出版社，1975。
③ ［日］平田清明：『市民社会と社会主義』，104 頁，東京，岩波書店，1969。

因此，资本主义向社会主义的转变，不仅是世界历史上截然不同的阶段的转变，同时也存在着继承关系。平田认为只有认识到社会主义与市民社会之间的继承关系的人，才真正有资格来讨论社会主义问题。在平田看来，社会主义不仅继承了市民社会，而且也同时继承了资本主义的遗产。

平田深刻地意识到社会主义不仅从资本主义那里继承到机器体系与机器大工业，同时也继承了机器大工业中协作的劳动形式。这种协作的劳动形式，指的是劳动者的集中、各劳动过程的密切联系、生产资料的集中，即广义上包括了都市化与联合工业化。"资本家社会否定了近代市民社会的自身劳动、个体劳动，同时也否定了与自身劳动性、个体性密切相关的个别分散性。而社会主义正是继承了这种对分散性的扬弃。"资本家社会通过资本家之间的相互竞争，改变了私人所有的形式，通过土地国有形式，将土地的私人分散所有转化为国家所有这种一般私人所有的形式。随着资本家之间竞争的激化，"个别的、具体的资本家所有在形式上发生了变化，转化为股份公司等其他抽象的私人所有形式"。如此一来，"在私人所有的范围内扬弃私人所有的过程，最终会上升至最高层次，即实现生产资料的共同占有"①。而社会主义则是以资本家社会所实现的"生产资料的共同占有"这一最终成果为基础的，在此基础上重建劳动者的个体所有，从而真正实现个体解放。这正是平田清明个体所有再建构理论中对劳动者个体所有的重建（Retablir）的重要阐述。马克思在法文版《资本论》第一卷中讨论"资本主义积累的历史趋势"问题

---

　　①　［日］平田清明：『市民社会と社会主義』，105 頁，東京，岩波書店，1969。

时指出，"否定之否定，重新建构的不是劳动者的私人所有，而是建立在资本家时代的产物，即包括协作与土地在内的所有生产资料的共同占有基础上的劳动者的个体所有"。平田从马克思的经典论述中读到了其明确指出的世界历史中存在的断裂与继承关系。

(二)社会主义阶段性特征分析

依据马克思在《资本论》中为社会主义给出的定义，即"社会主义是自由人的联合体，劳动者共同拥有生产资料，从事劳动活动，若干独立的个体劳动力自觉地形成一个整体的社会劳动力"，平田清明指出，社会主义社会是"拥有孤立分散的生产资料的若干独立个体无意识地形成的近代市民社会"，是"形式上的自由人组成的社会集合外化、异化为商品集合的社会"①。社会主义社会是劳动者从资本家私人所有中夺回自身所有的过程，是劳动者真正夺回自由、平等的过程。而这一争夺的过程，是劳动个体在自发的意志下、在阶级团结的社会纽带下进行的人类活动的过程。一旦劳动个体获得了政治权力，"便凭借这股政治权力，将生产资料这一资本家时代中的劳动者共同占有物转化为劳动者的共同所有物，劳动者彼此独立的活动自觉转化为社会的活动——这便是社会主义建设的过程"②。平田在此特意使用了"共同占有物"和"共同所有物"两种相似却内含迥异的概念，借此强调资本家社会与社会主义社会的不同。社会主义建设的过程，实际上是劳动者真正实现个体所有的过

---

① ［日］平田清明：『市民社会と社会主義』，109 頁，東京，岩波書店，1969。
② 同上书，110 頁。

程，社会主义社会是在批判因资本家私人所有而形式化的近代市民社会的基础上形成起来的。

马克思指出，社会主义之所以区别于资本主义，就在于私有制与全民所有制的不同所有制形式，社会主义是资本主义向共产主义过渡的一个必不可少的阶段，过渡性和多重性是社会主义发展阶段的重要特征。社会主义的价值在于它以消除资本主义的各种剥削和奴役等异化现象，实现人的自由发展为根本目的，社会主义代表最广大人民群众的根本利益，区别于资本家社会中利益主体是少数的掌握生产资料与资本的资本家。社会主义社会鲜明的人文诉求，是实现人的自由全面发展，满足大多数人的利益需要。平田清明强调了社会主义对市民社会、资本家社会的批判继承，同时也明确指出社会主义在形成之初便带有共产主义的特征，并且向着先进的共产主义不断发展。

社会主义与共产主义的阶段性差异，一般学界会从"按劳分配"与"按需分配"的分配方式上来讨论。在平田看来，关于两者的差异不仅仅停留在分配方式上，还要关注到两个社会发展阶段的生产方式与生产力的问题。在社会主义与共产主义社会，生产资料为共同所有，个体的劳动直接构成社会劳动，社会总产品归共同联合体（association）所有，两种社会的生产方式从本质上看比较相似。正如同一个生产方式在不同历史阶段所表现出的基本形态由该阶段的生产力所决定，资本家社会生产方式的基本形态是工场手工业、机器大工业等资本家的协作，社会主义阶段生产方式的基本形态是建立在社会主义分工基础上的社会主义协作，而共产主义阶段生产方式的基本形态是建立在"扬弃分工"基础上的协作。建立在社会主义分工基础上的社会主义协作，随着自身的发展，逐渐扬弃分工，人的活动成为共同的活动，其结果是，区别于生活的人类劳动不再游离于生活之外。因此，平田主张揭示共产主义特征的第一概念即"劳动的扬弃"。从人类历史的形成过程上看，共产主义是社会主义无穷发展后的最终结果，社会主义向共产主义的发展是一个具有连续性的转变过程。

平田指出，社会主义社会的生产力结构特征是建立在社会主义分工基础上的社会主义协作。社会主义社会遵循的是"不劳动者不得食"原则，意在消灭不劳动的寄生的所有者，同时使不劳动者为了生存从事劳动。随着协作生产力的不断发展，无论是工场内分工还是社会分工，都得到了大幅度的扩展与深化。生产劳动与非生产劳动、精神劳动与肉体劳动、管理劳动与作业劳动明显区分开来。基于社会主义社会生产力结构的分工性特征，社会主义社会中生产与交往产生分离，尽管这种分离最终会完成体制上的统一。促成两者相统一的中介，即计划方案、生产条件的分配、运输、所得的分配等过程具有相对独立性，这从客观上深化了社会分工，这正是平田清明所提出的社会主义生产有机体的交往特性。社会主义生产力结构的分工特性与交往特性，要求社会主义社会必须针对实现人类欲望的诸多劳动机能进行有计划的分配。此时，需要一个能够衡量社会主义共同劳动中生产者的个体承担的标准，各劳动生产者从社会总产品中领取的个体份额也需要有一个具体的度量标准。

社会主义社会中对各项劳动机能的有计划的分配，一般是以当前"劳动时间"为标准的。马克思曾经对"劳动时间"标准做过如下表述：在社会主义社会中，"劳动时间具有双重作用。其一，对劳动时间进行有计划的分配，规定了实现各种欲望的劳动机能的正确比率。其二，劳动时间同时又成为共同劳动中生产者个体分担的度量标准，以及共同产品中个体消耗所对应的生产者的个体份额的分配尺度"。然而，在近代市民社会与资本家社会中，个体或个体的活动被看作完全私人的东西，即：

> 个体和个体活动的类本质被异化，社会尺度从外部被强加进来。正是由于个体劳动被认作私人劳动，私人劳动的社会意义只有在生产商品价值这一抽象层面上才可能体现出来。同样，正是由于个体被看作私人，私人的社会意义只有在作为商品的生产者及其所有者这一抽象层面上才能得到体现。此时，用衡量价值的内在尺度为劳动时间，直接的外部价值尺度为货币。①

平田指出，社会主义继承了市民社会中劳动时间这一价值尺度，但是，不同的是社会主义社会中将其直接指认为外部尺度，而非货币，从而扬弃了市民社会中的私有特征。扬弃了货币拜物教属性的货币，成为劳动时间这一度量标准的符号。此时，社会主义社会获得了可以对原本不可比较的个体和个体活动进行比较的可能性。正如平田清明所言："这一方面保留了市民社会的非人性，另一方面也利用了市民社会的合理性。"②在社会主义社会中，人只是单纯的劳动者，依靠用以衡量生产的劳动时间以及作为劳动时间度量标准的货币符号来对劳动者的劳动进行

---

① ［日］平田清明：『市民社会と社会主義』，116—117 頁，東京，岩波書店，1969。
② 同上书，117 頁。

考量，按照劳动者的社会贡献分配相应的生活资料。

在生产与分配的度量标准下，在支付劳动个体相应的劳动所得时可能会出现高低之分，而劳动熟练能力与劳动强度的不同会带来个体差异，因此，劳动个体的个体所有也有可能存在不同。因此，平田清明指出，社会主义的劳动权利事实上是不平等的权利，由此可见社会主义社会实际上并不是一个平等的社会。尽管如此，平田看到，正是由于社会主义社会是一个贯彻"不劳动者不得食"原则的劳动者的社会，它并不容许那些有劳动能力却不从事劳动的人存在，从这层意义上看，社会主义社会的不平等从全社会层面来看仍是公正的。此外，用以衡量劳动的劳动时间，是在个体劳动者的劳动过程中，直接地、具体地对其劳动进行度量的，而不是在劳动过程之后，由货币从外部对个体劳动者的劳动成果即产品的抽象价值进行度量的。从这一点来看，社会主义社会的劳动是公正并具有人性化的。因此，社会主义社会中的市民权利，相较于资本家社会中的市民权利，是一种更为公正且更为人性化的权利，社会主义社会确保了这种权利，从而实现了社会的发展。

平田清明指出，"所谓权利，从本质上讲，在将平等的原则适用于与之相对的不平等时，才是真正的权利"①，市民社会正是将法律上的平等原则适用于现实中的不平等的人身上，事实上社会主义社会亦是如此，平田由此提出，劳动的权利实际上是"市民的权利"（bürgerliches Recht），社会主义社会保障了这种"市民的权利"，"对那些试图破坏市民权利的人实施强制遵守政策"，这种"市民的权利"正是社会主义社会

---

① ［日］平田清明：『市民社会と社会主義』，118 頁，東京，岩波書店，1969。

中个体所有的法律保证。在平田那里，这种"市民的权利"的内容是社会主义协作中的个体劳动时间，从这层意义来看，"个体所有实际上是在共同的生产资料的基础上生产出来的社会财富，是社会的所有"①。因此，他认为将"个体所有"与"社会所有"看作两个相对立的概念，实际上是一种错误的理解；他们认为社会主义社会中的生产资料是共有的，而生活资料是私有的想法更是荒谬至极。平田同意马克思在《1857—1858年经济学手稿》中的说法，认为"个体劳动成为社会劳动或相反，即社会劳动成为个体劳动，真正在现实中实现"，这才是社会主义。

二、社会主义社会与国家

(一)国家的形成与职能

社会主义社会需要权利基准，需要人们来共同遵守，为此有必要设立一个国家机关，用来强制人们遵守权利基准，拥有强制力的国家权力机关的形成不可避免。马克思对市民社会与国家的关系曾有过明确表述，他认为政治社会即国家是"和市民社会并列并且在市民社会之外的独立存在"②。前者是上层建筑，后者是基础，两者是对立统一的、相辅相成的整体，马克思认为市民社会是"全部历史的真正发源地和舞台"，"在一切时代都构成国家的基础以及任何其他的观念的上层建筑的

---

① ［日］平田清明：『市民社会と社会主義』，119 页，東京，岩波書店，1969。
② 《马克思恩格斯选集》第 1 卷，132 页，北京，人民出版社，1995。

基础"①。按照这种逻辑，社会主义政治国家的背后应当存在一个与之相应的市民社会。然而，马克思并没有对社会主义的市民社会进行专门分析，究其原因，俞可平在其论文中对此做过如下分析：

> 在马克思看来，市民社会在资本主义条件下发展到了极点，市民社会与政治社会（即国家）的分离将随着资本主义的灭亡而消失；而在社会主义社会，政治国家从市民社会中夺走的全部权力都将返回社会，国家将不复存在，从而市民社会与政治社会的区分也就失去意义。②

但是，现实的社会主义社会进程与马克思的设想有所不同，国家非但没有消亡，反而愈发强大。

平田指出，在资本主义向社会主义的过渡时期，势必产生一个无产阶级专政的国家，一个由无产阶级领导的、最终扫除一切反革命势力的阶级国家，社会主义社会的国家权力机关，并非单纯的统治机关。他引用列宁在《国家与革命》中对社会主义的表述：社会主义是"不存在资产阶级（Bourgeoisie、资本家）的市民的（Bourgeois）国家"。平田指出，对列宁这句话的理解不能从建立在粗俗阶级史观上的阶级国家观来看，此句在这里指社会主义社会中的权利体系具有市民特征，因此，国家也是一种市民的国家，但生产资料不属于带有阶级性的私人所有者，即资产

---

① 《马克思恩格斯选集》第 1 卷，88、131 页，北京，人民出版社，1995。
② 俞可平：《社会主义市民社会：一个新的研究课题》，载《天津社会科学》1993 年第 4 期。

阶级或任一资本家。鉴于社会主义社会存在诸多客观的制约条件，劳动个体的劳动能力存在优劣之分，因而势必存在"市民权利、法的体系，存在市民的国家。此时的国家并不是带有阶级性的私人所有以及阶级领有与统治的物质手段"①。国家的职能不仅包括政治上具有鲜明阶级性的统治职能，还兼具面向市民的社会管理职能，需要对全社会的经济和公共事务进行管理，维系社会主义社会中劳动个体的权益，维护社会的稳定秩序。

平田在对国家的形成进行论述时指出，国家形成的过程是"第一次国家形成向第二次国家形成的转变过程"。第一次国家形成时期，国家保障社会分工过程中出现的私人所有；第二次国家形成时期，国家保证社会分工过程中出现的阶级的私人所有。社会分工的发展促成了"所有"和社会协作生产力的产生，形成维护私人所有的权利和法，同时也形成了社会协作生产力这一普遍利益。在私人的特殊利益与普遍利益的矛盾中，共同利益从私人利益中分离开来，并以一种独立的姿态外显出来，这就是国家的第一次形成。此时，独立个人通过权利、法的形式获取并分有客观的协作生产力。从这层意义上看，国家可以说是"生产关系"与"所有关系"的发展形态。平田特别强调，此时，社会普遍利益的承担者是拥有共同的"血统、语言和习惯"的种族或民族。国家保障社会分工过程中出现的带有阶级性的私人所有，是国家的第二次形成，只有当"第一次国家形成向第二次国家形成转变"，国家成为具有特殊阶级性质的个人对普遍协作生产力的掠夺或共有的形式时，现实的国家才真正形

---

① ［日］平田清明：『市民社会と社会主義』，121 頁，東京，岩波書店，1969。

成。市民社会只有在与政治国家分离的基础上才能形成，当私人利益凌驾于普遍利益并成为虚幻的共同体的决定性力量时，真正的市民社会才能诞生。此时，"以成文法律体系的形式存在的国家，实际上是阶级领有的物质机构，是用于进行阶级控制的强有力的机构。现实的国家是阶级的国家"①。随着阶级生产力的发展，原先的普遍利益向更高层次发展，原先的自然的种族或民族，也作为历史的民族向着更为文明化的方向发展。平田清明强调，离开了"分工"与"所有"等市民社会的基本范畴，就无法真正把握社会与国家的实质。

社会分工带来私有制，最终结果是形成国家，国家存在的目的就在于维护社会公平和公民的公共利益，以缓解社会矛盾，消解利益冲突。

> 这个社会陷入了不可解决的自我矛盾，分裂为不可调和的对立面而又无力摆脱这些对立面。而为了使这些对立面，这些经济利益互相冲突的阶级，不致在无谓的斗争中把自己和社会消灭，就需要有一种表面上凌驾于社会之上的力量，这种力量应当缓和冲突，把冲突保持在"秩序"的范围以内；这种从社会中产生但又自居于社会之上并且日益同社会相异化的力量，就是国家。②

一个阶级在试图对其他阶级进行控制，成为国家的统治阶级时，"必须首先夺取政权，以便把自己的利益说成是普遍的利益"③。当国家产生，所

①　[日]平田清明：『市民社会と社会主義』，100—101 頁，東京，岩波書店，1969。
②　《马克思恩格斯选集》第 4 卷，170 页，北京，人民出版社，1995。
③　《马克思恩格斯全集》第 3 卷，38 页，北京，人民出版社，1960。

谓"普遍利益"、"公共利益"成为统治阶级的"私人利益"时，国家中的个人所追求的是"自己的特殊的、对他们来说是同他们的共同利益不相符合的利益"，这让"私人利益"和"共同利益"的矛盾更为突显。马克思曾指出，在人类社会还存在私有制和分工的情况下，人本身就不能不受到各种外在物质力量的制约，而这些物质力量恰恰就是国家和社会发展的基础。

马克思曾经从"生产关系"和"阶级关系"的独特视角来阐述国家问题，他提出，"要在生产条件的所有者同直接生产者的直接关系……为整个社会结构，从而也为主权和依附关系的政治形式，总之，为任何当时的独特的国家形式，找出最深的秘密，找出隐蔽的基础"①。正如马克思唯物史观中生产力决定生产关系、经济基础决定上层建筑的基本原理，马克思在把握国家问题的时候，认为劳动分工的演化与生产力发展水平并不一致，阶级关系受到劳动分工关系的制约，在此基础上形成国家。国家

> 只是在社会发展的一定阶段上才出现一样……这些利益又是一定的社会集团共同特有的利益，即阶级利益等等，所以这种个性本身就是阶级的个性等等，而它们最终全都以经济条件为基础。这种条件是国家赖以建立的基础，是它的前提。②

因此，国家的本质具有二重性：一方面，国家作为上层建筑的重要组成部分必须履行社会公共管理职能；另一方面，国家是伴随阶级划分而产

---

① 马克思：《资本论》第3卷下，891—892页，北京，人民出版社，1975。
② 《马克思恩格斯全集》第45卷，646—647页，北京，人民出版社，1985。

生的，其行为准则必然是维护统治阶级的根本利益和地位。平田清明指出，资本主义向社会主义的过渡时期，势必产生一个无产阶级专政的国家，一个由无产阶级领导的、最终扫除一切反革命势力的阶级国家。此时国家有一个明显的特征，即具有阶级统治职能。

(二)市民社会与无产阶级专政

所谓"无产阶级专政"(dictatorship of the proletariat)，指的是无产阶级领导的、以工农联盟为基础的社会主义国家政权，这是无产阶级和资产阶级的阶级斗争的必然结果，也是达到消灭一切阶级和进入无阶级社会的过渡。

> 无产阶级将利用自己的政治统治，一步一步地夺取资产阶级的全部资本，把一切生产工具集中在国家即组织成为统治阶级的无产阶级手里，并且尽可能快地增加生产力的总量。[①]

当生产力高度发展，各方面条件成熟时，无产阶级专政将随着自己的历史任务的完成而逐渐消亡，全人类将进入人的全面解放的共产主义阶段。

平田清明在研究中指出，马克思首次公开提出无产阶级专政的命题是在《1848 年至 1850 年的法兰西阶级斗争》中，但这个命题并非马克思的首创。平田指出，法国革命家布朗基[②]在 1848 年法国二月革命，尤其

---

① 马克思、恩格斯：《共产党宣言》，48 页，北京，人民出版社，1997。

② 路易-奥古斯特·布朗基(Louis-Auguste Blanqui，1805—1881)，法国早期工人运动活动家、革命家、空想社会主义者，巴黎公社议会主席。他在《藉星永恒》(L'eternité par les astres，1871)中设想多元的平行世界，构成一种不可思议的永恒。

是巴黎无产阶级六月起义时，就已经向大众提出了这个问题。马克思将
布朗基在法国提出的"人民专政"、"无产阶级专政"的理论用一些马克思
社会认识的范畴系统地描述出来。马克思指出，

> 无产阶级就愈益团结在革命的社会主义周围，团结在被资产阶
> 级用布朗基来命名的共产主义周围。这种社会主义就是宣布不断革
> 命，就是无产阶级的阶级专政。这种专政是达到消灭一切阶级差
> 别，达到消灭这些差别所由产生的一切生产关系，达到消灭和这些
> 生产关系相适应的一切社会关系，达到改变由这些社会关系产生出
> 来的一切观念的必然的过渡阶段。[1]

平田强调，马克思从法国市民革命过程中确立无产阶级专政的命题并非
偶然。他指出，无产阶级专政的理论是以市民社会的发展为基础前提
的，市民社会具备了向资本家社会转化所需的社会发展成熟度，尤其是
丰富的民主主义政治生活，这是无产阶级专政理论的前提条件。法国是
一个经历了法国大革命这一古典市民革命的国家，在历史发展过程中逐
渐形成了市民社会，是市民的政治革命的产物。法国的政治变革，大都
是以旧王朝、旧帝室、旧领主或地主、大资产阶级、小资产阶级所代表
的各政治党派的议会协商或武装政变而告终，其政治对立带有市民战争
的特征，最终实现的是政治上的民主主义和民主主义共和制。革命的胜
利并不意味着无产阶级的成功，法国的市民社会孕育了独特的市民文

---

[1] 《马克思恩格斯选集》第 1 卷，462 页，北京，人民出版社，1995。

化，随着市民文化的不断发展，无产阶级越发感受到资产阶级民主主义的危险。经历过无数次革命之后的法国无产阶级，切身体会到资产阶级民主主义的空想性与危险性。此时无产阶级专政的命题便应运而生。其后出现的巴黎公社，也是无产阶级和劳动人民在巴黎建立的人类历史上第一个无产阶级专政政权的尝试。

平田在对无产阶级专政国家进行分析时提出了独到的见解，他指出，在资本主义向社会主义的过渡时期，"无产阶级专政国家与市民的国家同时存在。所不同的是，前者是随着旧的统治阶级的灭亡而消失的国家，后者是朝向共产主义阶段而逐渐走向消亡的国家"[1]。无产阶级专政是指无产阶级领导的、以工农联盟为基础的社会主义国家政权，是无产阶级和资产阶级的阶级斗争的必然结果，是达到消灭一切阶级和进入无阶级社会的过渡。平田认为无产阶级专政的国家与市民的国家并存，两者尽管从理论上可以相区别，但是在现实中容易引起混淆，因此我们很可能错误地认为无产阶级专政国家直接通向共产主义，平田将这一观点指认为 20 世纪 60 年代中苏论战激化的原因之一。不仅如此，平田还强调，倘若看不到无产阶级专政的国家与市民国家的区别，"很容易将无产阶级专政国家中的阶级统治职能，与市民国家中的市民的社会综合职能相混淆，市民国家中存在的市民间的矛盾，非敌我矛盾，很容易被混淆为阶级的、敌我矛盾，最终以暴力方式来解决市民间的非敌我矛盾"[2]。例如，斯大林认为，"社会主义建设越是前进，阶级斗争就越

---

① 　[日]平田清明：『市民社会と社会主義』，122 頁，東京，岩波書店，1969。

② 　同上书，123 页。

激化"的论断，正是将市民间的矛盾混淆为敌我矛盾的产物。

在平田看来，尤其是在非西欧地区的发展中国家，"社会主义国家形成之初，旧的共同体关系仍然顽固存在，个体要取得自身发展实际上非常困难"。由于生产力发展不足的限制，个体间的社会关系无法直接实现，因而，这"需要依靠国家，以及国家机构上的和理论上的领袖，真正实现和确保个体的发展"。然而，当国家与执政党混为一谈时，"政党的理论道德权威就会与国家的外部权力结合，从而执行对人的规范，最终结果是党的领袖作为国家代表执行神权政治"。此时众人崇拜的对象既非货币，也非资本，而是一种对领袖的个人崇拜。这是平田从当时社会主义国家的现实状况中提出的担心，他认为，对领袖的个人崇拜，是"将人异化为神，不同于资本家社会这一市民社会中的拜物教崇拜，而是一种对活着的人的人格异化"①。对此，平田提出缓解这种异化的方案，即劳动人民的自我认识得到发展，积极参加社会公共生活，被奉为神的领袖本人能够进行主动的、有组织的控制。但要从根本上消除异化，必须要扬弃滋生出异化的现实社会根基，扬弃落后的生产力结构，即消除残存的旧的共同体关系，扬弃市民社会中不成熟的个体与共同体关系。

平田清明同时指出，尽管无产阶级专政强调没收剥削者所有，但是这并不是简单地抹杀资本家的私人所有，更不是将资本家的私人所有从国家所有中排除出去，而是要求实现"个体所有的重新建构"，是个体的"改造"。平田认为，在社会主义社会中，个体能力有差异，因此需要寻求一种从法律上对"市民权利"的承认和保障。在保留一定市民社会特征

---

① ［日］平田清明：『市民社会と社会主義』，123—124 頁，東京，岩波書店，1969。

的社会主义阶段，市民法成为维护社会秩序的必需，国家要将过去作为公共职能而收归国家的社会职能"重新返还给社会"，由普通市民参与到国家管理之中。劳动者的自我解放是通过无产阶级专政这一政治形式，使劳动在经济上获得解放的，其本质是实现"个体所有的重新建构"，即实现"真正的"个体所有。

三、"社会主义体制下的市民社会"对中国社会的启示

平田清明依照马克思《资本论》中关于"重建个人所有制"的视点，在对"个体所有"和"私人所有"概念进行剖析的基础上提出了独特的"个体所有的再建构"理论和"社会主义体制下的市民社会"的全新设想。他认为个体所有的再建构是一个否定之否定的过程，是建立在以私人劳动形式存在的个体劳动基础上的"个体私人所有"向"资本家私人所有"的转变过程，即"资本家私人所有"对"以个体劳动为基础的个体的私人所有"的否定是一种否定，那么，对"资本家私人所有"的否定，则是对资本家社会进行革命的扬弃，也是一种否定。依据否定之否定的三段论逻辑，这是一种对"资本主义的私有制"的否定之否定。近代市民社会中被私人所有遮蔽了的个体所有，通过对资本家所有以及私人所有的一般性否定而被重新设定。为此，平田设想了一个否定之否定的未来社会，通过"个体所有"的概念将市民社会与社会主义结合起来，他认为未来的社会主义社会应该是一个以"个体所有"为基本所有制形式的社会。

唯物辩证法中的否定之否定规律指的是矛盾从潜在状态到矛盾的展

开、对立尖锐化阶段，再到矛盾的解决、产生新事物这一必然过程和发展趋势。否定之否定规律是哲学的基本规律之一，它揭示了事物发展的前进性与曲折性的统一，表明了事物的发展不是直线式前进而是螺旋式上升的。马克思、恩格斯批判性地继承了黑格尔的否定之否定思想，提出"两个相互矛盾方面的共存、斗争以及融合成一个新范畴，就是辩证运动"①，事物的发展过程"按本性说是对抗的，包含着矛盾的过程，一个极端向它的反面的转化，最后，作为整个过程的核心的否定的否定"②。因此，唯物辩证法中的否定之否定的过程是矛盾从潜在到展开，最后解决矛盾的过程，是一个破坏与继承、发展与联系相统一的过程。

马克思在法文版《资本论》第一卷第二十四章"资本主义积累的历史趋势"中曾指出，"否定之否定，重新建构的不是劳动者的私人所有，而是建立在资本家时代的产物，即包括协作与土地在内的所有生产资料的共同占有基础上的劳动者的个体所有"。马克思强调，"从资本主义生产方式产生的资本主义占有方式，从而资本主义的私有制，是对个人的、以自己劳动为基础的私有制的第一个否定。但资本主义生产由于自然过程的必然性，造成了对自身的否定。这是否定的否定"③。马克思所主张的否定之否定，并非"人所创造的对象世界的即人的采取对象形式的本质力量的消逝、抽象和丧失，决不是返回到违反自然的、不发达的简单状态去的贫困"④，而是在资本主义积累的基础上，在资本主义

---

① 《马克思恩格斯选集》第 1 卷，144 页，北京，人民出版社，1995。
② 《马克思恩格斯选集》第 3 卷，483 页，北京，人民出版社，1995。
③ 《马克思恩格斯全集》第 23 卷，832 页，北京，人民出版社，1972。
④ 《马克思恩格斯全集》第 42 卷，175 页，北京，人民出版社，1979。

时代的成就的基础上重新建立个人所有制。平田清明在马克思的这一观点的基础上，提出了个体所有再建构理论。

从对"个体所有"与"私人所有"两个核心概念的比较分析中我们可以发现，从共同体破坏到市民社会的形成，个体丧失了原本的共同性，取而代之的是私人所有的形成。马克思对市民社会的第二层规定，即伴随着"私人所有"的出现而形成的社会中，劳动成为私人劳动，所有成为私人所有。当市民生产方式向资本家生产方式转变时，大多数的直接生产者的私人所有被少数的大所有者占有，个体所有也逐渐形式化，以资本家领有形式存在的私人所有逐渐普遍化。平田清明在对马克思异化劳动理论的解读的基础上指出，市民社会中产生的异化现象从根本上看源自私人所有，从异化的产生到异化的扬弃，本身就是一个历史必然性的否定之否定的过程。当劳动者意识到"私人"的问题时，劳动者自然会要求夺回自身被夺走的"个体所有"，"重建"自身固有的"个体所有"，以及被"私人所有"隐蔽的"个体所有"。平田通过"个体所有"的概念将市民社会与社会主义结合起来，他认为未来的社会主义社会应该是一个否定之否定的社会，是一个以"个体所有"为基本所有制形式的社会。在平田看来，"建立在扬弃私人所有基础上的社会主义，实际上正是以协作、土地等生产资料的共同占有这一'资本家时期的成果'为基础，重建劳动者的个体所有的社会体制"①。社会主义社会是劳动者个体所有重新建构的社会，是劳动者个体的劳动以社会劳动的形式直接得以发展的社会，是人类劳动作为具体的个体劳动、社会劳动获得全面解放的社会。

---

① ［日］平田清明：『市民社会と社会主義』，143—144 頁，東京，岩波書店，1969。

简言之，平田清明从市民社会理论批判的前提，即市民社会与共同体两种历史存在形式的对立出发，讨论孕育市民社会的西欧社会与东方社会的差异，从"个体所有"、"私人所有"、"分工与交往"、"生产关系"、"阶级关系"、"市民社会与国家"等角度提出了自己独特的见解。在此基础上，平田提出了"社会主义体制下的市民社会"的全新设想，认为未来的社会主义社会应该是一个以"个体所有"为基本所有制形式的社会。平田的市民社会理论向我们客观地揭示了市民社会理论的实质与内含，将市民社会中具有现实意义与参考价值的思想与当前社会主义和谐社会的建构结合起来，对于有效推动社会主义中国的经济现代化、政治民主化和先进文化的建设步伐具有重要的现实指导意义。

(一)冲破亚细亚生产方式的禁锢

中国的市民社会与西欧成熟的市民社会相比较，根本差异在于生产资料所有制的不同。所谓"所有制"，是指经济主体对客体对象的占有关系，其中包括对客观的物质生产条件的占有关系、对劳动产品的占有关系，以及对人的劳动能力的占有关系。马克思在《资本主义生产以前的各种形式》一文中系统地考察了亚细亚的、古典古代的、日耳曼的三种不同的所有制形式，揭示了资本主义生产的历史前提和发展的必然趋势。平田清明通过对古典古代、中世纪特殊的市民社会的形成进行理论考察后得出结论，他认为意识到市民社会与共同体(collective)两种历史存在形式之间的对立，是市民社会理论批判的前提。平田认为，亚细亚共同体的生产力决定了其社会成员无法成为西欧语境下的个人，共同体成员无法实现真正的"所有"。尽管亚细亚地区在历经了悠久历史之后，同样产生了私人个体，但此时的国家，实际上已经成为阶级的国家，仍然带有强大的家父长制特征，其本质仍然属于统一的共同体，即"私人个体"具有共同体的特质。因而，在平田看来，亚细亚式思维方式使得私人个体产生之后兼具"私人的"和"共同体的"双重特性。这种社会状态下的人，"一般会在社会和国家公认的阶级秩序中确认自身活动的社会价值，而公认秩序之外的一切行为被认作毫无意义"①，这种特殊的亚细亚式思维方式在一定程度上影响了亚细亚共同体的生产方式。

亚细亚所有制在财产关系、政治关系方面都具有特殊性，这对于中国特色社会主义社会的形成产生了深刻的影响。首先，在财产关系方面，所有者和占有者是同一所有制主体的不同部分，"不存在个人所有，只有个人占有"。存在于单个成员之上的公社是"真正的实际所有者，财产作为公共的土地财产而存在"。但是，"在大多数亚细亚的基本形式中，凌驾于所有这一切小的共同体之上的总合的统一体表现为更高的所有者或唯一的所有者，实际的公社只不过表现为世袭的占有者……统一体本身能够表现为一种凌驾于这许多实际的单个共同体之上的特殊东西"，公共财产的真正前提正在于此。可见，所有与占有在东方特有的所有制形式下是相分离的，与之相应的财产关系是"总合的统一体"与单个的共同体之间、共同体与单个的成员之间的财产关系。因此，单个的成员与共同体紧密地结合在一起。其次，在政治关系方面，国家是最高的所有者，马克思将其称作"专制政府"、"专制君主"、"共同体之父"，国家在政治、经济、意识形态等方面拥有绝对的权力，统一体或是由部

---

①　［日］平田清明：『市民社会と社会主義』，145—146 頁，東京，岩波書店，1969。

落中一个家庭的首领来代表，或是由各个家长彼此间发生联系。① 同时，国家也是社会产品的主要所有者，剩余产品"属于这个最高的统一体"。由此可见，此时的国家带有明显的家父长制，单个成员被固定在共同体的锁链之上，"独立地在分配给他的份地上从事劳动"，而"统一体能够使劳动过程本身具有共同性，这种共同性能够成为整个制度"，家庭劳动和共同劳动构成亚细亚生产组织形式。

从亚细亚所有制的特点可以看出，亚细亚社会实行一种以公共占有为基础的土地所有制，是一个以农村公社为基础的专制制度，国家拥有最高土地权，是一个以自然经济为基础的以宗法血缘的社会关系为特征的社会。亚细亚所有制、亚细亚生产方式对于地处东方的中国社会产生了深刻的影响。社会成员在政治、经济、地域、血缘等方面对共同体都存在极强的依赖性，分工与交换发展迟缓，进而导致整个社会缺少生机和活力，生产力发展缓慢；家父长制的统治形式容易产生集权政治，社会成员缺少主体性。因此，要实现中国特色社会主义健康发展，首先要冲破亚细亚生产方式的禁锢，摆脱亚细亚所有制痼疾，营造文明、开放、和谐的社会。

(二)完善社会主义市场经济以保护个体所有

市民社会是社会中各个个体的私人利益的总和，是"国家政治生活之外的所有社会秩序和社会过程，它通常只有在把政治国家当作自己的

---

① 参见《马克思恩格斯全集》第46卷上，470—504页，北京，人民出版社，1979。

参照体系时才有意义"①。市民社会作为一个"私"的领域，包含各种民间组织机构、私营企业、家庭、个人私生活、社会运动等内容。马克思曾明确规定对市民社会的范畴："市民社会包括各个人在生产力发展的一定阶段上的一切物质交往。"②由于物质的经济利益处于个人的私人利益的首位，因此，作为个体的私人利益的总和，市民社会实质上意味着个人的物质交往关系。平田清明在讨论市民社会异化时指出，表面上看似分散的、具有排他性的市民社会，由于存在交换这一人的外部行为，实际上是一个具有社会连带性特征的社会。通过交换，人们实现了自己的劳动成果的价值，满足了自身的需要，独立存在的人和被分割的劳动被重新整合起来，形成"社会生产有机体"。因此，平田在揭露市民社会的异化所带来的消极影响的同时，也从积极的层面对市民社会进行思考，主张重建被"私人所有"所隐蔽的"个体所有"。正如马克思在《共产党宣言》中所言：共产主义之所以不同于其他主义，是由于废除的并非一般所有，而是市民（bourgeios，资本家）的所有，无产阶级的使命，是破坏此前个体所有的一切保障，以及此前用以维护个体所有的一切。因此，平田认为马克思所提出来的社会革命，实际上是去除个体所有已经具备的、已经存在的私有形式，将其还原为真正的个体所有，即真正实现个体的"类"的所有。

　　由于受到亚细亚生产方式的影响，中国社会长期以来高度政治化，家父长制的政治形式致使政府对社会生活实行全方位的管理，这种传统

---

　　①　俞可平：《社会主义市民社会：一个新的研究课题》，载《天津社会科学》1993 年第 4 期。

　　②　《马克思恩格斯选集》第 1 卷，130 页，北京，人民出版社，1995。

的社会主义模式在中共十一届三中全会后的一系列改革中发生了诸多改观，在某种意义上促进了社会主义市民社会的形成。例如，体制外经济得到发展；政府权力的下放和职能的转变；私人利益得到承认和鼓励，产权概念开始明确；个人的生活方式开始远离政治。这些改变都能表明，在中国的社会主义社会，"随着社会现代化进程的展开，市民社会与政治国家的边限变得日益明确，一个相对独立的市民社会开始作为抗衡政治国家的基本力量而逐渐显现"①。马克思从经济关系上规定社会本质，将市民社会看作市场经济中人与人的物质交往关系和由这种关系所构成的社会生活领域，而在市民社会领域中，经济关系具有决定性作用。市场经济是市民社会产生的基础，这种将产品和劳务作为商品通过市场交换来实现价值的商品经济、市场经济打破了国家对社会经济生活的高度控制，并且对物质利益的追求这一市场经济的基本精神，促进了社会主义社会的经济发展。

因此，中国特色社会主义的最根本任务是发展社会主义生产力，完善社会主义市场经济以保护个体所有，尊重和保护社会成员的基本权利，促进社会成员的积极性得到充分发挥，提高社会与经济效益。当然，在关心个人利益、重视财富创造和积累的同时，我们要注意预防市民社会的消极层面，即利己主义、不择手段谋取私利等不平等、不公正的情况发生，要遵守"公平竞争"、"等价交换"等市场经济的基本原则，规范市场秩序保证个体利益，构筑社会主义经济又好又快发

---

① 俞可平：《社会主义市民社会：一个新的研究课题》，载《天津社会科学》1993 年第 4 期。

展的客观环境。

(三)健全社会主义民主以维护个体精神层面的自我获得

平田清明指出，所谓所有，指的是"生产、交往、消费中的自我获得。生产无论在任何时代，都不仅仅是单纯的物质产品的生产，同时也是精神产品的生产"。在平田看来，

> 在物质产品的生产及交换、消费的过程中，人作为个体实现了自我获得，是个体所有重新建构的第一个内容。而所谓精神产品，即学问、艺术、信息的生产中个体的自我获得，以及在学问、艺术、信息的交换与享受、利用时个体的自我获得，是个体所有重新建构的第二个内容。①

可见，平田的"个体所有的再建构"，不仅要重新建构个体物质方面的所有，同时还要建构个体所有的精神内涵。在中国特色社会主义的发展过程中，平田认为不仅要关注物质文明的发展，同时也要保护社会成员的基本权利，保障人民不可侵犯的平等自由权利、独立自主的人格，保障人民了解和选择不同生活方式的权利。重视社会成员精神层面的自我获得，保障社会生活的多样性与丰富性，创造健康向上的人文环境。

市民社会是现代民主政治的基础，现代政治文明是在国家与市民社会的良性互动中形成并发展的。平田指出社会主义社会的国家权力机

---

① ［日］平田清明：『市民社会と社会主義』，106 頁，東京，岩波書店，1969。

关，并不是单纯的阶级统治机关，鉴于国家本质具有二重性，即国家在履行社会公共管理职能的同时，也维护统治阶级的根本利益与地位。在资本主义社会向社会主义社会的过渡时期，势必产生一个无产阶级专政的国家，一个由无产阶级领导的、最终扫除一切反革命势力的阶级国家。但此时，平田认为必须要注意切勿将无产阶级专政国家中的阶级统治职能，与市民国家中市民的社会综合职能相混淆，将市民国家中存在的市民间的矛盾，即非敌我矛盾，混淆为阶级的、敌我矛盾，最终以暴力方式来解决市民间的非敌我矛盾，要谨防"将人异化为神"的对领袖的个人崇拜。平田清明对市民社会与国家的分析、对无产阶级专政的国家的一系列阐述，为中国式社会主义市民社会提供了重要启示。

努力建设高度的社会主义民主是我国政治发展的根本方向。市民社会与社会主义和谐社会之间存在着诸多共性，譬如，二者均以经济为基础，以法治为中轴，以尊重和保护社会成员的基本权利为前提。具有自我独立意志和自由权利要求的个体在市民社会中可以表达自己的意志，自由发展，实现自身利益。而中国特殊国情下的市民社会具有一定的特殊性，中国的特殊历史原因带来了经济生活行政化、日常生活政治化占领市民社会领域的现实。因此，中国要健全社会主义民主，首先，要调整国家职能，政府权力适当下放，扩大社会自主空间，赋予社会组织以更多的独立性与自治性，以达到民主的最终目标，即人民的自我管理。其次，国家要扮演好解放和协调市民社会的角色。正如马克思所言，无产阶级专政的国家对社会来说仍然是一柄双刃剑。国家若成为自居于社会之上的相对独立力量，既可以促进社会发展，同时也可以阻碍甚至破坏社会发展。因此，在社会主义中国，国家要通过立法等措施保障市民社会领域的社会组织和个人具有独立的法律人格。同时，在保障其自治性质时，国家要为社会利益的博弈制定公平的规则，建立相应的法律法规制度，创设公平、公正的环境，并为博弈中的利益受损者提供社会保障方面的补救。在执行的过程中国家要消除特权，遏制利用职权进行权钱交易的行为，真正实现民主，即由人民对政府进行监督和制约，创建和谐稳定、科学发展的社会主义社会。

第六章 | **定位：平田清明市民社会理论的理性审视**

　　平田清明通过市民社会这一西欧理性的产物对日本进行适用性反思，对日本现代的社会进行批判性考察，其注重回归马克思原初语境的研究方法，为日本学界带来了一股重新解读马克思的新风。平田用市民社会范畴来解释马克思创立的新历史观，在批判性地继承先达的理论成果的基础上完成了新超越，提出了"市民社会向资本家社会的转变"、"个体所有的再建构"理论、"否定之否定"的未来社会等一系列独特见解。20世纪70年代之后，平田在多次赴法学习与研究之后，受到资本主义的强烈冲击，其西欧市民社会的理想化图景破灭，他继而转向对"自主管理社会主义论"和现代经济社会学的研究。20世纪80年代平田受到葛兰西文化霸权理论和法国调节学派的影响，其市民社会的概念内涵也随之转变。对平田各时期市民社会概念的特征性分析，有助于我们更为系统、理性地定位平田清明市民社会理论在思想史上的重要位置。

一、平田清明 20 世纪 60 年代市民社会理论的特征性分析

平田清明在 20 世纪 60 年代，通过对马克思历史唯物主义的重新解读，关注到若干马克思创立唯物史观时极为重要却在当代"马克思主义哲学"体系中"缺失的范畴"，他在此基础上提出独特的市民社会理解。平田的市民社会理论引起了国内外各界的广泛关注与激烈争论，给1970 年前后的日本学生运动带来了一定的影响，对该时期平田市民社会理论的特征性分析可以主要从以下三个层面展开。

(一)适用性反思与社会批判

平田清明的市民社会理论是基于对日本社会、国家的特殊性认识的。平田在对西欧与日本的社会状况进行比较分析的基础之上，通过市民社会这一西欧理性的产物对日本的适用性反思剖析日本的市民社会。在《市民社会与社会主义》一书中，他曾明确指出，

> 日本是一个坐落在单一列岛上的拥有单一语言的单一民族。在这里所形成的家族式社会结构，无法区分开国家与社会这两个范畴的差别。或者更准确地说，正是由于混淆了国家与社会这两个范

畴，更加促进了超越性国家理念的形成。①

平田意识到日本国家的特殊性，即"单一列岛上的拥有单一语言的单一民族"，使得日本很容易形成亚洲的家族式社会结构，并产生特有的国家与社会的关系，而这与欧洲社会的市民社会结构存在根本的差异。平田强调，欧洲市民社会结构与日本的差异是在分析日本市民社会之前必须要注意到的。

马克思的市民社会相关理论是以欧洲的社会生活关系、政治伦理、制度观念等为背景展开阐述的，但马克思对以亚细亚生产方式为特征的东方社会的特殊发展规律进行了考察，在《资本主义生产以前的各种形式》中提出亚细亚共同体、古典古代共同体和日耳曼共同体三种模式，并将研究目光投向了东方"自然形成的共同体"国家。通过对三种模式的比较研究后我们可以发现，亚细亚共同体的特殊性在于土地私有制的问题，社会成员"把土地看作共同体的财产，而且是在活劳动中生产并再生产自身的共同体的财产"，单个的人"只有作为这个共同体的一个肢体，作为这个共同体的成员，才能把自己看成所有者或占有者"②。在这样的社会中，不存在个人所有，公社才是真正的实际所有者，财产只是作为公共的土地财产而存在。这一点是与个人对土地完全私有的古典古代共同体和公有土地只是个人财产的增补的日耳曼共同体的最大区别。亚细亚地区的王权至上的土地所有制，衍生出"家父长制"的共同体

---

① ［日］平田清明：『市民社会と社会主義』，19 頁，東京，岩波書店，1969。
② 《马克思恩格斯全集》第 42 卷上，472 页，北京，人民出版社，1979。

特征，君主作为土地事实上的唯一的所有者，同时掌握着国家政权，由此，这个共同体的"大家长"控制着整个国家的全部政治权力，共同体中缺少如西欧那样的来自社会的与之制衡的力量。平田指出在以亚细亚生产方式为特征、被亚细亚原始思维模式所禁锢的东方地区，要完全理解市民社会的本质比较困难。

特别需要提出的是，平田所提到的"欧洲"特指的是"西欧"，即马克思所指认的《资本论》的直接适用范围，"东欧"社会并不包含在内。平田对"西欧"和"东欧"有过如下一段对比分析：

> 现今东欧社会的理性世界，正要求西欧市民社会形成期的各种思想向比社会主义更高的层次飞跃。在他们看来，向资本主义市民社会逆行的问题并不在考虑之列，只有社会主义市民社会的形成才是值得思考的问题。但是，市民社会概念是一个超越了体制变更的、贯穿历史始终的概念。而衍生出这一概念的现实基础究竟是什么呢？超越资本主义与社会主义体制差别、贯通始终的是社会分工，是人类个体生产与交往的分离与统一。而这种分离与统一促成了劳动个体从事社会劳动的重新形成，以及个体间的相互交往。尽管东欧社会较之西欧，其市民社会的形成相对迟缓，但是，现在随着社会主义建设原始积累阶段的结束，个体间的相互交流和交往的形式，作为一种社会主义更高层次的形态，正在思想理论层面被思考。①

---

① ［日］平田清明：『市民社会と社会主義』，37—38 頁，東京，岩波書店，1969。

可见，平田期待东欧社会主义国家的民主主义改革运动，以及西欧市民社会形成时期的"自由与民主"思想在东欧不断发展和完善。

(二)重建缺失的范畴

平田清明的市民社会论是在日本学界对马克思理解的缺失并对其进行重新思考中展开的。平田对若干马克思创立唯物史观时极为重要却在当代"马克思主义哲学"体系中"缺失的范畴"展开剖析，他指出，

> 据我所知，在马克思看来极为核心的经济学、社会学的诸多范畴——例如，所有、交往、市民社会——在此前的研究中都出现了缺失。不仅如此，那些我们耳熟能详的马克思主义专用术语，如生产力、生产关系、生产方式等，都失去了原先的理论内涵与思想性，从而成为极为空洞的话语。①

平田指出学界将诸如"私人"与"个人"这样的极为基本的概念混为一谈，而对于产生这一问题的原因，他明确表示："这里并没有指责译者语言能力不高的意思，实际上，真正的问题在于决定译者甚至广大国民思想的社会原始结构，即亚洲社会的家族式结构，才是问题的核心所在。"②可以看出，在平田那里，日本与欧洲社会的差异最根本的原因就在于"亚洲社会的家族式结构"。基于这样的原因，平田指出在亚洲这样的人

---

① ［日］平田清明：『市民社会と社会主義』，128 頁，東京，岩波書店，1969。

② 同上书，137 页。

无法成为真正的"个人"的地区，不可能形成真正的"所有"。

平田清明独特的"亚洲"观是对日本马克思研究的缺失进行思考后形成的。他强调对个体所有要重新建构，对"个体"（个人）与"私人"两个范畴不惜重墨进行阐述。他认为，"在包括日本在内的亚洲，并没有形成对个体的肯定认识。个体，一般就是非此即彼的两种类型，一种认为个体完全依附、归属于共同体，或者另一种认为个体是彻底追求个人私利的形式"①。这或多或少地受到了亚细亚思维模式的禁锢。平田指出，日本的马克思研究中"缺失的基础范畴"中首先要复原的就是"所有"概念，这里的"所有"并非"阶级所有"，而是从生产、社会分工中把握的"所有"。在社会分工体制中，个体劳动直接构成社会劳动，私人劳动则不属于社会劳动，由此引出"共同所有"与"私人所有"正是"所有"的本质区别的结论。独立存在的个体劳动、私人劳动，共同促进社会协作，这可以视作生产方式的基本形式。在这样的分工与协作的社会中，个体与个体之间产生物质上、精神上的交往，这是平田指认的第二个"缺失的基础范畴"——交往。

平田所提出的第三个"缺失的范畴"是"市民社会"，他认为市民社会在日本"只是一个外来的抽象概念而已。与此相对，欧洲的'市民社会'指的则是人类存在的具体形态"②。其原因在于亚细亚地区一般是以人的结合形成家族，因此社会与国家并没有明确的区分，日本亦是如此，日本被旧的亚细亚体系与原始思维模式所禁锢，无法真正把握社会与国

①　［日］平田清明：『市民社会と社会主義』，146 頁，東京，岩波書店，1969。
②　同上书，151 页。

家之间的差别。平田指出，这些马克思创立唯物史观时极为重要却在当代"马克思主义哲学"体系中"缺失的范畴"的出现，一方面是因为受到旧的亚细亚体系与原始思维模式的影响，另一方面来源于日本学界一直以来的粗俗阶级史观理论的缺失。第二次世界大战之后的日本学界往往从生产资料的所有与非所有的不同存在形式，将世界历史发展阶段进一步区分为"原始共产制→奴隶制→农奴制→资本主义→社会主义"，而平田认为马克思在《1857—1858 年经济学手稿》中早已明确提出历史认识的三阶段论，即第一阶段为共同体社会，第二阶段为近代市民社会，第三阶段为自由人的共同体，这是具有历史贯通性的人类普遍的形成过程。平田从"共同体→市民社会→社会主义"的逻辑来理解马克思的历史理论，指出社会主义是"个体所有的再建构"，因此这是"市民社会的继承"。只有去除个体所有的私有形式，将其还原为真正的个体所有，即真正实现个体的类的所有，才能真正走向共产主义。

(三)市民社会向资本家社会的转变

平田清明将马克思"市民社会"概念理解为"市民社会向资本家社会的转变"。在平田那里，近代社会的形成是"市民社会向资本家社会的不断转变"，是市民的社会关系向资本家的社会关系的转变，"近代的生产方式"实际上就是不断向资本家生产方式转变的市民生产方式，而这种市民生产方式又是在与旧时期生产方式的不断抗衡中发展的，继而转变为资本家生产方式。在这一过程中，经济基础发生变化，个人所有逐渐转变为资本家所有，政治的、道德的各种关系，也随之处于转变的过程中，现实的市民社会与资本家社会同时存在。换言之，平田认为它并非在资本家社会形成之前的某一阶段，历史上真实存在一个称为市民社会的社会。在平田看来，马克思的《资本论》第一卷全卷，就在讨论市民社会向资本主义社会的不断转变过程，并从理论上将其表述为该过程中各要素的重叠式发展过程①。市民社会向资本家社会转变的中介理论正是领有法则转变理论。在市民社会向资本家社会转变的过程中，国家发生变化，在从国家保障社会分工过程中出现的私人所有，向国家保障社会分工过程中出现的阶级的私人所有转化的过程中，国家成为具有特殊阶级性质的个人对普遍协作生产力的掠夺。

平田在对日本当时的社会现实进行批判的基础上，实现了对"市民社会"概念的软着陆。他认为，"市民社会中固有的、观念上的自由，是内部的自由，观念上的平等是法制上的平等。这是从观念上、法制上来确保从个人内部来认知现实中存在的不自由、不平等，并审视法的基准的人类精神"②。他主张从积极的意义上来对市民社会中的自由、平等进行评价。不仅如此，平田还将从马克思《资本论》中抽取出的日本马克思研究中缺失的核心范畴"个体所有"论，追溯到亚当·斯密那里。他认为，

---

①　依照平田清明对马克思《资本论》的理解，《资本论》第一卷第一篇"商品和货币"论，首先就市民生产方式的形态特征展开讨论；第二篇"货币转化为资本"论，从形式论上描述了市民生产方式向资本家生产方式的转变过程；第三、第四、第五、第六篇"剩余价值、工资"论，展开了对该转变过程的实体论阐述；第七篇"积累"论，明确阐述了以资本家积累形式表现出来的具有支配性的布尔乔亚形态；在卷末的第八篇，明确地揭示了该转变过程的历史的、理论的意义(参见［日］平田清明：『市民社会と社会主義』，東京，60 頁，岩波書店，1969)。

②　［日］平田清明：『市民社会と社会主義』，93 頁，東京，岩波書店，1969。

在未来社会中，个体劳动与个体所有实现真正的发展，而第一个为我们提供展望未来社会的理论视角的，是十八世纪首次从经济学角度对市民社会进行分析的亚当·斯密。①

平田的这一观点是对高岛善哉、内田义彦的斯密研究的继承。他认为马克思的社会理论中包含了亚当·斯密的"市民社会"概念，即自由、平等的人与人的关系，尽管市民社会在资本主义产生后隐蔽于阶级剥削关系之下，但是它在社会主义社会中可以真正得到全面实现。"市民社会"是民主主义的"社会主义"的前提条件，这或许正是平田想通过《市民社会与社会主义》的书名传达给世人的信息，他所设想的否定之否定的未来社会，是一个"个体所有"真正得以实现的社会。

二、理论延长线：遭遇葛兰西与法国调节学派之后

平田清明在 20 世纪 70 年代之后，曾多次赴法国巴黎大学进行学习与研究，70 年代末资本主义日新月异的发展变化对平田产生了极大的冲击，他开始关注日本企业发展中的共同体重组问题，并在 60 年代市民社会理论的基础上展开了"自主管理社会主义论"。平田在法国期间，从工人的自主管理运动中重新思考"个体所有"概念，指出"所谓个体性，

---

① ［日］平田清明：『市民社会と社会主義』，125 頁，東京，岩波書店，1969。

是指个体主动地相互联合成一个整体"①，平田在这里使用的"联合"的说法，实际上是 20 世纪 60 年代市民社会理论中"个体是社会的个体"、"社会所有即个体所有的再建"的另外一种表达方式。此外，对于马克思所提出的历史认识的三阶段论，即第一阶段为共同体社会，第二阶段为近代市民社会，第三阶段为自由人的共同体，平田从劳动与所有的角度，将其重新解读为"所有与劳动的同一性"到"所有与劳动的分离"，再到"所有与劳动的再融合"②，同时平田明确指出要将"社会分工"与"工场内分工"相区别③，这是从社会分工和协作与资本循环论的维度进行的讨论，是对直接生产过程中资本带来肉体劳动与脑力劳动的分离，继而形成支配与从属的阶级关系的批判与扬弃。

1972 年至 20 世纪 80 年代，平田在诸多杂志和期刊上发表论文，1982 年将这些论文编辑出版成为《关于政治经济学批判的方法叙述》（岩波书店）一书。从这本书中可以看出，1973 年至 1974 年欧洲之行使得平田的西欧市民社会的理想化图景破灭，平田开始将马克思的"市民社会"概念等同于"资本家社会"，同时认为马克思社会变革的理念不再针对"市民社会"，而是转向"联合体"（association）。在《关于政治经济学批判的方法叙述》一书中，平田在 20 世纪 60 年代市民社会论中所指认的"市民社会"是马克思研究中缺失的范畴的说法不再出现，取而代之的是"作

① ［日］平田清明：『個体的所有概念との出会い——労働と所有のディアレクティーク——覚え書』（上），『思想』1975 年 11 月号，107 頁。

② ［日］平田清明：『個体的所有概念との出会い——労働と所有のディアレクティーク——覚え書』（中），『思想』1975 年 12 月号，127 頁。

③ ［日］平田清明：『個体的所有概念との出会い——労働と所有のディアレクティーク——覚え書』（中），『思想』1975 年 12 月号，119 頁。

为市民社会的资本家社会"[①]的说法；与"市民社会"相关联的"个体所有"概念，也被指认为"内在于全布尔乔亚社会史中的自我否定的过程的积极表述，这是革命家马克思的理论概念，同时也是包括自身革命行为在内的联合体运动中日益显著的实践概念，是巴黎公社的现实化尝试"[②]。如此一来，平田清明先前指认为产生"个体"的"西欧市民社会"到了这里被"全布尔乔亚社会"的表述所取代，"个体所有的概念"也不再与"市民社会"相联系，而是开始与"联合体"(association)联系起来讨论。

由此可见，"市民社会派马克思主义"的中心人物平田清明此时已经逐渐改变了原本对"市民社会"的概念规定，从"市民社会派"转向了"联合体派"(associationist)。尽管如此，平田并没有抛弃"市民社会"的概念，在20世纪80年代后半期邂逅葛兰西的市民社会理论之后，从另一层意义上对这一概念进行新的定义。从20世纪80年代后半期直至1995年逝世，平田清明将研究重心转向对现代经济社会论的研究，晚年开始热衷于法国调节学派的理论，而促使平田真正进入调节理论领域进行研究的，是从邂逅葛兰西开始的。

(一)市民社会与文化霸权

西方马克思主义理论的重要代表人物安东尼奥·葛兰西，作为意大利共产党的创始人之一，1926年被捕入狱之后总结欧洲革命的失败与教训，在狱中写作著名的《狱中札记》，开创了对"市民社会"从社会文化

---

① ［日］平田清明：『経済学批判への方法叙説』，195—196、431頁，東京，岩波書店，1982。

② 同上书，199页。

领域进行理解的新维度。20 世纪 30 年代发起的市民社会的讨论热潮，将市民社会的研究视角转向从社会联系和文化的角度来规定市民社会，他们认为市民社会不仅仅是经济交往的领域，而且是自治的民间社团及其活动所构成的公共领域。葛兰西通过对社会主义俄国的社会现实的考察和研究，提出了独特的市民社会概念，对"市民社会"从社会文化角度进行了解释和界定，赋予其全新的内涵。

根据"市民社会"在《狱中札记》的不同语境中的运用，我们可以将葛兰西的"市民社会"概念归纳为三重含义。首先，葛兰西将市民社会指认为"一个社会集团通过像社会、工会或学校这样的所谓私人组织而行使的整个国家的领导权"，在葛兰西那里，"政治社会"指国家和政府政治活动领域，"市民社会"则作为一切"私人组织的总和"，代表着文化伦理和意识形态领域。其次，葛兰西认为市民社会与国家实为"同一个有机整体"，不同于将政治社会与市民社会区分开的自由主义思想，他反对将经济活动视为市民社会，否认国家的干预调控职能，提出"自由放任"也是一种国家干预政策。葛兰西强调市民社会与政治社会、国家的一体性，其目的在于强调市民社会的权力属性以及政治功用。最后，市民社会是一个"被调和了的社会（regulated society）"。葛兰西指出，真正的"被调和了的社会"必然出现于社会主义国家建立之后，"只要存在阶级国家，被调和的社会就只能是一种譬喻"。社会主义国家建立之后，尽管国家作为专政工具将继续存在，但是，发展的总趋势仍然是"由于越来越多的被调整了的社会（即伦理社会或市民社会）因素的出现，国家强制的一面将逐渐消亡"。由于葛兰西所提出的"被调和了的社会"的基本前提是"人人真正平等，具有同等的理性和道德风范，可以自发、自由地接受法律，无须其他阶级强迫"，因此，从某种意义上看，这具有乌托邦性质。尽管如此，葛兰西强调社会主义的建立必将推动市民社会的发展，社会将越来越依靠伦理和道德等非强制性力量来维系。

葛兰西将市民社会纳入上层建筑的范畴，他认为完整意义上的国家是政治社会和市民社会的结合体，并提出"国家＝政治社会＋市民社会"①的著名论断，强调现代国家意识形态领导权的重要性，将市民社会纳入上层建筑的范畴。葛兰西明确指出两种形式的上层建筑：

> 一个可称作"市民社会"，即通常称作"私人的"组织的总和，另一个是"政治社会"或"国家"。这两个阶层一方面相当于统治集团通过社会行使的"霸权"职能，另一方面相当于国家和"司法"政府所行使的"直接统治"或管辖职能。②

葛兰西使用"阵地战"来表述争夺"市民社会领导权"的斗争，同时认为这类斗争通常是以文化或意识形态对立的方式得以展开的。在市民社会权力关系上，它表现出"武力和同意，统治和文化领导权，暴力和文明"的二元结构，国家体现出"强力＋领导权"的双重性质。他主张统治阶级要维持对被统治阶级的统治，不能仅仅依靠强制性的、暴力性的国家机器，必须同时行使对被统治阶级的文化"领导权"。在葛兰西看来，在市民社会处于相对发达形式的社会中，政治的强制性逐渐消减，取而代之

---

① ［意］安东尼奥·葛兰西：《狱中札记》，葆煦译，222 页，北京，人民出版社，1983。

② ［意］安东尼奥·葛兰西：《狱中札记》，曹雷雨等译，7 页，北京，中国社会科学出版社，2000。

的是文化和意识形态的领导权的作用越来越显著。不仅如此，传统国家的性质与功能也开始发生某种变化。从这层意义上看，市民社会概念与文化领导权概念是不可分的。无产阶级要取得胜利，必须实施以争夺文化领导权为核心的文化革命战略。葛兰西的市民社会理论具有特殊意义，将人们的视线从经济交往领域转向意识形态和文化的领域，对后马克思主义的市民社会理论以及哈贝马斯的市民社会理论都产生了深远的影响。

葛兰西的《狱中札记》在第二次世界大战后的 1948—1951 年分专题出版，20 世纪 50 年代被译成英语和法语，在日本的公开出版是在 1961—1965 年，由合同出版社出版《葛兰西全集》（日文版，全六卷，代久二、藤泽道郎编），1975 年正式出版《狱中札记》（校订版，全四卷）。葛兰西的著作在日本正式出版之后，其思想被越来越多的学者关注到，平田清明邂逅葛兰西是在 20 世纪 80 年代后半期。平田受到葛兰西的影响，对“市民社会”概念进行了重新认识，赋予了其新的意旨。这个时期的平田正试图关照现实的实践课题，因此市民社会的变革理论成为关注点，平田对葛兰西的“市民社会”与“文化霸权”概念产生浓厚的兴趣。平田意识到在葛兰西那里，“市民社会”并不仅仅是经济层面的各种物质关系的总和，更是与精神层面的各种社会意识形态，与法和政治的上层建筑密切相关的社会生产、生活总体。这种市民社会位于各种经济关系之上，是连接经济社会与国家上层建筑的接合点，应被纳入上层建筑的范畴。资本和劳动的关系成为经济生产关系的前提，阶级斗争的“主战场”是能够获取同意、认同和妥协的“市民社会”。

平田清明在《现代资本主义与市民社会》一文中明确强调接受葛兰西“国家＝政治社会＋市民社会”的思想，并指出“历史变革的关键概念即市民社会概念"①。1989 年，在论文《葛兰西的市民社会概念》中，平田将葛兰西评价为"从霸权论角度讨论社会"的代表人物，同时他也是"为现代社会的调节（法语：régulation）理论奠定基石的人物"②。同年，在《市民社会与霸权》一文中，平田再次指出"市民社会"（civil society）"并非仅仅指区别于国家而存在的私人领域，而是社会性的'阶级斗争的阵地'，是性、人种、世代等诸多斗争的场所"，市民社会是"确立霸权的场所"③。

在与葛兰西的思想产生共鸣之后，平田意识到 20 世纪 60 年代在《市民社会与社会主义》中提出的"个体所有的重建"的思想，并非凭借革命就可以一蹴而就的，而是需要通过与思想的转换相结合的社会运动来逐步实现的。而这种运动即葛兰西所提出来的与直接夺取权力的机动战相对立的阵地战，市民社会内部获得霸权的战壕战，其实践的场所正是市民社会本身。国家建立于市民社会的基础之上，与市民社会内部的经济的、社会的再生产结构，以及市民思想的表现等因素密不可分。葛兰西主张市民社会是一个各种利害关系对立且并存的社会，国家的前提是同意而且要求同意，国家具有"强力＋领导权"的双重性质，因而市民社会不能仅仅依靠强制性的、暴力性的国家机器，必须同时行使对被统治阶级的文化"领导权"。"文化领导权"的确立不是统治阶级单方面自上而

---

① ［日］平田清明、山田锐夫、八木记一郎编：「现代资本主义と市民社会」，『现代市民社会の旋回』，6 頁，京都，昭和堂，1987。

② ［日］平田清明：『市民社会とレギュラシオン』，271 頁，東京，岩波書店，1993。

③ ［日］平田清明：『市民社会思想の古典と現代—ルソー、ケネー，マルクスと現代市民社会』，288、311 頁，東京，有斐閣，1996。

下的"文化操纵"过程，而是一个在从属阶级积极参与过程中不断获取他们的同意、认同的过程。因此，葛兰西认为"市民社会"实际上是一种"被调和了的社会"(regulated society)"，统治阶级在阶级妥协中通过强制与同意的方式最终实现霸权。在平田清明看来，葛兰西的这种将市民社会视作"被调和了的社会"的思想，从某种层面来看，正是将市民社会从政治方面进行调节(妥协)的体现，而这一点与在经济层面进行讨论的调节理论非常接近。

(二)现代市民社会与调节

平田清明对调节理论的研究，是通过葛兰西进入的。葛兰西通过对社会主义俄国的研究，提出了独特的市民社会概念，将市民社会视作各种利害关系对立且并存的社会，即调控后的社会。这种调控的妥协被物象化为一系列的制度，其最高形式是国家。妥协在政治社会集约至国家，最终形成霸权。葛兰西将市民社会视作调控的社会，在国家层面上统合起来。在平田看来，葛兰西的这种市民社会与国家论，很明显与调节理论非常接近。平田以葛兰西市民社会与国家论为媒介，在充分研究调节理论的基础上，试图对现代市民社会进行分析。这是平田清明现代市民社会认识的特征。

平田在20世纪80年代后半期至90年代共同执笔完成代表性著作四部，即《现代市民社会的回溯》(1987)、《市民社会与调控》(1993)、《葛兰西与现代世界》(社会评论社，1993)、《现代市民社会与企业国家》(1994)。从这些著作中可以看出，平田清明晚年的研究重点从马克思市民社会理论研究转向对葛兰西市民社会的浓厚兴趣，并且试图将尼科斯·普兰查斯（Nicos Poulantzas）和鲍勃·雅索普（Bob Jessop）的资本主义国家论与葛兰西市民社会论相结合，平田尤其关注市民社会领域的霸权问题，并由此展开对日本现代社会（尤其是企业社会、企业国家等）的分析考察。20 世纪 70 年代留学法国期间，平田接触到当时在巴黎风潮正盛的调节学派，开始意识到 20 世纪 60 年代在《市民社会与社会主义》一书中对马克思市民社会概念的解读，从某种意义上看是一种抽象的市民社会论。在调节理论的影响之下，平田开始真正从现实意义上对现代市民社会进行重新认识。调节学派是 20 世纪 70 年代下半叶以来，

> 出现在法国理论舞台上的一个重要的学术流派，这一学派中的大部分学者都聚集在法国的两个研究机构，即"面向计划的数理经济预测研究中心"（CEPREMAP）和"生产体制研究小组"（GRESP）中。[1]

鲍耶在对该学派使用法文"régulation"（英文 regulation）一词的含义时指出，"各种调节理论构成了一个研究领域，它集中关注分析资本主义经济的长期转变"。该学派继承了马克思的雇佣关系（雇佣劳动关系）与劳务关系，以及由一般等价物之货币所构成的流通关系等概念，不仅如此，从他们将大众消费与管理通货制纳入理论的维度进行研究来看，调节学派受到了马克思主义和凯恩斯主义经济理论的启发和影响，同时又

---

[1] 唐正东：《法国调节学派的后马克思主义经济哲学方法》，载《南京社会科学》2003 年第 12 期。

力图超越两者。所谓经济的调节（regulation），目的是使内在于雇佣劳动关系与货币制约中的矛盾达到动态的平衡，这并不是自然而然的均衡化，也非通过政府的介入而达到的，而是一种新的调节方式的确立，并且依赖于合理的对各种制度的准备。例如，价格信息，以及生产与消费的规范等都发挥了极大的作用。调节学派关注资本主义组织和运转的多样性，面对当时日本经济社会的发展状况，葛兰西理论引发了平田清明的理论共鸣，在他看来，葛兰西的文化霸权理论和"被调和了的社会"思想为市民社会指明了政治理论化方向，而此时法国调节学派的调节模式（mode of regulation）、积累体制（all accumulation regime）等重要思想为市民社会指明了经济理论化的方向。

　　总而言之，平田清明晚年在遭遇了葛兰西的市民社会思想之后，研究重心从马克思研究转向葛兰西研究、调节理论，以及现代资本主义社会的分析研究。平田清明的"市民社会"概念内涵也发生了转变，晚年平田不仅将"市民社会"几乎等同于资本主义社会，同时也将其视作"社会主义"变革的理念。20 世纪 80 年代之后的平田清明"市民社会"概念，相较于 20 世纪 60 年代的理论产生了一定的断裂，但从总体而言仍可以看出其延承性。在 1993 年写作的《市民社会与调节》（岩波书店）中，平田对"市民社会"做了如下解释：

　　　　现代市民社会的成员作为资本主义社会的劳动者，成为"时间的主人"，即赋予其作为基本的市民权和人权的时间权，这在市民的资本主义的社会结构中实现最基本的民主主义的发展。推进时间主权的确立，将这种妥协（同意）制度化，正是市民社会（société civile)成熟的标志。在这层意义上，市民社会的成熟形成了新的经济社会结构。这种市民社会的未来发展，使"自由人格的独立"在"自由地联合起来的生产者的联合体"中真正实现其可能。①

平田的这一市民社会观是在接受了葛兰西市民社会思想和调节理论之后得出的结论，尽管其中出现了"市民社会的资本主义"、"自由人格的独立"、"制度化的妥协（同意）"等不同意义层面的概念，并在 20 世纪 60 年代的市民社会概念的基础上扩大了内涵范围，较容易引起概念的混乱，但从总体上来看，他并没有忘记其 60 年代所提出的"市民社会"概念的初衷。

三、继承、超越与缺憾

(一)理论贡献：一个崭新的理论视角

自"市民社会"的表述在日本马克思主义者的著作中出现，日本学界就不乏对市民社会理论的研究，从 20 世纪 30 年代的"讲座派"提出的日本社会的特殊性认识，到由高岛善哉引领的 20 世纪 40 年代前半期的从亚当·斯密的研究角度来关注市民社会问题，再到第二次世界大战之后"近代主义"市民社会理论、内田义彦的纯粹的"一物一价"的市民社会理

---

① ［日］平田清明：『市民社会とレギュラシオン』，349 頁，東京，岩波書店，1993。

论，市民社会理论在日本得到了充分的发展空间。平田清明作为高岛善哉的弟子、内田义彦的学友，从马克思主义史学研究的角度讨论"社会主义与市民社会"的课题，要求马克思研究者重新认识马克思的市民社会概念，回归马克思的原初语境。平田清明用市民社会范畴来解释马克思所创立的新历史观，在批判性继承第二次世界大战前的"讲座派"、高岛善哉、内田义彦的理论研究的基础之上完成了新的超越。

平田认为，市民社会概念所谓何指，它不仅仅是对现代日本进行批判性考察的论点之一，同时也是贯穿于西欧社会众多科学研究观点始终的一个基本问题。马克思的过人之处在于，"通过对市民社会的内在批判，将建立在西欧理性之上的、对市民社会史的历史把握，真正用于人类解放的运动之中"，而日本学界的马克思研究的症结正是看不到马克思思想中的这一点，缺少对欧洲古典思想的内在性研究，因而对马克思所指认的市民社会概念的研究缺失。为此，平田主张还原马克思的原初语意，通过市民社会这一西欧理性的产物对日本的适用性反思，对现代日本社会进行批判性考察。其注重回归马克思原初语境的研究方法，为日本学界带来了一股重新解读马克思的新风。

平田清明在对市民社会中出现的"个体"、"个体劳动"、"个体所有"等概念进行研究时，关注到日本学界在马克思研究中缺失的若干基础范畴。对于产生这一问题的原因，平田认为除了二语互译时的译法问题之外，更重要的是"亚洲社会的家族式结构"问题。在平田那里，日本与欧洲社会的差异最根本的原因就在于"亚洲社会的家族式结构"，这一点与 20 世纪 30 年代的"讲座派"学者将日本市民社会的特殊性归结于"封建社会的残余"的观点比较接近。讲座派学者羽仁五郎[①]在 1932 年的论文《东方资本主义的形成》(《史学杂志》)中曾经指出，"基于亚细亚生产方式而产生的亚洲特殊性，必须要从日本社会由古至今的历史发展中去寻找"，即使到了现今社会，"仍然在帝国主义中对民众进行压制"，因而日本社会中的"亚洲特殊性"是一种具有历史贯穿性的规定。这与平田清明所提出的市民社会的历史贯通性的观点有异曲同工之意。

在对马克思研究中缺失的若干基础范畴进行研究时，平田发现其中的核心范畴"个体所有"论的源泉可以追溯到"十八世纪首次从经济学角度对市民社会进行分析的亚当·斯密"那里。这一观点是对高岛善哉、内田义彦的斯密研究的继承和共鸣。平田认为高岛善哉的主张尽管受到了日本现实研究现状的限制，但是，他指出分工既是生产力，同时也是生产关系，实际上他客观地提出了"分工"即"所有"的思想。平田认为高岛善哉对斯密学的研究，为其后从根本上对市民社会进行批判研究打下了基础。而内田义彦关注到高岛这一主张中蕴含的巨大意义，他认为正是高岛与大河内两位先达，将斯密的分工论作为价值论与生产力论的接合点来进行理论研究，开拓并发展了斯密学研究，并且通过对斯密学的研究将市民社会论作为历史科学在第二次世界大战后的日本真正确立下

---

① 羽仁五郎(1901—1983)，日本历史学家，日本马克思主义史学奠基人之一。1932—1933 年在野吕荣太郎主持的《日本资本主义发展史讲座》中，撰写《幕末社会经济状态，阶级关系及阶级斗争》等论文，出版《东方资本主义的形成》(『東洋に於ける資本主義の形成』，東京，三一書房，1948)。代表作有《转折期的历史学》、《历史学批判序论》、《羽仁五郎历史论著作集》(全 4 卷)等。

来。内田义彦在肯定高岛思想的重大意义的同时，批判性地指出，只要分工是劳动的组织，它就属于生产力的范畴；个人确认自我价值的过程即所有，实际上就是分工劳动，私人所有即分工，所有的第一概念即生产活动。平田清明指出，包括对立观点在内的日本斯密学研究成果，"克服了充斥在马克思研究中的撇开所有、分工论来谈生产力、生产关系论的不足，跨出了重建经济学作为历史理论的第一步"①。实际上，从接触到内田义彦的著作《经济学的诞生》对斯密"市民社会"思想进行的批判性分析之后，内田的从斯密研究来解读马克思的方式使平田大受启发，作为经济学家的平田清明开始思考从魁奈研究进入马克思的研究。事实证明，平田对魁奈的经济周期循环论及社会再生产问题的研究，为其后分析经济社会问题时提供了理论积淀和基础视角。平田从内田义彦那里接过了对东欧现存的社会主义体制中"市民社会"是否存在的问题的设定，从马克思主义史学研究的角度展开研究，提出了具有全新内涵的"市民社会"理论，完成了对先达的超越，为日本的社会批判提供了一个崭新的理论视角。

(二)日本学者视域中的平田理论思考

平田清明的市民社会理论自问世以来便引起了学界内外的广泛关注与激烈争论，20 世纪 70 年代的日本刊物上登载了为数众多的平田论，大多针对平田提出的日本现代化进程的、具有独创性的市民社会理念，以及平田对马克思《资本论》、《政治经济学批判大纲》等的理解进行批判

---

① ［日］平田清明：『市民社会と社会主義』，169 頁，東京，岩波書店，1969。

性的讨论，同时还出现了专门研究平田理论思想的杂志特集。时至今日，仍有不少学者对平田所提出的市民社会理论进行学术批判性研究。日本千叶大学法经学部野泽敏治教授在回忆起恩师平田清明时曾指出，当年的平田对日本学界将马克思主义视作简单的阶级一元论的做法极为不满，面对当时复杂的世界局势，平田试图从马克思的经典原著着手研究，还原其原初语意。他对马克思《1857—1858 年经济学手稿》和《资本论》的研究尤为突出，1969 年出版的《市民社会与社会主义》一书正式向学界还原了一个全新的马克思。

日本明治大学心理社会学大畑裕嗣教授在《日本的市民社会理论与映像》一文中，对平田及其理论做过如下评价："尽管平田清明可以视作内田义彦思想的继承者，但是，从对市民运动的影响力角度来看，其代表作《市民社会与社会主义》一书的社会影响力远在内田的著作之上。"① 他认为平田理论的辐射力至少可以从以下三个层面的分析得到体现。首先，平田在对马克思《资本主义生产以前的各种形式》的分析时指出，亚细亚的人类结合方式是"共同体"形式，同时具有"家族主义的"特征，因此，亚细亚地区不具备"市民社会"存在的先天要素，在亚细亚人看来，"市民社会"概念是一个难以理解的抽象的外来概念。其次，20 世纪 60 年代日本进入经济高速成长期，此时急速发展起来的"城市居民的社会形成"尽管可以体现"市民社会"的某些特质，但是，平田认为此时的"市民社会"理解仅仅体现了"资本主义社会的某种状况或是局面"，与马克

---

① ［日］大畑裕嗣：『日本における市民社会の理論とイメージ』，社会学部論叢，第 10 巻第 2 号，2000 年 3 月〔20〕。

思主义所提出的"市民社会"概念在实际意义上相去甚远。换句话说，在平田看来，日本在 20 世纪 60 年代自发形成的"市民社会"的社会现实，实际上并不适合用"市民社会"的概念来表述。最后，平田认为市民社会的本质是"自由人的联合体的社会主义"，社会主义在批判近代市民社会的同时，恢复了被资本家私有形式化了的内容。平田的功绩在于关注到了"市民社会"与"社会主义"的关系，指出真正的市民社会是在追求真正的社会主义的过程中实现的理想社会。

　　平田清明任教于名古屋大学时期的弟子、名古屋大学山田锐夫教授是日本调节学派的重要代表学者，他在《市民社会论与调节理论——平田清明先生的学问轨迹》①一文中对平田 20 世纪 60 年代市民社会理论在其整体理论中的位置问题做了阐述。他认为，平田在早期市民社会理论中始终贯穿着考察魁奈思想时期获得的研究视角，即生产资本循环和再生产结构的基础视角。70 年代之后平田在对马克思《1857—1858 年经济学手稿》的解读中，逐渐从"循环论"向"所有论"转变，这就是平田所提出的"领有权法"的展开，是资本的第一循环向第二循环转变的过程，其中"市民社会的所有关系"逐渐转变为"资本家的私人所有、阶级的剥削关系"，从"建立在以个体劳动为基础的个体的私人所有"向"无偿占有他人劳动的资本家私人所有"转变，是平田清明市民社会理论的内核。综合来看，平田的市民社会概念有三大要点。第一，市民社会是一种形成私人个体的自由平等的社会，这样的社会一方面不断产生个体所有，另

---

　　①　［日］山田锐夫：『市民社会論とレギュラシオン・アプローチ——平田清明先生の学問的軌跡』，见八木紀一郎他編著：『復元する市民論』，日本評論社，1998。

一方面促成个体所有向私人所有不断转化。第二，市民社会的关系不仅是日常的经济生活中的人与人之间相互交往的关系，还是法的、政治的、意识形态的，以及文化等多层面的关系总和。第三，市民社会是有别于资本家社会和资本主义社会的社会。

在 20 世纪六七十年代的日本，社会活动家们正在探索一种新的社会存在形式，平田清明的市民社会理论体系无疑为他们燃起了希望和斗志，在当时的社会中产生了极大的影响。然而，不可否认，平田对亚细亚共同体模式的分析，若把握不当，容易陷入"东方主义"（Orientalism）的框架，同时封闭了对日本社会进行现实分析的可能性。大畑裕嗣认为，80 年代之后的平田清明将研究重心放到了诸如法团主义（corporatism）理论①、调节理论这样的西欧先进理论上，并试图将此前的"市民社会"理论更加精练化，以应对后期资本主义中出现的新的社会现状。然而事实却是，平田越是吸收西欧的全新理论，其学术话语越是偏离了日本的现实。

日本法政大学吉田杰俊教授在《市民社会论》（大月书店，2005）一书中，对平田清明市民社会论中的三条重要观点分别展开了批判性阐述。第一，关于近代市民社会与资本主义社会的内在关系把握。平田主张近代社会的形成是"市民社会向资本家社会的不断转变"。在平田看来，马克思的市民社会是"私人所有的个人"作为平等的所有权者进行自由交往的社会，是个体在"生产、交往、消费过程"中的自我获得，即持有"个

---

① 法团主义（corporatism）理论，也被译为"社团主义"、"统合主义"、"工团主义"，以及"阶级合作主义"等。

体所有"的社会。在"生产与交往"的本质和"私人所有化"的异化假象之下，市民社会与资本家社会内在地联系在了一起。但是，在吉田看来，平田清明认为，"市民社会阶段本身在历史上并不存在"的主张，是一种过于理想化的抽象说明。第二，关于市民社会论视域下的历史唯物主义理解。在平田看来，马克思将分工与所有具有本质性差异的共同体（亚细亚生产方式）和市民社会概念置于对立的位置，并将之转化为以资本家生产方式为特征的市民社会生产方式，最终将生成与其相对立的共产主义。因此，有必要重构"近代"形成过程中丧失的共同体，并将形式化的个体所有"真实化"，即重建个体所有与共同所有的统一。吉田认为，平田"共同体→近代市民社会→共产主义"的历史逻辑，尽管起到了批判"简单的阶级一元论"的作用，但同时，过度强调"近代"市民社会的意义，容易忽视"历史是阶级斗争的历史"的阶级社会史观。第三，平田清明的社会主义观。在平田看来，社会主义的市民社会的继承，社会主义的社会所有，是对近代市民社会的个体所有进行否定的资本家社会的资本家所有的否定，即否定之否定的"个体所有的重新建构"。吉田认为平田理论关注到了此前马克思主义理论中未能加以重视的"生产与交往"史观，但是从结果上看，对阶级史观的轻视或多或少成为平田理论的局限性①。

综上所述，平田清明的市民社会理论在批判性地继承第二次世界大战前的"讲座派"、高岛善哉、内田义彦的理论研究的基础之上完成了新的

---

① 参见［日］吉田傑俊：『市民社会論—その理論と歴史』，301—305 頁，東京，大月書店，2005。

超越，为日本社会批判提供了一个崭新的理论视角，这是其在日本思想史上最为卓越的理论贡献。尽管由于理论背景和时代因素，平田理论不可避免地存在一定的局限性。20世纪80年代后半期，在遭遇了葛兰西的市民社会思想和当时在巴黎风潮正盛的调节学派之后，平田清明试图以葛兰西市民社会、国家论，以及调节理论为媒介，对现代市民社会进行分析，并开始在另一层不同的意义上使用"市民社会"概念，这使其后期市民社会概念的内涵产生概念混乱。尽管如此，不能否认平田清明在日本思想史上具有标志性的历史位置，其市民社会理论不仅深刻地影响了20世纪六十七年代的日本社会活动，同时影响了与之同时代的诸多日本学者。望月清司作为市民社会派马克思主义的另一位代表人物，在融贯了内田义彦、平田清明、高岛善哉、森田桐郎等人思想的基础上，形成了其马克思主义市民社会理论①。此外，森田桐郎、内田弘、山田锐夫等人均是受其影响颇深的日本著名学者。

(三)日本新马克思主义的理论碰撞与后续效应

日本是东亚最早研究马克思主义的国家，针对日本资本主义发展和

---

① 日本专修大学经济学部的村上俊介教授在《望月清司市民社会理论的形成过程》一文中，对望月清司市民社会理论的特征进行了概括，他认为其理论特征在于，"在这种作为生产和交换关系的市民社会中，他特别重视交换和分工，把交换和分工视为历史的基础，并试图从马克思书中读出这种分工史观"([日]村上俊介：《望月清司市民社会理论的形成过程》，载《哲学动态》2011年第9期)。吉田杰俊则认为望月清司是继承了平田清明对"市民社会与社会主义"的问题设定，并将其视作马克思的"历史理论"而进行系统化的(参见[日]吉田杰俊：《市民社会论——理论与历史》，305页，东京，大月书店，2005)。

自身特殊性而形成的诸多特色鲜明的市民社会理论，是日本马克思主义发展中的一个重要组成部分。20 世纪 60 年代日本新马克思主义诞生，在反对斯大林教条主义体系中形成了特定的马克思主义学术研究思潮。日本"新马克思主义"的概念是由南京大学张一兵教授提出的新学术范畴，用以指认第二次世界大战后日本出现的具有特殊意义的马克思主义研究流派，以 20 世纪 60 年代登上理论舞台的日本著名学者广松涉、平田清明、望月清司等为主要奠基人。他们既不同于从根本上追随苏联东欧的日本共产党正统理论家的"教条主义"，也不同于西方"人本学"的马克思主义，主张在当代学术思潮的对话中坚持和发展马克思主义哲学，针对马克思不同时期的文本进行集中讨论和重新建构。日本新马克思主义学者大多拥有广泛的学识，他们不仅有哲学的背景，还有经济学、历史学、政治学等各门类的专业知识积淀，因此，他们在批判资本主义和对马克思历史唯物主义进行理解时更为精准、敏锐和全面。

　　平田清明在对马克思市民社会问题的研究时发现，马克思在初涉市民社会问题时深受黑格尔理性国家观的影响，平田清明强调对马克思的重新解读应当首先从早期马克思的异化理论开始，并认为"马克思的经济学体系，本身就是通过扬弃早期异化理论继而形成晚期物象化理论而最终确立起来的"①，尽管马克思在《资本论》中几乎没有直接提及"异化"概念，但这并不意味着早期马克思的异化论已经消失。相反，这"正说明马克思从理论上更为深入地把握了异化论的现实内涵"②。这与广

---

　　①　[日]平田清明：『市民社会と社会主義』，182 頁，東京，岩波書店，1969。
　　②　同上书，202—203 页。

松涉对不同时期马克思世界观的逻辑判定不谋而合。广松涉认为以1845年为界，从"早期马克思"到"后期马克思"的世界观的结构有一个"从异化论的逻辑到物象化论的逻辑"①的质的飞跃。通过对《1844年经济学哲学手稿》中异化劳动、私有财产等的考察，广松涉发现青年马克思在此时提出的异化史观"蕴含着逻辑的自我破裂的必然性因素"②，继而马克思的"整个历史过程是作为人的自我异化和自我回复的运动过程来把握"的，到1845年《德意志意识形态》时其思想发生了变化，此时马克思对分工与私有财产的逻辑关系的阐述占据了重要位置，人与人的社会关系颠倒地呈现为物与物的关系，异化论逻辑被物象化论逻辑所取代。如此说来，广松涉对市民社会论、异化问题的研究，可以说是后来讨论物象化范式的广松哲学构境的重要出发点或隐性前提。

日本新马克思主义的另一位代表学者望月清司，在融贯了内田义彦、平田清明、高岛善哉、森田桐郎等人思想的基础上，形成了其马克思主义市民社会理论。韩立新认为，望月"历史理论"是建立在20世纪60年代日本马克思学界的三座高峰，即哲学家广松涉、历史学家大塚久雄、经济学家平田清明（在批判和吸收的基础上的综合和超越）③基础上的。我们从对望月思想的梳理中可以发现，望月接受了平田从"共同体→市民社会→社会主义"的逻辑来理解马克思的历史理论的观点，他

---

① 转引自[日]广松涉：《唯物史观的原像》，邓习议译，35页，南京，南京大学出版社，2009。

② 同上书，26页。

③ 参见韩立新：《马克思历史理论的新解释——关于望月清司〈马克思历史理论的研究〉的译者解说》，载《现代哲学》2009年第4期。

认为马克思对世界历史进程的描述是"本源的共同体(包含无中介的社会结构的共同体)→市民社会(作为共同体协作和分工关系异化形态的社会)→未来社会(由社会化了的自由人自觉形成的社会)"①的过程，这种突破传统机械决定论模式的主张，对于真正理解历史唯物主义大有裨益。

综上所述，平田对马克思不同时期的文本进行深层解读，还原其中的"异化"、"交往"、"分工"、"共同体"、"所有"、"物象化"等核心概念，试图将先前马克思主义研究中被忽视的市民社会论重新复位于马克思主义，这是日本新马克思主义研究中的通识。这种从马克思原初语境考察论证的方法，在哲学方法论上具有重要意义，值得我们去借鉴吸收。同时，该学派的学者在对日本社会的特殊性进行把握的基础上提出的独创性市民社会理论，对当下正在转型的中国社会发展同样具有重要的启示意义，并指出了一条新的道路。

---

① ［日］望月清司：『マルクス歴史理論の研究』，283—284 頁，東京，岩波書店，1973。

结　语　| 　平田清明市民社会理论在中国
语境中的当代反思

市民社会理论是马克思构建唯物史观科学理论体系过程中的一条重要线索，是马克思资本主义批判理论的起点。自 20 世纪 80 年代末 90 年代初引入我国，市民社会理论便引起了学术界和理论界广泛关注，哲学、政治学、经济学领域纷纷形成了所谓"市民社会理论热"。邓正来是中国学界关注市民社会较早的学者之一，他曾在论著中提到，市民社会这个问题在中国学界得到更为广泛的关注，有着其自身更为深刻的原因。一般来看，任何理论范式的出现和趋于普遍化，总是与特定时空下的社会制度紧密勾连在一起的，也是与具体的研究者对这种制度性背景和他们所认为的可欲的制度性安排之间的关系的认识紧密相关的。因此，"国家与市民社会范式在中国的兴起，可以说是在一定程度上反映了中国改革开放以来国家与社会关系的深刻变化以及相关论者对这些变化的认识与思考"①。

平田清明出版著作《市民社会与社会主义》是在 20 世纪 60 年代后半期，正值越南战争爆发，世界反战运动高涨的时期，而与此同时，苏联出兵占领捷克斯洛伐克，中国开始了历时十年的"文化大革命"，社会主义国家出现了前所未有的重大问题。此时，平田将目光投射到"市民社会与社会主义"的问题上，对既成的马克思主义理论，以及社会主义的根本问题进行思考，从这个层面来讲，平田理论具有极其重要的现实意义，这也是其理论给当时的日本社会带来巨大冲击的最为重要的原因之一。时至今日，平田在 20 世纪 60 年代提出的市民社会论对于我们社会主义中国，无论是经济现代化、政治民主化，还是先进文化建设的各个方面，都具有极为重要的现实指导意义。实际上，从 20 世纪 80 年代末90 年代初开始，中国便引入了市民社会理论，哲学、政治学、经济学领域纷纷形成了所谓"市民社会论热"。学术界与理论界对市民社会问题的广泛关注，正是对中国改革开放以来国家与社会关系的深刻变化进行深刻思考的体现。平田所提出的"个体所有"、"私人所有"、"分工与交往"、"生产关系"、"阶级关系"、"市民社会与国家"等方面的独特见解，为我们展示了一个全新的"社会主义体制下的市民社会"，这无疑为中国学界提供了一个新的研究视角。尽管平田清明市民社会理论的要核产生于 20 世纪 60 年代，但它深刻地揭示出社会主义市场经济条件下市民社

① 邓正来：《关于"国家与市民社会"框架的反思与批判》，载《吉林大学社会科学学报》2006 年第 3 期。

会发展的必然性以及拓展的可能性空间，值得深思。

一、市民社会在中国建构的必然性

马克思在《1844 年经济学哲学手稿》中曾经明确指出市民社会之于共产主义的不可逾越性，指出只有在私有财产、利己主义（市民社会的原则）充分发展的基础上，在积极扬弃"私有财产即人的自我异化"的前提下才能走向共产主义①。社会主义国家即无产阶级专政，是资本主义社会到共产主义社会的一个必经的过渡阶段，是一种"半国家"或"消亡"之中的国家②。共产主义高度发展时，国家将完全消亡，但在此之前，社会主义国家将充分发挥积极作用，维护社会公平和公共利益，缓解社会矛盾，消解利益冲突。社会主义市民社会的存在是有其必然性的，这符合马克思主义关于国家回归社会的基本原理。中国自 1956 年以来的社会主义发展进程，从一定程度上反映了平田清明的理论。

新中国成立以来的社会体制是在部分地照搬苏联模式③的基础上建立起来的，这种结构和体制在一定程度上存在许多无可避免的问题。例如，缺乏社会自主，这不仅反映在政治领域，而且也反映在经济、社

---

① 参见《马克思恩格斯全集》第 42 卷，119—120 页，北京，人民出版社，1979。
② 参见《列宁选集》第 3 卷，185 页，北京，人民出版社，1995。
③ "苏联模式"主要强调纯而又纯的公有制、高度集中的计划经济和按劳分配。这种模式曾经在中华人民共和国成立后的一段时间里起到积极作用，但之后问题和矛盾逐渐暴露出来，这也使得中国的社会主义经历了曲折的发展过程。

会、文化领域，即国家成为唯一的主导力量和具体的操作力量。在这种情形下，政治与经济、国家与社会、政治与文化之间的结构与功能被同质化，社会形成了经济、政治、文化等多个领域政治化的特征。经济领域的经济结构政治化(单一的公有结构，个体结构缺失)使得经济实体行政化，从而经济实体失去了自主的活力与自治的功能，这导致我国社会经济发展滞后，一直到改革开放才逐渐消解。党的十一届三中全会以来，特别是中共十四大确立社会主义市场经济体制的改革目标以来，通过对传统社会主义模式进行全方位、多领域的改革，党、国家和社会的活力得到充分迸发，改革全面推动了社会结构的巨大变迁和中国经济的高速增长，也同时促进了原有的社会政治权力关系不断重构和调整。

社会主义市场经济的发展，是市民社会在社会主义中国建构的最深刻的根源。马克思曾指出，

> 如果说经济形式，交换，确立了主体之间的全面平等，那么内容，即促使人们去进行交换的个人材料和物质材料，则确立了自由。可见，平等和自由不仅在以交换价值为基础的交换中受到尊重，而且交换价值的交换是一切平等和自由的生产的、现实的基础。[①]

自由、平等权利的萌芽与市场经济的发展是一致的，在这样的经济体制下，个人的主观能动性得到肯定，经济社会效益提高。然而，以市场经济为催化剂而产生的自由和平等权利带来了社会的分殊和贫富的差异。

---

① 《马克思恩格斯全集》第 46 卷上，197 页，北京，人民出版社，1979。

市民社会的利己主义如何消解，社会成员的积极性如何充分发挥，都有赖于国家和政府采取有效措施确保人民的私人财产不受侵犯和经济活动正常有序，这些措施有：政府权力适当下放，扩大社会自主空间，增强社会组织的职能，防范市民社会的消极层面。

市场化改革路向的确立是中国市民社会产生的基础，这条路径的开辟者是总设计师邓小平。邓小平改革开放之初就提出，市场经济不只限于资本主义国家，社会主义国家也可以搞市场经济。在这一方向的指引下，中国改革沿着市场化道路逐渐摸索、不断前进。邓小平在 1992 年南方谈话中旗帜鲜明地强调，计划和市场都是经济手段，在他看来，计划经济不等于社会主义，资本主义也有计划；市场经济不等于资本主义，社会主义也有市场。同年，党的十四大确立中国经济体制改革的目标是建立社会主义市场经济体制。1993 年"社会主义市场经济"载入宪法。党的十四届三中全会制定并通过了《中共中央关于建立社会主义市场经济体制若干问题的决定》，最终使中国市场化的改革在法律和政策上得到强力保障，也推动了中国市场化改革向纵深发展。正是在这种社会转型和空前规模的改革浪潮之下，中国社会主义市民社会才得以孕育、生成、发展，其中的主要推动力主要体现在以下方面。

第一，所有制的变革使社会越来越多元化。改革的不断深化和社会主义市场经济的发展，推动了中国经济成分的多元化和所有制关系的全面变革，计划经济年代传统的集体所有制和全民所有制被逐步改造，与之相应的是私营经济和个体经济获得突飞猛进的发展，外商独资企业、中外合资企业日益增多，其中尤以个体、私营和股份制经济最为引人瞩目，市场中出现了多种经济成分并存的局面。原本的阶层发生分化，新的阶层日益形成和壮大，当前中国社会结构已不再是传统的工人阶级、农民阶级、知识分子阶层，更重要的是出现了一个不断壮大的社会中间阶层和企业家阶层。同时，非行政化的经济、社会、文化领域的各种非政府组织和相对独立的社团大量涌现，日益成为社会、国家、民众之间的中介。上面所述为市民社会的生成带来了必不可少的主体要素。

第二，社会主体的自主性意识越来越强。在社会主义市场经济中，产权界限明确，正当的个体利益已经具有合法性，并且正在从制度上得到保障和鼓励。所有经济活动主体，都以平等身份进入市场，直接面向市场、自主经营。党的十八届三中全会明确指出，要发挥市场在资源配置中的决定性作用。从目前来看，个体与团体的活动越来越具有非政治的"私人"性质，在形式上它们或是通过自愿和契约而形成的团体或组织的活动，或是纯粹个体的活动。总之，它们都是独立的个体，具有较强的独立人格和自立意识，自由度也相对增强，这种个体性意识的增强与平田清明的"个体所有"、"私人所有"遥相呼应。

第三，相对独立的"社会空间"逐步拓展。改革开放以来，简政放权、转变政府职能是永恒的改革话题。党的十八大以来，习近平总书记更是把简政放权放到重要的位置，并提出了政府要实现"三清"，即权力清单、负面清单、责任清单。随着政府权力的下放，社会组织和个人已成为控制资源的有力的潜在力量。随着政府职能的转变，政府部门不再直接干预市场主体生产、经营的具体事务，政府活动的范围正在日益缩小，社会自主领域逐渐扩大。

第四，契约型社会在逐步建成。市场经济从某种意义上注重契约经济，在市场经济体制的逐步建立过程中，我国不断完善和制定了一系列的法律法规，为市民社会的发展提供了重要的法律保障。政府、企业、个体都按照相关的法律、制度、规则规范自身经济行为，这使得整体经济运转有了一个较为健全而科学的法治环境。党的十八大以来，习近平总书记又旗帜鲜明地拉开了全面依法治国的大幕，法治中国指日可待。可以说，市场经济环境下契约化已成为我国市民社会正常运行的基础。

第五，价值观逐步多元化。亨廷顿在《文明的冲突》一书中指出，现代化过程是价值观变迁的过程，中国改革开放的历史进程正验证了亨廷顿的观点。改革开放政策的实施和推进，促进了外国各种文化思潮的涌入，随之不可避免地促进了人们的价值观念、思想态度和思维模式的革故鼎新。在这个过程中，主体性的人们有两个方向的转变：一是重视现实的政策效果，注意获取各种利益和注重自我满足，人们的利益观念和主体意识大为增强；二是人们的私人生活领域正在大大扩展，并且越来越明显地区别于"公共领域"。

上述几个方面的特征表明，当代中国社会已经出现了诸多平田"市民社会"理论中所建构的基本构成要素，即相对独立的社会自治领域，相对独立的社会团体和非行政化的盈利性经济组织，它们分别从社会总体、社会个体以及个体的组织化程度三个层面上表征着中国市民社会的一般特征。

二、多重维度整体性构建中国的市民社会

当前，我国处于并将长期处于社会主义初级阶段，大力发展市场经

济是常态，因此，一个具有鲜明中国特色的市民社会的出现是必然的。通过对平田清明的市民社会理论的理解，我们可以发现，在实现"四个全面"战略布局和中华民族伟大复兴的中国梦的关键时刻，加快中国市民社会建构的步伐，必须充分发挥其与国家、经济的良性互动作用，促进我国经济、政治、社会、文化的持续、协调、健康发展。

第一，提高主体意识，应对经济发展的"新常态"。平田清明市民社会的核心理念是发挥市民社会条件下主体的能动因素。这对现在的中国形势尤为重要。美国社会学家英格尔斯曾经指出：

> 一个国家，只有当它的人民是现代人，它的国民从心理和行为上都转变为现代的人格，它的现代政治、经济和文化管理机构中的工作人员都获得了某种与现代化发展相适应的现代性，这样的国家才可真正称之为现代化的国家。①

当前，我国社会发展既面临着潜力足、回旋空间大的发展机遇，也由于国内外形势的深刻变化而面临着不少困难和挑战。2008 年国际金融危机后，随着世界经济格局的重新调整，我国正步入增长速度换档期、结构调整阵痛期、前期刺激政策消化期的"三期叠加"时期，国内形势面临着"三压"态势，即改革面临着深化攻坚的压力，经济缓慢下行的压力，社会转型面临着矛盾易发多发的压力。现阶段刺激中国经济发展的外部需求逐渐减少，

---

① ［美］英格尔斯：《人的现代化——心理·思想·态度·行为》，殷陆君编译，8 页，成都，四川人民出版社，1985。

能源、环境约束不断加大，国内传统的人口、资源红利等生产要素的比较优势驱动逐步减弱，而且各类社会风险挑战显性化、多样化。

新常态下的诸多困难，难免使国民产生"悲观情绪"和"焦虑心态"。发挥人的主体性因素，是走出这一困难的"良径"。要倡导发扬不怕困难、勇于担当、艰苦奋斗、埋头苦干、励精图治、大胆探索等优良品格和作风，为实现中华民族伟大复兴的中国梦创造精神动力。我们要增强信心，适应新常态，经济发展越是处于关键期，越需要凝聚人心、众志成城；越是处于改革攻坚期，越需要汇聚民智、增强合力，以平常心应对难以避免的挑战和危险。另外，我国经济发展中的创新动力不足，因此这需要激发人的创新活力，要重视人的需要与生产劳动的关系，人的需要与满足的关系，同时"现实的个人——有生命的个人——人的需要——物质生产——生产力和生产关系"的现实逻辑解决了创新动力、个体性的创新活力的问题，只有这样，整个社会和国家才有创新的美好蓝图。

第二，完善市场经济体制，巩固市民社会赖以建构的前提和基础。市场经济是市民社会产生的土壤，健全和完善市场经济体制，规范市场秩序是市民社会建构中的基础性工作，这是平田清明市民社会理论给我们带来的又一重要启示。平田指出，市民社会是社会中各个个体的私人利益的总和，它实质上意味着个人的物质交往关系。但是，这种表面上看似分散的、具有排他性的市民社会，由于存在交换这一人的外部行为，实际上是一个具有社会连带性特征的社会。正因如此，平田主张，在揭露市民社会的异化所带来的消极影响的同时，从积极的层面对市民社会进行思考，他主张去除个体已经具备的、已经存在的私有形式，将其还原为真正的个体所有，重建被"私人所有"隐蔽的"个体所有"。在发展社会主义生产力为最根本任务的中国，平田清明的这一主张具有极其重要的现实意义，为我们社会主义市场经济提出了建议。保护个体所有需要完善社会主义市场经济，尊重和保护社会成员的基本权利，促进社会成员的积极性得到充分发挥，提高经济社会效益。但与此同时，国家也要规范市场秩序以防范市民社会的消极层面，即利己主义、不择手段地谋取私利等不平等、不公正行为。

当前，我国市场经济体制还不成熟，市场体系也不太完善，市场规则不太统一，市场秩序不太规范，市场竞争不太充分。因此，国家应完善宏观调控体系，建立适应市场经济要求的现代企业制度和统一开放的市场体系，进一步转变政府职能，划清政府的边界，进一步发挥市场的基础性作用，建立科学的收入分配制度和多层次的社会保障制度，促进契约性规则的发展和成熟，进一步完善市民社会建构所必需的精神与行为方式。

第三，深化政治体制改革，建立良性的国家与市民社会的互动关系。发展民主政治是平田清明关于社会主义条件下的市民社会的重要方面。从世界现代化发展模式来看，中国现代化属于"后发—外生型"模式，改革开放的进程主要是通过国家政治权力启动的，权力推动了经济体制转轨而使中国走上现代化的道路。因此，中国市民社会的建构带有很强的主体拉动色彩。虽然这种模式在初期作用明显，但是，随着实践的推移，这种模式会带来许多需要克服和解决的问题。譬如，法治因素薄弱，一些行为规范缺乏法律准绳，执法机制受阻现象比较突出；民主制度还不够健全，有法不依、执法不依、违法不究的现象不同程度地存在；民主政治尚未完全法治化，民主政治尚存在一定程度的非规范性。

又如，权力制约和监督机制有待进一步完善。这主要因为长期以来封建传统文化对人们的影响根深蒂固，自主、参政、开放的心理意识比较淡薄，唯书、中庸、守旧的心理意识比较突出。当前，权力监督存在的问题主要有：比较注重党政监督，而人民代表大会监督、人民政治协商会议的民主监督与社会监督缺乏有效的整合机制，没有形成监督合力效应；某些领域的监督"真空"、"滞后"，没有足够的人力及时配置新的监督力量，腐败也会产生；对"一把手"的监督有待加强，要防止形成超越权力、权力滥用的"虚监"现象。这些因素决定了中国社会主义政治建设是一个长期的历史进程。① 所以，当前我国应主要着力于政治民主化及政府职能转变：一要发挥党的领导作用，推动政治民主化进程；二要转变政府职能，实现政府行为的法治化、政府决策的民主化和政府权力的多中心化。

第四，补足精神上的"钙"，优化市民社会的"文化生态"。中国曾长期处于封建社会，国人受不良的封建传统观念的影响很深，再加上我国农村人口众多，且文化水平较低，因而提高国民文化素质，改造国民性的任务任重而道远。文化精神的科学建构是社会主义条件下市民社会的重要任务。从历史来看，中国现代化的过程挤压了精神重建。鸦片战争后的中国人"对中心地位丧失的痛心以及追赶西方的急切民族心态，使中国现代化征程中陆续出现的先进思想观念都没有能够通过深层的文化

---

① 参见王海军：《当前我国民主政治建设存在的问题及其对策研究》，载《长白学刊》2004 年第 3 期。

启蒙逐渐渗入中国人的精神世界与精神文化之中"①。改革开放以来，在"时空压缩"的大背景和追赶战略的牵引下，我们一段时间内更多地注重"看得见"的物质成果，相对于物质文明的"高楼大厦"，精神文明建设的大厦尚未高高立起。与此同时，中国社会整体正处在从传统向现代的转型时期，传统文化、现代性的冲击势必对中国人的精神世界与精神文化生活构成强有力的冲击，这成为当前中国全面深化改革、继续推进现代化的深层阻滞。客观来讲，精神懈怠的风气在一定程度上还存在。比如，党内理想信念的趋势和"为官不为"现象；生长于优越环境下而滋生出的"厌恶劳动、娱乐至死"等流行意识，影响着青少年的身心健康；以循环论反对创新论、以经验积累抵制理性反思、以人情反抗法治等现象所形成的"潜规则"在社会一定范围内存在，这既不利于建构现代化所要求的自由、科学、民主等意识与精神，也不利于社会契约精神、经济理性化、个人主体意识、管理科层化等现代性因素的发展。因此，现阶段国家政府急需从改造社会个体入手，提高个体的精神文化水平，培养社会成员的积极的公民意识、观念和能力，造就适应现代市场经济和民主政治的社会个体，塑造其主体与自主意识，不断强化市民的独立自主和平等的品格。

第五，培育社会中间阶层和社团组织，加快市民社会主体的形成和促进其壮大。在市民社会的结构体系中，中间阶层是当前中国着力打造的群体。总体上看，现阶段中国的阶层结构是"金字塔"形，即上层群体

———————————

① 王海滨：《精神重建与中国现代性的建构》，载《马克思主义与现实》2015 年第 2 期。

小、底层群体大。中间阶层数量的增加和规模的扩大对市民社会的稳定发展影响深远。市民社会的主体主要是现代城市市民，也包括初经市场经济和现代民主洗礼的现代农村居民，乡村自治和城镇化工作也应引起同样的重视。要放手发展民营经济，促进中间阶层不断壮大。政府对于民间组织要从政策上进行引导，在行政上加强合作，在法律上加强规范调节，从而实现政府与民间组织的双赢。平田清明在对 20 世纪 60 年代世界局势进行认真研究之后得出结论：社会主义社会的国家权力机关，并不只是单纯的阶级统治机关，还应当在维护统治阶级的根本利益与地位的同时，履行社会公共管理职能，要明确分清各种社会矛盾，谨防"将人异化为神"的对领袖的个人崇拜。平田主张建设高度的社会主义民主，消除特权，以法律规范保障社会个体的正当权益。

可以说，中国市民社会的建构是一项系统工程，它的发展与成熟势必会经历一个漫长的时期。在抓住重点环节的同时，我们应注意各个方面的衔接和配套，在实践中既要循序渐进，又要大胆创新，才能在不违反客观规律的基础上，加快具有鲜明中国特色的市民社会的建构，推进中国社会的现代化进程。

1922 年 8 月 17 日东京千代田区　出生

1947 年东京商科大学(现一桥大学)毕业

1949 年东京商科大学 特别研究生毕业

1950 年横浜国立大学横浜经济专科学校　工作

1952 年横浜国立大学经济系　副教授

1959 年崎玉大学经济短期大学部　副教授

1965 年名古屋大学经济系　副教授

1970 年名古屋大学经济系　教授

1978 年 4 月京都大学经济系　教授

1982 年 1 月京都大学经济系主任、研究生院经济学研究科长(1984 年 4 月之前)

1984 年 4 月巴黎第七大学以及巴黎第三大学 客座教授(1985 年 10 月之前)

1986 年 3 月京都大学　退休

1986 年 4 月神奈川大学经济系　教授

1988 年 9 月京都大学　名誉教授

1990 年 10 月神奈川大学　副校长（1993 年 3 月之前）

1993 年 4 月立命馆大学产业社会学系　客座教授

1994 年 4 月鹿儿岛经济大学　校长

1995 年 3 月 1 日鹿儿岛大学附属医院　逝世，享年 72 岁

1995 年 4 月鹿儿岛经济大学　大学葬，戒名：经学院授法清明居士

　　平田清明代表作

（一）代表著作一览

1. 《社会思想史概论》（岩波书店，1962 年 4 月）

2. 《经济学的创造——"经济表"与法国革命》（岩波书店，1965 年 7 月）

3. 《市民社会与社会主义》（岩波书店，1969 年 10 月）

4. 《经济学与历史认识》（岩波书店，1971 年 8 月）

5. 《社会形成的经验与概念》（岩波书店，1980 年 2 月）

6. 《新的历史形成的探索》（新地书房，1982 年 9 月）

7. 《关于政治经济学批判的方法叙述》（岩波书店，1982 年 10 月）

8. 《〈资本〉注解》（1 日本评论社，1980 年 7 月；2 日本评论社，1981 年 2 月；3 日本评论社，1982 年 5 月；4 日本评论社，1983 年 3 月）

9.《与异文化的接口》(世界书院，1987 年 6 月)

10.《通往自由时间的接口》(世界书院，1987 年 6 月)

11.《市民社会与调控》(岩波书店，1993 年 9 月)

12.《市民社会思想的古典与现代——卢梭、魁奈、马克思与现代市民社会》(有斐阁，1996 年 10 月)

(二)合著

《社会思想史概论》(高岛善哉、水田洋著，岩波书店，1962)

《转换期的思想》(宫崎义一、筱原一著，新地书房，1978)

《现代市民社会与企业国家》(山田锐夫、加藤哲郎、黑泽惟昭、伊藤正纯著，御茶水书房，1994)

(三)编著

1.《社会思想史》(青林书院新社，1979)

2.《经济原论——市民社会的经济学批判》(青林书院新社，1983)

(四)合编

《现代市民社会的回溯》(山田锐夫、八木纪一郎编，昭和堂，1987)

(五)译著

1.《政治经济学概论》(萨伊著，大月书店，1953)

2.《近代法国社会思想史》(塔尔德著，米诺娃书房，1958)

3.《后社会主义》(A. 泰勒著，新泉社，1982)

4.《信息与能源的人类科学——语言与工具》(杰克·阿塔里著，日本评论社，1983)

5.《魁奈经济表》(岩波书店，1990)

附录三 ｜ **平田清明文本年表**①

序号	年份	发表月	种类	文本	出处
1	1940	10	评论	《托尔斯泰〈安娜·卡列尼娜〉论》	《一桥学报》(一桥大学)
2	1942	5	谈话	《改革的精神与现实认识》	《一桥学报》(附录)
3	1947	9	毕业论文	《关于地租论的若干问题》	一桥大学
4	1948	12	论说	《差额地租的源泉——山田胜次郎〈地租论论争批判〉研究》	《理论》季刊第 7 号(新书研究专栏,理论社)
5	1949	2	论说	《为了学问的自由与民主主义的拥护》	《大仓高商报》第 7 号
6	1950	4	翻译	《马克思〈哲学的贫困〉》	《马克思恩格斯选集》第 1 卷下《新世界观的形成:共产主义通讯委员会》(马克思列宁主义研究所编,大月书店出版)

① 参考文本:『平田清明著作＝目録と解題』,浅井和弘编集;『「平田清明著作＝目録と解題」への補遺とその後の追加』。这两份资料是由平田清明的弟子收集整理而成的,未公开出版,笔者 2010 年留学日本期间,获平田先生的弟子浅井和弘、野泽敏治等教授所赠。上述文本,由笔者按照时间顺序(1940—1995)整理翻译形成。

续表

序号	年份	发表月	种类	文本	出处
7	1950	5	论说	《恐慌论笔记》	《东京经济大学学报》第 21 号（原《大仓高商报》）
8		9	翻译	《给〈祖国纪事〉杂志编辑部的信——马克思写给米哈伊洛夫斯基》（1877 年 11 月）	《马克思恩格斯选集》第 13 卷上《国家论·俄国社会论》（马克思列宁主义研究所编，大月书店出版）
9		9	翻译	《马克思〈给维·伊·查苏利奇的信〉》	《马克思恩格斯选集》第 13 卷上《国家论·俄国社会论》（马克思列宁主义研究所编，大月书店出版）
10		10	翻译	《列宁选集——战略、战术》第 1 卷第 1 分册、第 2 分册	晓明社
11		11	评论	《年纪灵魂的跃动——正值"文艺复兴"之时》	《横浜国立大学学报》第 9 号学生时评专栏
12		11	辞典	《世界思想辞典》（高岛善哉、古在由重、高桑纯夫、中村元编集）	河出书房
13		12	论说	《魁奈〈明证论〉中的感觉论与偶因论》	《Economia》第 3 号（横浜国立大学经济学会）
14		12	—	《〈地租论争〉——以〈虚伪的社会价值〉为中心》	《经济学人》28 卷第 34 号（书评专栏，每日新闻社）
15	1951	2	翻译	《国富论序文》	《亚当·斯密国富论讲义》第 3 卷（高岛善哉编，春秋社）
16		5	书评	《列斐伏尔·笛卡尔》	《一桥论丛》25 卷第 5 号（一桥大学一桥学会编集，日本评论新社）
17		7	论说	《魁奈与亚当·斯密——〈国富论〉第 4 篇〈重农主义〉批判》	《亚当·斯密国富论讲义》第 3 卷（高岛善哉编，春秋社）
18		8-10	翻译	《列宁选集——战略、战术》第 2 卷第 1 分册、第 2 分册；第 3 卷第 1 分册、第 2 分册	晓明社

续表

序号	年份	发表月	种类	文本	出处
19	1951	10	论说	《魁奈的动物生理学〈经济动物〉与政治经济学〈经济与政治〉》	《一桥论丛》26 卷第 4 号（一桥大学一桥学会编集，日本评论新社）
20		10	论说	《农业问题的盲点——土地改革与农民阶级的分解过程》	《东京经济大学新闻》第 33 号（东京经济大学新闻会）
21	1952	9	论说	《重农主义与经济科学》	《Economía》第 4 卷第 1/2 号（横浜国立大学经济学会）
22		9	论说	《通货紧缩与世界范围的经济萧条》	《第一经济》秋季特别号
23		11	学会发言	《重农学派的价值论》	经济学史学会第 6 届全国大会，神户大学
24	1953	2	短篇	《社会科学与伦理——一种人本论》	《横浜国大清水丘评论》第 3 号（世界思想研究会）
25		5	论说	《重农主义的形成》（Quesnay）	《经济学原典：从重商主义到马克思主义》（伊坂市助等编，同文馆）
26		5	论说	《地租论争的问题点》	《资本论的讨论》第 5 分册（民主主义科学者协会、全日本学生社研联合编集，理论社）
27		5	翻译	《约翰·巴比〈经济学基本原理〉》	大月书店
28		6	短篇	《以创学风运动为契机》	《学风》第 1 号（长州研讨班编委会）
29		6	论说	《以实现和平经济为目标》	《经济评论》第 2 卷第 6 号（日本评论新社）
30		12	书评	《内田义彦〈经济学的诞生〉》	《图书新闻》第 224 号（图书新闻社）
31	1954	1	辞典	《哲学事典》（林达夫、野田又夫、久野收、山崎正一、串田孙一编集）	平凡社
32		4	讨论	《经济学理论与人的问题》（游部久藏、水田洋、宫崎犀一、横山昌彦、平田清明、平濑巳之吉、内田义彦）	《经济评论》第 3 卷第 4 号（日本评论新社）

续表

序号	年份	发表月	种类	文本	出处
33	1954	5	论说	《地租与农业资本主义》	《经济学讲座》第1卷《资本主义经济的基础原理》第7章(游部久藏、长洲一二编,大月书店)
34		5	辞典	《政治学事典》(中村哲、丸山真男、辻清明编集)	平凡社
35		6	辞典	《经济学事典》(青山秀夫、都留重人、胁村义太郎编集)	平凡社
36		6	翻译	《凯恩斯〈巴斯夏论〉》	《古典学派——经济思想发展史Ⅱ》(H. W. 斯皮格尔编,越村信三郎、长洲一二等监译,东洋经济新报社)
37		10	翻译	《阿莱维〈西斯蒙第论〉》	《社会主义与历史学派——经济思想发展史Ⅲ》(H. W. 斯皮格尔编,越村信三郎、长洲一二等监译,东洋经济新报社)
38		12	翻译	《亚当·斯密〈重农主义批判〉》	《经济学说全集》第2卷《古典学派的确立》(高岛善哉编,河出书房)
39		12	论说	《亚当·斯密与西斯蒙第——经济的不可调和问题》	《经济学说全集》第2卷《古典学派的形成》(高岛善哉编,河出书房)
40	1955	6	参译	《多列士政治报告集》第1卷《人民战线及其胜利》	未来社
41		8	论说	《经济学教科书学习讲座》序论(民主主义科学者协会经济部会编集)	苍树社
42		9	参译	《多列士政治报告集》第2卷《抵抗与法国解放》	未来社
43		10	学会发言	《分割地所有与地租范畴》	土地制度史学会1955年度秋季学术大会,东京大学

续表

序号	年份	发表月	种类	文本	出处
44		2	参译	《多列士政治报告集》第3卷《旨在和平与独立的战斗》	未来社
45		2	参译	《统一战线与党内民主主义》莫里斯·多列士	未来社
46		5	学会发言	《关于西斯蒙第经济学的古典特性》	经济学史学会第13届全国大会，法政大学
47	1956	6	辞典	《空想社会主义》、《圣西门主义》、《傅立叶》、《傅立叶主义》、《蒲鲁东主义》、《浪漫主义经济学》	《世界大百科辞典》全32卷（第8卷，第12卷，第25卷，第30卷，平凡社，1955～1959）
48		6	参译	《多列士政治报告集》第4卷《法国国民的团结与前进》	未来社
49		—	论说	《分割地所有与土地价格》	—
50		9	论说	《分割地所有与地租范畴——分割地所有的地租论的研究》	《变革期的地租范畴》（山田盛太郎编，岩波书店）
51	1957	5	报告	《西斯蒙第经济学的再讨论》	《古典经济学研究》上卷（内田义彦编，未来社）
52		6	书评	《鲜明的问题意识——木村健康编〈社会思想史读本〉与住谷悦治著〈社会思想史〉》	《图书新闻》第454号
53		7	论说	《古典经济学的形成与展开》（与内田义彦共同执笔）	《经济学入门》（都留重人、内田义彦、末永隆甫编，东京出版）
54	1958	7	论说	《日本资本主义分析》	《经济学入门》（都留重人、内田义彦、末永隆甫编，东京出版）
55		7	论说	《阿尔及利亚问题的新视角》	《经济学人》第28号（每日新闻社）
56		9	翻译	《罗杰·加洛蒂〈近代法国社会思想史〉》	MINERVA书房

续表

序号	年份	发表月	种类	文本	出处
57		4	论说	《法国古典经济学》	《讲座近代思想史》第 5 卷《机械的时代》(金子武藏、大塚久雄编,弘文堂)
58		5	小论	《法国古典经济学的复位》	《讲座近代思想史》第 6 卷(金子武藏、大塚久雄编,弘文堂)
59	1959	8	翻译	《魁奈著作集》(《经济表》等)	《世界大思想全集》中的《社会·宗教·科学思想篇》6(河出书房新社)
60		11	论说	《再生产过程中生产资本循环的意义[上]——古典经济学研究的理论的基准确定》	《社会科学论集》第 4 号(埼玉大学经济学会)
61		—	论说	《再生产过程中生产资本循环的意义[下]——古典经济学研究的理论的基准确定》	学位论文用
62	1960	2	辞典	《一个革命者的回忆录》克鲁泡特金,《神与国家》列宁,《共同社会的法典》德萨米,《近代科学与无政府主义》克鲁泡特金,《经济的调和》巴斯夏,《再生产过程表式分析序论》山田盛太郎,《社会科学研究》西斯蒙第,《政治经济学新原理》西斯蒙第,《商业的富》西斯蒙第,《相互扶助论》克鲁泡特金,《田园·工场·职场》克鲁泡特金,《日本资本主义社会的结构》平野义太郎,《日本资本主义发展史》野吕荣太郎,《日本资本主义发展史讲座》野吕荣太郎、平野义太郎、山田盛太郎、大塚金之助合编,《日本资本主义分析》山田盛太郎	《世界名著大辞典》第 1 卷,第 2 卷,第 3 卷,第 4 卷,第 5 卷(平凡社)
63		11	翻译	《哲学的贫困——答蒲鲁东先生的〈贫困的哲学〉》马克思	《马克思恩格斯全集》第 4 卷(大内兵卫、细川嘉六监译,大月书店)

续表

序号	年份	发表月	种类	文本	出处
64	1961	1	论说	《西斯蒙第经济学的再讨论（上）——以再生产、积累论的基本构成为中心》	《经济科学》第8卷第3号（名古屋大学经济学会）
65		2	论说	《西斯蒙第的分割地所有论（一）——经济学的浪漫主义特征》	《商学论集》第29卷第4号（福岛大学经济学会）
66		3	学位论文	《法国古典经济学研究》	京都大学的经济学博士学位论文
67		6	论说	《西斯蒙第经济学的再讨论（下）——以再生产、积累论的基本构成为中心》	《经济科学》第8卷第4号（名古屋大学经济学会）
68		2	论说	《西斯蒙第的分割地所有论（二）——经济学的浪漫主义特征》	《商学论集》第30卷第1号（福岛大学经济学会）
69		11	学会发言	《生产资本循环与市场·恐慌分析视角》	经济学史学会第24届全国大会，和歌山大学
70	1962	1	论说	《生产资本循环论的方法论再讨论》	《经济研究》第13卷第1号（一桥大学经济研究所）
71		1	学会发言	《魁奈〈经济表〉的分析》	经济学史学会第28届关西部会，京都大学
72		3	论说	《晚年的恩格斯——马克思主义研究序说》	《经济科学》第9卷第3号（名古屋大学经济学会）
73		4	单行本	《社会思想史概论》（高岛善哉、水田洋、平田清明合著）	岩波书店
74		5	学会发言	《农业革命与经济表》	经济学史学会第25届全国大会，东京经济大学
75		7	论说	《经济学史的课题与方法》	《经济学研究指南——经济科学10》（名古屋大学经济学会）
76	1963	3	论说	《"国际的"的马克思——马克思主义研究序说》	《经济科学》第10卷第3号（名古屋大学经济学会）
77		6	辞典	《卡尼尔》、《西斯蒙第》、《CEE》、《巴斯夏》、《蒲鲁东》	《经济学史小辞典》（小林升编，学生社）

续表

序号	年份	发表月	种类	文本	出处
78	1964	11	小论	《革命家马克思的再发现》	《世界的大思想》第 19 卷《马克思〈资本论 II〉》（长谷部文雄译，河出书房新社）
79	1965	1	书评	《杉原四郎〈马克思经济学的形成〉》（未来社）	《经济研究》第 16 卷第 1 号（一桥大学经济研究所，岩波书店）
80		6	辞典	《空想社会主义》、《圣西门主义》、《傅立叶》、《傅立叶主义》、《蒲鲁东主义》、《浪漫主义经济学》	《世界大百科辞典》第 6 卷，第 9 卷，第 19 卷，第 23 卷（平凡社）
81		7	单行本	《经济科学的创造——"经济表"与法国革命》	岩波书店
82		9	论说	《魁奈经济学体系》	《经济学史讲座》第 2 卷《经济学批判》（内田义彦、小林升、宫崎义一、宫崎犀一编，有斐阁）
83		9	辞典	《西斯蒙第》、《生产消费与个人消费》、《生产的劳动与不生产的劳动》	《经济学事典》（大阪市立大学经济研究所编，岩波书店）
84		9	学会发言	《马克思历史意识与经济学》	经济学史学会第 29 届全国大会，小樽商大
85		9	讨论	《回到经济学史研究的原点——围绕堀与住谷两位先生的观点》（堀经夫、住谷悦治、内田义彦、杉原四郎、河野建二、平田清明）	《经济学史学会年报》第 3 号
86	1966	4	论说	《马克思经济学与历史认识（上）——以〈1857—1858 年经济学手稿〉为中心》	《思想》第 502 号（岩波书店）
87		5	论说	《马克思经济学与历史认识（中）——以〈1857—1858 年经济学手稿〉为中心》	《思想》第 503 号（岩波书店）

续表

序号	年份	发表月	种类	文本	出处
88		5	学会发言	《〈1857—1858 年经济学手稿〉与〈资本论〉的逻辑关联》	经济学史学会关东部会，国学院大学
89		8	论说	《马克思经济学与历史认识（下 1）——以〈1857—1858 年经济学手稿〉为中心》	《思想》第 506 号（岩波书店）
90	1966	8	小论	《罗莎·卢森堡》	《经济学全集》第 17 卷《金融论》（筑摩书房）
91		11	论说	《马克思经济学与历史认识（下 2·完结）——以〈1857—1858 年经济学手稿〉为中心》	《思想》第 506 号（岩波书店）
92		12	论说	《商品论的复位——作为历史理论的商品论的发现》	《一桥论丛》第 56 卷第 6 号（一桥大学一桥学会，日本评论社）
93		1	论说	《都市乌托邦与土地国有——20 世纪的日本》	《经济评论》第 16 卷第 1 号《学会夜话》专栏（日本评论社）
94		2	讲演	《〈明治百年〉与资本论100 年》	《纪元节》问题联络协议会事务局编集发行《建国纪念日（纪元节复活）》
95		5	论说	《作为历史理论的〈资本论〉——马克思市民社会论的形成与发展》	《思想》第 515 号，特集：《资本论》与《帝国主义论》（岩波书店）
96	1967	6	小论	《亚当·斯密》	《经济学全集》第 2 卷《社会思想史》（筑摩书店）
97		6	辞典	《经济学辞典》（大河内一男、田添京二、内田忠夫、高梨昌、大河内晓男、加藤三郎、兵藤钊合编）	青林书院新社
98		11	合编	《〈资本论〉的形成》（经济学史学会编）	岩波书店
99		11	论说	《50 年代马克思的市民社会论——作为历史理论的商品论的确立》	《〈资本论〉的形成》

续表

序号	年份	发表月	种类	文本	出处
100	1967	11	小论	《В. И. 列宁》	《经济学全集》第 21 卷《社会主义经济论》（筑摩书店）
101		11	辞典	《马尔萨斯人口论》等	《社会科学辞典》（新日本出版社）
102		2	论说	《社会主义与市民社会》	《世界》第 267 号（岩波书店）
103		2	小论	《F. 魁奈》	《经济学全集》第 12 卷《日本经济史》（筑摩书店）
104		3	论说	《在欧洲之所思》	《展望》第 111 号（筑摩书房）
105		3	论说	Remarques sur les catégories fondamentales du marxisme	《经济科学》第 15 卷第 3 号（名古屋大学经济学会）
106		3	小论	《鲁道夫·希法亭》	《经济学全集》第 18 卷《财政论》（筑摩书店）
107		4	论说	《范畴与日常语——市民社会与唯物史观》	《思想》第 526 号（岩波书店）
108	1968	4	讨论	《现代的技术与文明——寻求东洋与西洋的接点》（H. 列斐伏尔、桑原武夫、河野健二、平田清明、多田道太郎座谈会）	《世界》第 269 号（岩波书店）
109		4	书评	《河野健二著〈思想史与现代〉》（MINERVA 书房）	《图书新闻》第 955 号
110		5	小论	《夕鹤与马克思》	《朝日新闻》（名古屋本社）
111		5	书评	《高岛善哉著〈亚当·斯密〉（岩波书店）》	《日本读书新闻》第 1459 号
112		5	小论	《马克斯·韦伯》	《经济学全集》第 11 卷《西洋经济史》（筑摩书店）
113		5	学会发言	《作为历史理论的市民社会论》	经济学史学会关东部会，上智大学
114		8	论说	《马克思〈结构〉概念的再讨论——在经济学与文化人类学之间》	日法经济学会《公报》第 4/5 号

续表

序号	年份	发表月	种类	文本	出处
115	1968	9	访谈	《历史的主体的形成与学问》(内田义彦、平田清明)	《名古屋大学新闻》第 305 号
116		10	访谈	《〈资本论〉与社会主义》佐藤金三郎、平田清明	《大阪市大新闻》第 333 号
117		10	翻译	《1863 年波兰起义纪念集会上的演说》(恩格斯)	《马克思恩格斯全集》第 19 卷(大内兵卫、细川嘉六监译，大月书店)
118		10	翻译	《给〈祖国纪事〉杂志编辑部的信》(马克思)	《马克思恩格斯全集》第 19 卷(大内兵卫、细川嘉六监译，大月书店)
119		10	翻译	《哲学的贫困》(马克思)	《马克思恩格斯全集》第 19 卷(大内兵卫、细川嘉六监译，大月书店)
120		10	翻译	《给维·伊·查苏利奇的信》(马克思)	《马克思恩格斯全集》第 19 卷(大内兵卫、细川嘉六监译，大月书店)
121		10	翻译	《给维·伊·查苏利奇的复信》，第 1 草稿，第 2 草稿，第 3 草稿(马克思)	《马克思恩格斯全集》第 19 卷(大内兵卫、细川嘉六监译，大月书店)
122		11	论说	《马克思论经济与宗教——市民社会与人的异化》	《展望》第 19 号(筑摩书房)
123		11	学会发言	《市民社会与资本主义——货币向资本的转化》	经济学史学会第 32 届全国大会，广岛大学
124	1969	1	论说	《市民社会与阶级专政》	《世界》第 278 号(岩波书店)
125		1	论说	《基督教与马克思主义》	《三田文学》第 56 卷第 1 号(三田文学会)
126		1	讨论	《关于所有的概念》(平田清明、井汲卓一、前野良、长洲一二)	《现代的理论》第 60 号《社会主义原理探索 III》(现代的理论社)
127		1	讨论	《学生力量与现代社会》(青地晨、会田雄次、平田清明、高畠通敏、香山健一)	NHK 电视台政经节目部

续表

序号	年份	发表月	种类	文本	出处
128		2	论说	《近代化与市民社会》	《大学基督教徒》第 35/36 合并号(日本 YMCA 同盟学生部)
129		2	讲演	《物的度量法与考量法则——以经济与文化为中心》	《学生论丛》第 1 号(名古屋市立女子短期大学学术研究委员会)
130		2	学术报告	《从中苏对立到捷克事件》	《日本的将来》冬季号"总特集:1970 年问题"(潮出版社)
131		2	辞典	《经济表》	《社会科学大事典》第 6 卷(鹿儿岛研究所出版会)
132		4	论说	《社会主义中人类的重生》	《日本的将来》春季号(潮出版社)
133		5	论说	《马克思研究中的法语版〈资本论〉的意义(上)——以本源的积累为中心》	《思想》第 539 号(岩波书店)
134	1969	6	论说	《马克思研究中的法语版〈资本论〉的意义(下)——以本源的积累为中心》	《思想》第 540 号(岩波书店)
135		6	访谈	《现代变革与终结论》(大木英夫、平田清明)	《展望》第 126 号(筑摩书房)
136		7	论说	《马克思的市民社会的概念》	《经济研究》第 20 卷第 3 号(一桥大学经济研究所编,岩波书店)
137		8	学术报告	《市民社会中私人个体的自我矛盾》	《日本的将来》夏季号,第 4 号
138		10	单行本	《市民社会与社会主义》	岩波书店
139		10	论说	《拜物教的再发现(上)——作为历史理论的商品论》	《思想》第 544 号(岩波书店)
140		11	论说	《反战与直接民主主义》(竹内芳郎、平田清明)	《现代之眼》第 10 卷第 10 号(现代评论社)
141		10	翻译	《拜物教的再发现(下)——作为历史理论的商品论》	《思想》第 545 号(岩波书店)

续表

序号	年份	发表月	种类	文本	出处
142	1969	11	学会发言	《关于商品拜物教论的意义——作为历史理论的商品论》	经济学史学会第 33 届全国大会，横浜市立大学
143		1	短篇	《马克思与误读》	《朝日新闻》名古屋本社夕刊，《想说之言》专栏
144		4	讨论	《社会主义的经济与人》（平田清明、佐藤经明、正村公宏）	《世界》第 293 号（岩波书店）
145		5	讨论	《马克思再讨论——市民社会与人》（赤羽裕、平田清明、山之内靖）	《展望》第 137 号（筑摩书房）
146		6	单行本	《经济学史》《经济学全集》第 3 卷（内田义彦、大野英二、住谷一彦、伊东光晴、平田清明著）	筑摩书房
147		6	讲演	《经济学与历史认识》	《一桥新闻》第 871 号（一桥大学一桥新闻部）
148	1970	6	讲演	《价值论与历史认识》（第 1 回）	《京都大学新闻》第 1475 号（京都大学新闻社）
149		6	讲演	《价值论与历史认识》（第 2 回）	《京都大学新闻》第 1477 号
150		7	论说	《货币把握与历史认识（上）——〈1857—1858 年经济学手稿〉货币章中的市民社会考察》	《思想》第 553 号（岩波书店）
151		7	讲演	《价值论与历史认识》（第 3 回）	《京都大学新闻》第 1479 号
152		8	论说	《货币把握与历史认识（中）——〈1857—1858 年经济学手稿〉货币章中的市民社会考察》	《思想》第 554 号
153		9	论说	《个体的所有的再建——马克思的思想的核心》	《经济像的历史与现代》（杉原四郎、尾上久雄、置盐信雄编，有斐阁）

续表

序号	年份	发表月	种类	文本	出处
154		10	论说	《货币把握与历史认识（下）——〈1857—1858 年经济学手稿〉货币章中的市民社会考察》	《思想》第 556 号
155		10	报告	《文化创造的方法——日本在吸收西欧近代思想（尤其是马克思思想)时的症结及其破解》	《思想的科学会报》第 68 号（思想的科学研究会）
156		11	讨论	《市民社会论与马克思主义——围绕〈市民社会与社会主义〉》（平田清明、正村公宏、岸本重陈）	《现代的理论》第 82 号"特集：市民社会与马克思主义"（现代的理论社）
157	1970	11	论说	《法国启蒙思想——市民社会的精神的基盘》	《日本与世界的历史 15》《18世纪（I）》（学习研究社，全 22 卷）
158		11	讲演	《物象的依存关系的废弃——共产主义对个体所有的再建》（上）	《横浜国立大学新闻》第 233号（横浜国立大学新闻会）
159		12	论说	《物象化与地租范畴（上）——分割地所有论与经济学的三位一体》	《思想》第 558 号
160		12	论说	《亚当·斯密——市民社会的道德哲学与经济学》	《日本与世界的历史 16》《18世纪（II）》（学习研究社，全 22 卷）
161		12	论说	《产业革命与金本位制——资本主义的经济秩序的创立》	《日本与世界的历史 16》《18世纪（II）》（学习研究社，全 22 卷）
162		12	讲演	《物象的依存关系的废弃——共产主义对个体所有的再建》（下）	《横浜国立大学新闻》第 234 号
163	1971	2	论说	《物象化与地租范畴（下）——分割地所有论与经济学的三位一体》	《思想》第 560 号（岩波书店）
164		2	访谈	《近代化与国家主义》（高岛善哉、平田清明）	岩波讲座《哲学》第 5 卷《社会的哲学》（日高六郎、城塚登编）

续表

序号	年份	发表月	种类	文本	出处
165		2	学术报告	《市民社会与社会主义》（学术研讨会，宫崎犀一、星野彰男、中野雄策、平田清明）	《经济系》第 86 号（关东学院大学经济学会）
166		4	辞典	新版《哲学事典》（林达夫、野田又夫、久野收、山崎正一、串田孙一编集）、《政治学事典》（中村哲、丸山真男、辻清明编集）、《经济学事典》（青山秀夫、都留重人、胁村义太郎编集）	平凡社（1954 年初版）
167		5	论说	《资本论研究的新地平》	别册《经济评论》第 5 号（日本评论社）
168		5	讲演	《所有论与历史认识》	《极北的思想》第 4 号（北海道解放大学出版会）
169		8	单行本	《经济学与历史认识》	岩波书店
170	1971	8	讲演	《马克思主义的原像与人类解放》	《现代的变革与人类》（新地社）
171		9	访谈	《艺术与马克思》（木下顺二、平田清明）	《日本的将来》1971 年第 2 号秋季号（潮出版社）
172		10	论说	《历史的必然与历史的选择（1）——马克思〈给维·伊·查苏利奇的信〉·文献史与理论内容》	《展望》第 154 号（筑摩书房）
173		11	论说	《历史的必然与历史的选择（2）——马克思〈给维·伊·查苏利奇的信〉·文献史与理论内容》	《展望》第 155 号（筑摩书房）
174		12	论说	《历史的必然与历史的选择（最终回）——马克思〈给维·伊·查苏利奇的信〉·文献史与理论内容》	《展望》第 154 号（筑摩书房）
175		12	小论	《经济学与哲学之间》	《哲学》第 15 卷《宗教与道德》（岩波讲座，泷泽克己、小仓志祥编）

续表

序号	年份	发表月	种类	文本	出处
176	1971	12	辞典	《共产主义》、《经济——马克思经济学》、《柯尔贝尔》、《公社》、《工会组织主义》、《圣西门》、《市民》、《社会主义》、《雅各宾派》、《重农主义》、《人间宣言》、《人民宪章运动》	《世界大百科事典》，日本 Mailorder 社，第 66 号，第 79 号，第 98 号，第 100 号，第 105 号，第 113 号，第 114 号，第 115 号，第 118 号，第 128 号，第 161 号
177		3	论说	《物象化与三位一体范式》(1)	《思想》第 573 号（岩波书店）
178		4	论说	《物象化与三位一体范式》(2)	《思想》第 574 号（岩波书店）
179		4	辞典	《空想社会主义》、《圣西门主义》、《傅立叶》、《傅立叶主义》、《蒲鲁东主义》、《浪漫主义经济学》	《世界大百科事典》第 8 卷，第 12 卷，第 27 卷，第 32 卷（平凡社）
180		5	论说	《物象化与三位一体范式》(3)	《思想》第 575 号（岩波书店）
181	1972	5	讨论	《挑战大塚史学与马克思主义》（长洲一二、平田清明、山之内靖）	《现代的理论》第 100 号（现代的理论社）
182		6	论说	《物象化与三位一体范式》(4)	《思想》第 576 号（岩波书店）
183		7	论说	《〈自由的王国〉与〈必然的王国〉——物象化与三位一体范式》(5)	《思想》第 577 号（岩波书店）
184		7	学术报告	《明治以后的马克思主义的受容及历史反省》	《日本基督教与马克思主义》（日本基督教宣教研究所编，日本基督教团出版局）
185		7	讲演	《日本社会科学研究的新地平》	《经济学人》第 50 卷第 28 号增刊号（每日新闻社）
186		8	讲演	《如何解读〈资本论〉》	《现代的变革与人（II）》（新地社）
187	1973—1974	3	讲演	《市民社会与福祉》	国民生活中心调查部

续表

序号	年份	发表月	种类	文本	出处
188	1973—1974	5	学术报告	《关于亚细亚生产方式论问题》(1)〔学术研讨会，佐伯有一、芝原拓自、平田清明、福富正美、松井透、小林文男、多田博一、宫治一雄、山口博一，主持人：林武〕	《亚洲经济》第 14 卷第 5 号（亚洲经济研究所）
189		6	学术报告	《关于亚细亚生产方式论问题》(2)〔学术研讨会，佐伯有一、芝原拓自、平田清明、福富正美、松井透、小林文男、多田博一、宫治一雄、山口博一，主持人：林武〕	《亚洲经济》第 14 卷第 6 号（亚洲经济研究所）
190		8	学术报告	《关于亚细亚生产方式论问题》(3)〔学术研讨会，佐伯有一、芝原拓自、平田清明、福富正美、松井透、小林文男、多田博一、宫治一雄、山口博一，主持人：林武〕	《亚洲经济》第 14 卷第 8 号（亚洲经济研究所）
—		1973 春—1974 年晚秋	—	《在巴黎期间的研究》（巴黎第 III 大学的讲义）	—
191	1975	11	论说	《个体所有的概念——劳动与所有的辩证法——备忘录》(上)	《思想》第 617 号（岩波书店）
192		11	论说	《〈指南〉经济学史的课题》	《经济科学》第 23 卷第 1 号（名古屋大学经济学会）
193		12	论说	《个体所有的概念——劳动与所有的辩证法——备忘录》(中)	《思想》第 618 号（岩波书店）
194		12	论说	《日常用语与科学的概念——对"剩余价值"概念的再讨论》序章	《现代思想》第 3 卷第 13 号"总特集：资本论"（青土社）

续表

序号	年份	发表月	种类	文本	出处
195		1	论说	《个体所有的概念——劳动与所有的辩证法——备忘录》(中续)	《思想》第 619 号(岩波书店)
196		2	论说	《个体所有的概念——劳动与所有的辩证法——备忘录》(下)	《思想》第 620 号(岩波书店)
197		3	论说	《剩余价值概念的再讨论》	《经济研讨》第 254 号(日本评论社)
198		4	讨论	《个体所有的概念》(平田清明、千贺重义等)	《香川大学新闻》第 149 号(香川大学新闻会)
199		6	论说	《"专政"概念是放弃还是丰富化》	《朝日杂志》第 18 卷第 22 号(朝日新闻社)
200		6	论说	《法国共产党的公开党内论争》	《朝日杂志》第 18 卷第 22 号(朝日新闻社)
201		6	翻译	《论无产阶级专政》艾蒂安·巴里巴尔(《人性》1976 年 1 月 22 日)	《朝日杂志》第 18 卷第 22 号(朝日新闻社)
202	1976	6	翻译	《对艾蒂安·巴里巴尔的反论》贝斯	《朝日杂志》第 18 卷第 22 号(朝日新闻社)
203		7	论说	《法国人民联合的自我认识——无产阶级专政概念的放弃》	《世界》第 368 号"特集：关于发达国家的革命"(岩波书店)
204		7	访谈	《个体的所有、市民社会、无产阶级专政——旨在对概念的再把握》	《现代的理论》第 150 号"复刊 150 号纪念特集：现代与社会主义、共产主义"(现代的理论社)
205		7	论说	《无产阶级专政——以法国为例》	《朝日杂志》第 18 卷第 27 号
206		8	访谈	《如何理解发达国家的革命》(井汲卓一、平田清明)	《世界政经》第 5 卷第 8 号(通卷第 54 号)"特集：现代革命的视角"(世界政治经济研究所)
207		9	讨论	《思考新的变革之路——以《市民社会与社会主义》的解读为中心》(平田清明、大岛喜四郎、长田真、堀木学、松叶诚一郎)	《全电通劳动学校团结之家杂志》第 8 号

续表

序号	年份	发表月	种类	文本	出处
208	1976	9	抄译	《地中海世界与中世欧洲——索邦神学院 J. 埃尔斯教授的讲演》	《中日新闻》
209	1977	1	论说	《写给〈全电通劳动学校团结之家杂志〉》	《全电通劳动学校团结之家杂志》第 10 号
210		2	翻译	《M. 纽贝鲁〈经济学的方法〉》(上)	《经济评论》第 26 卷第 2 号（日本评论社）
211		3	翻译	《M. 纽贝鲁〈经济学的方法〉》(下)	《经济评论》第 26 卷第 3 号（日本评论社）
212		7	论说	《日欧贸易战争中的经济与文化——外国报纸中的日本》	《经济评论》第 26 卷第 7 号（日本评论社）
213		8	访谈	《现代社会主义再考》(平田清明、岛根清)	《思想的科学》第 79 号"主题：现今如何把握社会主义"（思想的科学社）
214		9	访谈	《〈新风土论〉日本的共同体》(伊东光晴、平田清明)	《经济研讨》第 272 号（日本评论社）
215		10	访谈	《〈新风土论〉日本的共同体》2(伊东光晴、平田清明)	《经济研讨》第 273 号（日本评论社）
216		11	短篇	《一张照片——原来的我》	《月刊健康》第 163 号
217		12	访谈	《现代社会主义与〈市民社会与社会主义〉——以法国自主管理社会主义为中心》(编辑部，平田清明)	《季刊：现代理论》第 165 号（1977 年冬季号，第 14 卷第 10 号）"特集：对社会主义的新思考"（现代理论社）
218	1978-1	2	论说	《哲学与社会——追忆森有正》	《哲学与日本社会》（家永三郎、小牧治编，1978 年 2 月，弘文堂）
219		3	论说	Sur la Notion de Propriété Individuelle chez Karl Marx	《经济科学》第 25 卷第 4 号（名古屋大学经济学会）
220		4	讨论	《欧美经济社会考察——从我辈生活体验谈起》	《世界》第 389 号"特集：世界范围内萧条的经济社会"（岩波书店）
221		6	论说	《现代中重生的马克思》	《经济研讨》第 281 号（日本评论社）

续表

序号	年份	发表月	种类	文本	出处
222		6	论说	《自主管理型社会主义的人类科学——读 J. 阿塔利〈语言与工具〉》	《经济评论》第 27 卷第 6 号（日本评论社）
223		6	书评	《艾蒂安·巴里巴尔〈何谓无产阶级专政〉》（加藤晴久译，新评论）	《朝日杂志》第 20 卷第 22 号（朝日新闻社）
224		7	短篇	《当我们面前放着世界这本书》	《经济学人》第 56 卷第 27 号（每日新闻社）
225		7	论说	《法国左翼的苦恼与探索》	《朝日杂志》第 20 卷第 28 号《书：思想与潮流》专栏（朝日新闻社）
226		7	论说	《法国左翼的自我革新：〈历史的同盟〉与共产党改革——内部批判的目标》	《经济学人》第 56 卷第 30 号（每日新闻社）
227	1978	8	论说	《法国左翼的自我革新第 2 回：〈联合〉与〈党的身份〉——批判的诸潮流到共同战线》	《经济学人》第 56 卷第 31 号（每日新闻社）
228		8	论说	《法国左翼的自我革新第 3 回：作为〈政治学批判〉的国家论——阿图塞的共产党批判》	《经济学人》第 56 卷第 33 号，8 月 15/22 合并号（每日新闻社）
229		9	论说	《法国左翼的自我革新第 4 回：马克思主义与民主主义（上）——社党内的问题提起》	《经济学人》第 56 卷第 36 号（每日新闻社）
230		9	书评	《尼科斯·普兰察斯〈资本主义国家的结构 I〉》（田口富久治、山岸纮一译，未来社）	《日本读书新闻》第 1972 号（日本出版协会）
231		9	论说	《法国左翼的自我革新第 5 回：马克思主义与民主主义（下）——论葛兰西》	《经济学人》第 56 卷第 37 号（每日新闻社）
232		9	论说	《法国左翼的自我革新第 6 回：向自我管理主义接近的两种方式——现代权力的结构把握》	《经济学人》第 56 卷第 38 号（每日新闻社）

续表

序号	年份	发表月	种类	文本	出处
233		9	论说	《法国左翼的自我革新最终回：没有马克思主义的社会主义——实现多元社会主义的方法基础》	《经济学人》第 56 卷第 39 号（每日新闻社）
234		10	单行本	《转型期的思想》（宫崎义一、篠原一、平田清明）	新地书房
235		10	论说	《何谓发生史的方法》	《经济研讨》第 285 号（日本评论社）
236		10	论说	《欧洲共产主义与列宁主义——如何定义欧洲共产主义》	《经济评论》第 27 卷第 10 号（日本评论社）
237	1978	11	论说	《关于马克思的生产力概念(1)——生产力的辩证法》	《经济论丛》第 122 卷第 5/6 号（京都大学经济学会）
238		11	访谈	《马克思研究与现代》（平田清明、森田桐郎）	《经济评论》第 27 卷第 11 号"特集：马克思研究与现代"（日本评论社）
239		11	讨论	《新的所有结构的探索》（学术研讨会，饭尾要、梅原猛、河合雅雄、作田启一、平田清明、吉田民人）	《创造的世界》通卷 28 号（小学馆）
240		11	推荐	《高畠求之——日本的国家社会主义者》田中真人	现代评论社
241		1	推荐	《来自阿尔及尔的信》序言，荻原宏章	《经济评论》第 28 卷第 1 号（日本评论社）
242		1/2	论说	《关于马克思的生产力概念(2)——生产力的辩证法》	《经济论丛》第 123 卷第 1/2 号（京都大学经济学会）
243	1979	2	论说	《复数主义的财富——在党(PCF)内讨论的激流中》	《经济评论》第 28 卷第 2 号（日本评论社）
244		3	论说	《关于马克思的生产力概念(3)——生产力的辩证法》	《经济论丛》第 123 卷第 3 号（京都大学经济学会）
245		4	论说	《〈资本〉注解》论第 1 讲：课题与方法——《序言》与《后记》	《经济研讨》第 291 号（日本评论社）

续表

序号	年份	发表月	种类	文本	出处
246		4	讨论	《令人堪忧的日本社会的右翼》（特别学术研讨会，平田清明、正村公宏、小宫隆太郎）	《季刊：现代经济》第 34 号（现代经济研究会编集，日本经济新闻社）
247		4	辞典	《自然法》、《社会主义思想》	《大月经济学辞典》（经济学辞典编集委员会编，大月书店）
248		4	推荐	《马克思经济学与近代经济学的主论点之解释》	《经济学辞典第 2 版》（大阪市立大学经济研究所编，岩波书店）
249		4	短篇	《超越近代悟性的辩证法理性》	《经济研讨》第 291 号（日本评论社）
250		5	论说	《〈资本〉注解》论第 2 讲：《未完的书〈资本〉的轮廓》（1：资本的日常的概念与批判的自我理解；2：从近代魔咒中解放出来）	《经济研讨》第 292 号（日本评论社）
251	1979	5	论说	《自我管理与复数主义》	《世界》第 402 号"特集：沉重的社会主义现实"（岩波书店）
252		5	谈话	《世界史的复数主义把握——法语版〈资本论〉的意义》	《日本读书新闻》第 2006 号（日本出版协会）
253		6	论说	《〈资本〉注解》论第 3 讲：《商品论的基本构成》	《经济研讨》第 293 号（日本评论社）
254		6	论说	《中越战争是否带来社会主义的危机》	《月刊总评》第 258 号"特集：劳动运动与社会主义 III"（日本劳动工会总评议会）
255		6	报告	《个体的所有与自主管理社会主义》	《社会主义与劳动运动》第 3 卷第 6 号（社会主义理论政策中心）
256		6	论说	《中越战争与社会主义——〈结构主义〉批评》	《朝日杂志》第 21 卷第 22 号"书：思想与潮流"专栏（朝日新闻社）
257		6	书评	《史的唯物论研究》（艾蒂安·巴里巴尔著，今村仁司译）	《经济学人》第 57 卷第 24 号（每日新闻社）

续表

序号	年份	发表月	种类	文本	出处
258		6	书评	《PCF 党内论争的二大文献——路易·阿尔都塞与莫利纳·瓦格斯》	《日本读书新闻》第 2012 号（日本出版协会）
259		6	辞典	《三位一体范式》、《生产消费与个人消费》、《拜物教崇拜》	《经济学辞典第 2 版》（大阪市立大学经济研究所编，岩波书店）
260		8	单行本	《社会思想史》	青林书院新社
261		8	短篇	《社会思想史》、《序》	青林书院新社
262		8	论说	《马克思主义的形成与结构》	青林书院新社
263		8	论说	《〈资本〉注解》论第 4 讲：《价值形态的展开》	《经济研讨》第 295 号（日本评论社）
264	1979	9	论说	《〈资本〉注解》论第 5 讲：《商品拜物教与交换过程》（1：形态论与拜物教论；2：商品拜物教的存在方式及其理论的解体）	《经济研讨》第 296 号（日本评论社）
265		9	论说	《处在分歧点的欧洲社会主义——法国社会党麦茨大会中对党内复数主义的总结》	《经济评论》第 28 卷第 9 号（日本评论社）
266		9	论说	《法国社会党的试练》	《月刊总评》第 261 号（日本劳动工会总评议会）
267		10	论说	《〈资本〉注解》论第 6 讲：《商品拜物教与交换过程》（续）〔3：交换过程的矛盾展开——批判的自我理解〕	《经济研讨》第 297 号（日本评论社）
268		11	论说	《〈资本〉注解》论第 7 讲：《货币和商品流通》（1：价值尺度；2：流通手段）	《经济研讨》第 298 号（日本评论社）
269		12	论说	《〈资本〉注解》论第 8 讲：《货币向资本的转化》（1：本义上的货币）	《经济研讨》第 299 号（日本评论社）
270		12	论说	《左翼——混沌之中新的探索》	《信浓每日新闻》

续表

序号	年份	发表月	种类	文本	出处
271		1	论说	《〈资本〉注解》论第 9 讲：《货币向资本的转化》(续)[2：货币向资本的转化]	《经济研讨》第 300 号（日本评论社）
272		1	回答	1979 年度《今年的收获》	《日本读书新闻》第 2038 号
273		1	小论	《探索与动荡的 80 年代》	《京都新闻》第 35293 号
274		2	单行本	《社会形成的经验与概念》	岩波书店
275		2	论说	《〈资本〉注解》论第 10 讲：《剩余价值的生产》(1：绝对剩余价值的生产)	《经济研讨》第 301 号（日本评论社）
276		3	论说	《〈资本〉注解》论第 11 讲：《剩余价值的生产》(2)[2：相对剩余价值的生产]	《经济研讨》第 302 号（日本评论社）
277		4	论说	《〈资本〉注解》论第 12 讲：《剩余价值的生产》(3)[2：相对的剩余价值的生产(续)]	《经济研讨》第 303 号（日本评论社）
278	1980	4	讨论	《相对的剩余价值概念——批判物象化论的〈资本〉范畴的再假定》	《经济研究》第 31 第 2 号（一桥大学经济研究所编集，岩波书店）
279		5	论说	《〈资本〉注解》论第 13 讲：《剩余价值的生产(4)——剩余(增加)价值与工资》[3：绝对的与相对的剩余价值的生产(增加价值的生成)]	《经济研讨》第 304 号（日本评论社）
280		6	论说	《〈资本〉注解》论第 14 讲：《剩余价值的生产(5)——工资》(4：工资)	《经济研讨》第 305 号（日本评论社）
281		7	单行本	《〈资本〉注解》1	日本评论社
282		7	论说	《〈资本〉注解》论第 15 讲：《资本的积累过程》(1)[1：单纯再生产；2：资本的积累——剩余价值向资本的(再)转化	《经济研讨》第 306 号（日本评论社）

续表

序号	年份	发表月	种类	文本	出处
283		7	论说	《剩余（增加）价值的问题——物象化视角与领有论的课题》	《经济系》第 124 集（关东学院大学经济学会）
284		7	报告	《应当复权的社会主义之内情》	《社会主义与劳动运动》第 4 卷第 7 号（社会主义理论政策中心）
285		7	短篇	《回归主场的安心感》	《社会运动研究中心准备会会报》第 4 号（社会运动研究中心设立准备会）
286		7	访谈	《社会主义的再定义》（平田清明、内田弘）	《日本读书新闻》第 2066 号（日本出版协会）
287		8	论说	《自我管理社会主义的三大潮流——自我管理思想向社会主义诸党的渗透》（以法国为例）	《现代资本主义——理论与现状》（伊东光晴、森恒夫，日本评论社）
288	1980	8	论说	《〈资本〉注解》论第 16 讲：《资本的积累过程》(2)［2：资本的积累（续）；3：资本家的积累的一般法则］	《经济研讨》第 307 号（日本评论社）
289		9	论说	《一种对笛卡尔的描述——马克思与笛卡尔》	《森有正纪念论文集》（中川秀恭编，新地书房）
290		9	论说	《〈资本〉注解》论第 17 讲：《资本的积累过程》(3)［3：资本积累的一般法则（续）］	《经济研讨》第 308 号（日本评论社）
291		9/10	论说	《〈经济学的方案与方法〉（上）——关于 M. 纽贝鲁的主张》	《经济论丛》第 126 卷第 3/4 号（京都大学经济学会）
292		9	报告	《关于〈生产〉》（"Production"）	《从〈物〉的发言》（伊东光晴，平凡社）
293		9	讨论	《从废弃的时代向有计划的时代》（伊东光晴、有吉佐和子、华山谦、平田清明）	《从〈物〉的发言》（伊东光晴，平凡社）
294		9	辞典	《共产主义思想》（Communism）	《经济学大辞典（第 2 版）》第 3 卷（熊谷尚夫、篠原三代平等，东洋经济新报社）

续表

序号	年份	发表月	种类	文本	出处
295		10	论说	《〈资本〉注解》论第 18 讲：《资本的本源的积累过程》(1)[1：原始积累的神话与秘密；2：原始积累的划时代的诸位相]	《经济研讨》第 309 号（日本评论社）
296		10	讲演	《河上肇的社会科学——河上肇的经济学与唯物史观》	《求道之人河上肇》（住谷一彦编，新评论）
297		10	书评	《何谓自主管理》（海原峻、宇佐见玲里译，五月社）	《社会运动》第 7 号
298		11	论说	《〈资本〉注解》论第 19 讲：《资本的本源的积累过程》(1)[1：原始积累的神话与原始积累的秘密；2：原始积累的划时代的诸位相]	《经济研讨》第 309 号（日本评论社）
299	1980	11	论说	《〈资本〉注解》论第 19 讲：《资本的本源的积累过程》(2)[3：资本家的积累的历史倾向]	《经济研讨》第 310 号（日本评论社）
300		11	论说	《〈经济学的方案与方法〉(下)——探析 M. 纽贝鲁的观点》	《经济论丛》第 126 卷第 5/6 号（京都大学经济学会）
301		11	辞典	《经济学辞典》（大河内一男、大河内晓男、贝塚启明、加藤三郎、高梨昌、田添京二、中村隆英、兵藤钊合编）	青林书院新社
302		11	推荐	《勇敢且大胆的企划》	《现代资本主义分析》全 14 册（置盐信雄、佐藤金三郎、高须贺义博、本间要一郎编，岩波书店）
303		11	短篇	《经济研讨》（第 1 部）	《经济研讨》第 310 号（日本评论社）
304		11	短篇	《断想——歌剧〈纳克索斯岛的阿里阿德涅〉》	《音乐之街》（民主音乐协会关西事务局）

续表

序号	年份	发表月	种类	文本	出处
305	1980	12	论说	《〈资本〉注解——〈资本〉第2部〈资本的流通过程〉第20讲《货币资本的循环》(写在第2部之前；1：货币资本的循环)	《经济研讨》第310号（日本评论社）
306		1	论说	《〈资本〉注解》论第21讲：《货币资本循环与生产资本循环》[1：货币资本的循环(续)；2：生产资本的循环]	《经济研讨》第312号（日本评论社）
307		1	书评	R. 巴罗《社会主义的新展望》1、2(永井清彦、村山高康译，岩波书店)	《日本读书新闻》第20389号
308		1	访谈	《转型期的日本与社会科学——该用何种眼光看待现代》(内田义彦、平田清明)	《经济学人》第59卷第1号（每日新闻社）
309	1981	2	书评	《〈1857—1858年经济学手稿〉中的个人与共同体——社会存在论的哲学研究》(卡罗·C. 古尔德基，平野英一、三阶彻译，合同出版)	《朝日杂志》第23卷第3号（朝日新闻社）
310		2	单行本	《〈资本〉注解》2	日本评论社
311		2	论说	《〈资本〉注解》论第22讲：《商品资本的循环》(3：商品资本的循环)	《经济研讨》第313号（日本评论社）
312		2	讨论	《向平田清明氏提问——从新的经济学立场》(提问人：鹤见俊辅、加太浩二)	《思想科学》第128号"特集：第三次世界大战与现代资本主义"(思想科学社)
313		2	书评	《夜寒：布拉格之春的悲剧》(兹德涅克·姆林纳日著，相泽久监译、三浦健次译，新地书房)	《周刊读书人》(日本书籍出版协会)

续表

序号	年份	发表月	种类	文本	出处
314		3	单行本	《现代社会》(小牧治、平田清明、星野安三郎等，高等学校社会科用，文部省法定教科书)	清水书院
315		3	论说	《〈资本〉注解》论第 23 讲：《三大循环的统一与流通时间（费用）》(4：三循环的统一；5：流通时间与流通费用)	《经济研讨》第 314 号（日本评论社）
316		3	论说	《路易·阿尔都塞的悲剧》	《经济评论》第 30 卷第 3 号（日本评论社）
317		7	论说	《〈资本〉注解》论第 24 讲：《资本的流通》(写在流通论之前。1：流通论与循环论——三大循环的统一与流通期的构成；2：流通论的基础范畴)	《经济研讨》第 315 号（日本评论社）
318	1981	4	论说	Conceptual Evolution of "Capital in Process" in *Formations of the Critique of Political Economy*	The Kyoto University Economic Review, Vol. LI, No. 1-2 (Whole No. 110-111) April-October 1981
319		4	辞典	《空想社会主义》、《圣西门主义》、《傅立叶》、《傅立叶主义》、《蒲鲁东主义》、《浪漫主义经济学》	《世界大百科辞典》第 8 卷，第 12 卷，第 27 卷，第 32 卷（平凡社）
320		4	短篇	《与原著者分享苦乐——〈资本〉注解》2	《经济评论》第 30 卷第 4 号，《经济研讨》第 315 号
321		5	论说	《〈资本〉注解》论第 25 讲：《资本的流通》(II)[3：流动资本一般的流通法则；4：可变资本的流通与年剩余价值率]	《经济研讨》第 316 号（日本评论社）
322		5	讲演	《经济学与社会认识——〈资本〉的现代的意义》	《滋贺大学陵水新闻》第 128 号（滋贺大学陵水新闻会）
323		5	小论	《法国的新实验——密特朗的 7 年》	《每日新闻》5 月 25 日号夕刊

续表

序号	年份	发表月	种类	文本	出处
324	1981	6	论说	《〈资本〉注解》论第 26 讲：《资本的流通》(III)[4：可变资本的流通与年剩余价值率(续)；5：作为流通论的积累(再生产)论——剩余价值的流通与储藏货币]	《经济研讨》第 317 号(日本评论社)
325		6	论说	《劳动时间与劳动强度》	《经济研讨》第 317 号(日本评论社)
326		6	讨论	《如何看待转型期的日本》(中冈哲郎、冲浦和光、熊泽诚、平田清明，主持人：山崎春成)	《社会主义与劳动运动》第 5 卷第 6 号(社会主义理论政策中心)
327		7	论说	《〈资本〉注解》论第 27 讲：《流通及再生产过程的存在的诸条件——再生产表式论》(1)[表式论 1：问题的假定；2：单纯再生产]	《经济研讨》第 318 号(日本评论社)
328		7	访谈	《保守与革新之间——日本将如何应对变革的新风》——(平田清明、伊东光晴)	《经济学人》第 59 卷第 26 号(每日新闻社)
329		7	论说	《现代世界问题史的现实——波兰共和国正在发生的事》	《周刊读书人》第 1391 号(日本书籍出版协会)
330		8	论说	《〈资本〉注解》论第 28 讲：《流通及再生产过程的存在的诸条件——再生产表式论》(2)[2：单纯再生产(续)]	《经济研讨》第 319 号(日本评论社)
331		8	论说	《当前法国正在发生的事——〈社会主义〉的内情》	《经济学人》第 59 卷第 33 号(每日新闻社)
332		9	论说	《〈资本〉注解》论第 29 讲：《流通及再生产过程的存在的诸条件——再生产表式论》(3)[2：单纯再生产(续)]	《经济研讨》第 320 号(日本评论社)

续表

序号	年份	发表月	种类	文本	出处
333	1981	10	论说	《〈资本〉注解》论第 30 讲：《流通及再生产过程的存在的诸条件——再生产表式论》(4)[3：积累和扩大再生产]	《经济研讨》第 321 号（日本评论社）
334		11	论说	论《〈资本〉注解》——〈资本〉第 3 部《总过程的诸形态》第 31 讲：剩余价值向利润的转化 (1)[写在第 3 部之前。第 1 篇：剩余价值向利润的转化。序：写在第 3 部第 1 篇之前。1：收入形态论的基础视角与基础范畴]	《经济研讨》第 322 号（日本评论社）
335		11	短篇	《最终所归》	《山阳新闻》11 月 23 日号朝刊
336		11	论说	《〈资本〉注解》论第 32 讲：《剩余价值向利润的转化》(2)[第 1 篇（续）。2：利润率的〈自我内反省〉。3：规定利润率的诸要因。4：利润率与剩余价值率的关系——分配关系与生产关系的数量的表现]	《经济研讨》第 323 号（日本评论社）
337		12	回答	《今年的收获》 1981 下	《日本读书新闻》第 2138 号
338	1982	1	论说	《〈资本〉注解》论第 33 讲：《利润向平均利润的转化》(1)[序：第 2 篇的特征。1：资本的有机构成与特殊利润率。2：一般利润率与生产价格]	《经济研讨》第 324 号（日本评论社）
339		1	论说	《再见，罗斯柴尔德家族——国有化动荡中的法国》	《经济研讨》第 324 号（日本评论社）
340		1	论说	《波兰的冬将军——挑战自主管理共和国的军事政权》	《经济学人》第 60 卷第 1 号（每日新闻社）

续表

序号	年份	发表月	种类	文本	出处
341		2	论说	《〈资本〉注解》论第 34 讲：《利润向平均利润的转化》(2)［序：第 2 篇（续）。3：生产价格与市场价值］	《经济研讨》第 325 号（日本评论社）
342		2	小论	《社会主义的苦恼与新生》	《每日新闻》2 月 2 日号夕刊
343		2	小论	《法国左翼政权的明暗》	《信浓每日新闻》2 月 21 日号朝刊；《中国新闻》2 月 23 日号朝刊；《山阳新闻》2 月 26 日号朝刊
344		3	论说	《〈资本〉注解》论第 35 讲：《利润向平均利润的转化》(3)［序：第 2 篇。3：生产价格与市场价值(续)］	《经济研讨》第 326 号（日本评论社）
345	1982	4	论说	《〈资本〉注解》论第 36 讲：《一般利润率的下落》(1)资本家的积累与总过程的历史性倾向(写在第 3 篇之前。1：社会的劳动生产力的发展与一般利润率的低落。2：阻止利润率下落的诸要素)	《经济研讨》第 327 号（日本评论社）
346		4	论说	《国有化与法国宪法》	《经济评论》第 31 卷第 4 号（日本评论社）
347		4	讨论	《现代的选择项：世界性动荡与日本的现状》(宫崎义一、平田清明、岩根邦雄，主持人：横田克己)	《社会运动》第 25 号（社会运动研究中心）
348		5	单行本	《〈资本〉注解》3	日本评论社
349		5	论说	《〈资本〉注解》论第 37 讲：《一般利润率的倾向性低落》(2)［第 3 篇(续)。3：资本家的积累与总过程的内在诸矛盾的展开——一般利润率的倾向性低落法则]	《经济研讨》第 328 号（日本评论社）

续表

序号	年份	发表月	种类	文本	出处
350		6	论说	《〈资本〉注解》论第 38 讲：《一般利润率的倾向的低落》(3)［第 3 篇。3：资本家的积累与总过程的内在诸矛盾的展开——一般利润率的倾向性低落法则(续)］	《经济研讨》第 329 号(日本评论社)
351		6	访谈	《宗教与经济》上(平田清明、后藤隆一)	《中外日报》第 22904 号(中外日报社)
352		6	访谈	《宗教与经济》中(平田清明、后藤隆一)	《中外日报》第 22905 号(中外日报社)
353		6	书评	《社会主义课题》(法国社会党编，大津真作译)	《朝日杂志》第 24 卷第 26 号(朝日新闻社)
354		6	访谈	《学部长寄语》	《京大学生报》第 106 号(京都大学学生新闻社)
355		6	访谈	《宗教与经济》下(平田清明、后藤隆一)	《中外日报》第 22908 号(中外日报社)
356	1982	6	短篇	《造访法然院》	《第 36 届河上祭活动》(河上祭活动实施委员会)
357		7	论说	《〈资本〉注解》论第 39 讲：《商人资本的自立化》(1)［序：出现的问题。1：商人资本的循环与流通。2：商业利润与流通费用——商人资本带来的利润增补的均等化］	《经济研讨》第 330 号(日本评论社)
358		8	论说	《〈资本〉注解》论第 40 讲：《商人资本的自立化》(2)［3：商人资本的流通——外在性与无概念性。4：货币资本的自立化及其限界。5：从商人资本的循环、流通视角来看历史认识］	《经济研讨》第 331 号(日本评论社)
359		8	访谈	《续·宗教与经济》上(平田清明、后藤隆一)	《中外日报》第 22936 号(中外日报社)

续表

序号	年份	发表月	种类	文本	出处
360		8	访谈	《续·宗教与经济》下（平田清明、后藤隆一）	《中外日报》第 22938 号（中外日报社）
361		8	翻译	《后社会主义》（阿兰·杜罕著，平田清明、清水耕一译）	新泉社
362		9	单行本	《探索新的历史形成》	新地书房
363		9	论说	《利润向平均利润的转化》	《经济研讨》第 332 号（日本评论社）
364		10	单行本	《经济学批判的方法叙说》	岩波书店
365	1982	10	论说	《〈资本〉注解》论第 41 讲：《借贷资本（上）——利息与企业者利益的利润分歧》（1：借贷资本——流通形态与外在特质。2：信用资本、银行资本、拟制资本）	《经济研讨》第 333 号（日本评论社）
366		11	论说	《〈资本〉注解》论第 42 讲：《借贷资本（下）——利息与企业者利益的利润分歧》[3：再生产（分配）过程中的货币资本积累。4：资本主义发达史中信用的作用——尤其是立足于株式会社制度]	《经济研讨》第 334 号（日本评论社）
367		12	论说	《〈资本〉注解》论第 43 讲：《剩余利润向地租的转化》（上）[1：差额地租的第一形态。2：差额地租的第二形态。3：最劣等地产生的差额地租]	《经济研讨》第 335 号（日本评论社）
368		12	论说	《马克思主义的人格概念——人格的物象化与物象的人格化》	《社会科学研究年报》第 6 号（合同出版）

续表

序号	年份	发表月	种类	文本	出处
369		1	论说	《〈资本〉注解》论第 44 讲：《剩余利润向地租的转化》(下)[4：绝对地租(独占价格)。5：土地价格。6：资本制的地租的发生(论)史]	《经济研讨》第 336 号(日本评论社)
370		1	小论	《产业国家的格言》	《现代的理论》第 186 号(现代的理论社)
371		1	短篇	《上原专录先生著作与资料集》	《中外日报》第 22999 号(中外日报社)
372		2	论说	《〈资本〉注解》论第 45 讲：《收入及其源泉》(上)[1：三位一体范式。2：再生产过程分析的盲点与困难]	《经济研讨》第 337 号(日本评论社)
373		2	讨论	《马克思的问题点》(平田清明、山之内靖、广松涉)	《经济研讨》别册《马克思逝世 100 周年》
374	1983	2	书评	《〈1857—1858 年经济学手稿〉的研究》(新评论，内田弘)	《朝日杂志》第 25 卷第 5 号(朝日新闻社)
375		3	论说	《〈资本〉注解》论第 46 讲·完：《收入及其源泉》(下)[第 3 篇(III：竞争世界中颠倒的假象。IV：《分配及生产诸关系》与《生产方式》。V：诸阶级。后记]	《经济研讨》第 338 号(日本评论社)
376		3	论说	《我所认识的马克思》	《思想》第 705 号"特集：马克思与现代"(岩波书店)
377		3	单行本	《〈资本〉注解》4	日本评论社
378		4	编著	《经济原论——市民社会的经济学批判》	青林书院新社
379		4	短篇	《经济原论——市民社会的经济学批判》前言	青林书院新社
380		4	论说	《经济原论——市民社会的经济学批判》序章《市民社会的经济学批判——围绕其基础视角》	青林书院新社

续表

序号	年份	发表月	种类	文本	出处
381	1983	6	合译	雅克·阿塔利《信息与能源的人间科学——语言与道具》（平田清明、斋藤日出治）	日本评论社
382		8	短篇	《阵雨与雪》	《INTER NOS》第 11 号（三原爱编集发行，个人志）
383		9	讲演	《从马克思出发》	《社会运动》第 42 号（社会运动研究中心）
384		11	学会发言	《马克思〈资本〉概念的再展开——从马克思到〈资本〉》	《马克思——基于形成史的整体把握》（经济学史学会第 47 届全国大会论题，《经济学史学会年报》第 22 号）
385		12	短篇	《教科书〈现代社会〉改订之际写给文部大臣的意见书》	《平田清明教授　京大时代的作品——最终讲演》
386	1984	4	短篇	《逝春》	《INTER NOS》第 13 号（三原爱编集发行）
387		9	论说	L'ORGANISATION DU TRAVAIL DANS LES ENTREPRISES JAPONAISES FACE A LA SOCIÉTÉ INFORMATIQUE	THE KYOTO UNIVESITY ECONOMIC REVIEW. MEMORIES OF THE FACULTY OF ECONOMICS, KYOTO UNIVERSITY, APRIL 1984. VOL. LIV, NO. 1
388		4	论说	《合作工会的本质与历史意义》	《生活合作工会研究：生活问题研究所月报》第 100 号（生活问题研究所）
389		5	短篇	《在巴黎樱花盛开之时》	《中外日报》（中外日报社）
390		6	短篇	《凡尔赛的雨——在狼雨的王宫思玛丽·安托万》	《中外日报》（中外日报社）
391		8	短篇	《春已近》	《INTER NOS》第 14 号（三原爱编集发行）
392		9	短篇	《夏日欢呼的岁月——法国的象征：诺曼底》（上）	《中外日报》（中外日报社）
393		9	短篇	《夏日欢呼的岁月——法国的象征：诺曼底》（下）	《中外日报》（中外日报社）

续表

序号	年份	发表月	种类	文本	出处
394	1984	10	短篇	《勃艮第之旅——夏日欢呼的岁月(第2部)》(上)	《中外日报》(中外日报社)
395		10	短篇	《勃艮第之旅——夏日欢呼的岁月(第2部)》(下)	《中外日报》(中外日报社)
396		12	短篇	《在产业化与信息化之中——巴黎大学的演讲》	《世界》第469号(岩波书店)
397		12	短篇	《宗教与教育——〈私学的自由〉法国的教育问题》	《潮》第308号(潮出版社)
398	1985	2	短篇	《寒假中的巴黎》(上)	《中外日报》(中外日报社)
399		2	短篇	《寒假中的巴黎》(下)	《中外日报》(中外日报社)
400		3	短篇	《塞那河边之所思》	《图书》第427号(岩波书店)
401		4	短篇	《早春的南法国》(上)	《中外日报》(中外日报社)
402		4	短篇	《早春的南法国》(下)	《中外日报》(中外日报社)
403		7	短篇	《布列塔尼之旅——参加日法经济学术研讨会》	《潮》第315号(潮出版社)
404		8	短篇	《比荷卢之夏》(上)	《中外日报》(中外日报社)
405		8	短篇	《比荷卢之夏》(下)	《中外日报》(中外日报社)
406		10	短篇	《比利牛斯山脉之所想》(上)	《中外日报》(中外日报社)
407		11	短篇	《比利牛斯山脉之所想》(下)	《中外日报》(中外日报社)
408		11	短篇	《何时归》	《信浓每日新闻》《琉球新报》,《中国新闻》,《京都新闻》)
409	1986	1	小论	《中国之旅》	《中外日报》(中外日报社)
410		2	小论	《中欧之旅》	《中外日报》(中外日报社)
411		2	作品集	《平田清明教授京大时代的作品——最终讲义》	八木纪一郎编集发行
412		3	小论	《巴黎地铁与友人们》	《京都市政调查会报》第58、59合并号(京都市政调查会)

续表

序号	年份	发表月	种类	文本	出处
413		3	小论	《英国之旅——资本主义母国的惨状》	《中外日报》(中外日报社)
414		3	单行本	《21 世纪的思索——续·转型期的思想》(宫崎义一、平田清明、篠原一、中山茂著)	新地书房
415		3	访谈	《死语百年〈马克思的时代〉》(友情访谈 1)	《中外日报》(中外日报社)
416		3	访谈	《五感结合令〈视觉〉有效化》(友情访谈 2)	《中外日报》(中外日报社)
417		3	小论	《难题堆积成山的法国新政府——保革"共存"的方向》	《中国新闻》(中国新闻社)、《神户新闻》
418		3	访谈	《军人统治的统一战线的大胜利》(友情访谈 3)	《中外日报》(中外日报社)
419		3	访谈	《在时代的变革中看清未来的英杰》(友情访谈 4)	《中外日报》(中外日报社)
420	1986	3	访谈	《首相对战时所学理论的实证》(友情访谈 5)	《中外日报》(中外日报社)
421		4	访谈	《一面之缘录用人材的方式》(友情访谈 6)	《中外日报》(中外日报社)
422		4	访谈	《原一桥大学校长上原专禄〈死者与生者〉》(友情访谈 8)	《中外日报》(中外日报社)
423		5	讲义记录	《新问题〈经济学与历史认识〉——反观研究生活》	《经济研讨》5 月号(日本评论社)
424		5	小论	《重返"繁荣的孤岛"》	《潮》第 325 号(潮出版社)
425		9	论说	《应对国际化的革新——严防议会制民主主义的空洞化的方法》	《经济学人》第 64 卷第 38 号(每日新闻社)
426		9	小论	河上肇(1)——《经济学大纲》(百年的日本人)	《读卖新闻》(读卖新闻社)夕刊
427		9	小论	河上肇(2)——《忧国警世的论文》(百年的日本人)	《读卖新闻》(读卖新闻社)夕刊
428		9	小论	河上肇(3)——《经济学的苦恼》(百年的日本人)	《读卖新闻》(读卖新闻社)夕刊

续表

序号	年份	发表月	种类	文本	出处
429	1986	9	小论	河上肇(4)——《"受刑"的老残者》(百年的日本人)	《读卖新闻》夕刊(读卖新闻社)
430		9	讲演	《构筑新的市民社会》	《社会运动》第 78 号(社会运动研究中心)
431		12	论说	《关于物象化文明的批判——与精神科医生的对话》	《思想》第 750 号(岩波书店)
432	1987	1	论说	《经济表的诸问题》	《经济论丛》第 139 卷第 1 号(菱山泉教授纪念号,京都大学经济学会)
433		2	论说	《国际化社会与异文化的理解》	《神奈川大学评论》创刊号"特集：国际化社会与异文化的理解"(社团法人宫陵会)
434		2	论说	《现代社团主义的诸问题》	《经济贸易研究》第 12、13 号(神奈川大学经济贸易研究所年报)
435		6	单行本	《与异文化的接合》	世界书院
436		6	单行本	《自由时间的序曲》	世界书院
437		8	论说	《现代资本主义的政治经济学》(序章)	《思想》第 758 号(岩波书店)
438		8	小论	《东京、京都与巴黎》(1)某日在教室之外	《京都新闻》(京都新闻社)
439		8	小论	《东京、京都与巴黎》(2)安静的动乱	《京都新闻》(京都新闻社)
440		9	小论	《东京、京都与巴黎》(3)京都,在竹林里	《京都新闻》(京都新闻社)
441		9	小论	《东京、京都与巴黎》(4)假日	《京都新闻》(京都新闻社)
442		9	小论	《东京、京都与巴黎》(5)在某个旅馆街	《京都新闻》(京都新闻社)
443		9	合编	《现代市民社会的回溯》(平田清明、山田锐夫、八木纪一郎等)	昭和堂

续表

序号	年份	发表月	种类	文本	出处
444		9	小论	《现代市民社会的回溯》（其中的《序言》）	昭和堂
445		9	论说	《现代资本主义与市民社会》	昭和堂
446	1987	10	论说	《自主管理与市场的政治经济学——一种方法论的记录》	《商经论丛》第 23 卷第 1 号（神奈川大学经济学会）
447		10	论说	《第四次全国综合开发计划与土地问题——〈地域的时代〉的前提考察》	《自治体研究》季刊第 34 号（神奈川县自治综合研究中心）
448		11	论说	《马克思市民社会概念的再考》	《Crysis》季刊第 32 号（社会评论社）
449		1	论说	《深入草根的国际化——站在异文化对话的最前沿》	《经济学人》第 66 卷第 1 号（每日新闻社）
450		3	论说	《当今的欧洲与日本——巴黎大学讲义》	《地域综合研究》第 15 卷第 2 号（鹿儿岛经济大学地域综合研究所）
451		3	论说	《葛兰西市民社会论的全新解读》	《现代的理论》第 247 号（现代的理论社）
452		3	合编著	《有趣的马克思——解读现代的事典》（饭田桃、伊藤诚、平田清明合编）	有斐阁新书
453	1988	3	小论	《公司是永恒》	《现代的理论》第 247 号（现代的理论社）
454		3	小论	《资本主义带来的矛盾》	《现代的理论》第 247 号（现代的理论社）
455		3	小论	《土地是何人之物》	《现代的理论》第 247 号（现代的理论社）
456		3	小论	《法人资本主义的自主管理化》	《现代的理论》第 247 号（现代的理论社）
457		5	小论	《关于〈诞生〉之所想》	《内田义彦著作集》第 1 卷（岩波书店）
458		6	小论	《电影〈蔷薇的名字〉与政治经济学》	《高等学校社会科学研究》（清水书院）

续表

序号	年份	发表月	种类	文本	出处
459	1988	7	论说	《社会主义的诸问题》	《经济理论学会年报》第 25 集（青木书店）
460		9	论说	《社会性调控的政治经济学》	《思想》第 771 号（岩波书店）
461		1	论说	《葛兰西的市民社会概念》	《葛兰西》（石堂清伦、饭田桃、片桐薰编，社会评论社）
462		1	论说	《市民社会与霸权》	《商经论丛》第 24 卷第 2 号（神奈川大学经济学会）
463		2	论说	《资本与国家——尼科斯·普兰查斯对政治经济学的贡献》	《经济评论》第 38 卷第 2 号（日本评论社）
464		2	访谈	《市民社会的变貌——日本社会的现在与天皇制》（与加藤周一的访谈）	《神奈川大学评论》第 5 号"特集：家族、国家、民族的现在"（社团法人宫陵会）
465	1989	3	论说	L'inforamtisation et ses conséqu ences économiques et sociales: Le secret du succès de l'économie japonaise	Kanagawa Universityt Economic Review（The Kanagawa University Research Institute of Economics and Trade），No. 1
466		3	翻译解说	《技艺》、《费迪南多师赞》、《解说〈技艺〉》、《解说〈费迪南多师赞〉》	《狄德罗著作集》（小场濑卓三、平冈升监修，法政大学出版局）
467		3	讲演	《异文化对话中的积累体制——调控的学际意义》	《横浜五大学联合学会大会报告》
468		4	小论	《在京阪的一幕》	《新评论》第 67 号"特集：追悼佐藤金三郎氏"（新评论社）
469		4	小论	《追悼内田义彦先生》	《周刊读书人》第 1778 号
470		6	书评	《结构与实践》	《新评论》第 69 号（新评论社）
471		7	论说	《关于调控的问题》	《经济评论》第 38 卷第 7 号（日本评论社）
472		8	论说	《脱神话化的法国革命》	季刊《Crysis》第 38 号"特集：《法国大革命、宽政蝦夷暴动 200 年》"（社会评论社）

续表

序号	年份	发表月	种类	文本	出处
473	1989	9	翻译	《从调控的经济学到政治学》(1)阿兰·利比茨	《经济评论》第 38 卷第 9 号（日本评论社）
474		10	翻译	《从调控的经济学到政治学》(2)阿兰·利比茨	《经济评论》第 38 卷第 10 号（日本评论社）
475		10	论说	《异文化的接触与积累体制——调控的学际展开》	《神奈川大学创立 60 周年纪念论文集》（神奈川大学）
476		11	文献介绍	Gianni Vaggi, The Economics of Fran&cceil; Quesnay, Macmillan, 1987, xv+247p.	《经济学史学会年报》第 27 号（经济学史学会）
477		11	小论	《追悼佐藤金三郎氏》	《经济学史学会年报》第 27 号（经济学史学会）
478		11	小论	《追悼经济学者内田义彦——其风格与作品》	《内田义彦著作集》第 10 卷别册《我所认识的内田义彦》（岩波书店）
479		12	论说	《经济学中的人类像》	《大学能教会我们什么》第 4 版（神奈川大学宣传委员会）
480	1990	1	小论	《90 年经济与时代展望：东欧巨变》	《公明新闻》
481		2	讲演录	《从河上肇看战后一代》	《东京河上会会报》第 62 号（东京河上会）
482		3	论说	《调控理论国际学术研讨会：卡迪夫大会的素描》	《经济评论》第 39 卷第 3 号（日本评论社）
483		3	小论	《在日渐稀薄的感悟中所思》	《追悼·内田义彦》（藤原书店）
484		4	小论	《开拓市民社会〈人的时代〉》	《公明》第 339 号
485		4	论说	《弗朗斯瓦·魁奈的生与死》	《图书》第 490 号（岩波书店）
486		4	访谈	《欧洲社会民主主义的未来——市场经济化并非万能》（平田清明、伊藤诚）	《经济学人》第 68 号第 15 号（每日新闻社）
487		4	讲演	《现代资本主义论——潮流与展望》	《社会运动》第 121 号（社会运动研究中心）
488		4	合译	《魁奈经济表——原表》第 3 版（平田清明、井上泰夫合译）	岩波书店

续表

序号	年份	发表月	种类	文本	出处
489		6	合议	《民主集中制是放弃、坚持还是改革》PART 1（平田清明、加藤哲郎、桥本刚、藤井一行）	《窗》第 4 号（窗社）
490		7	访谈	《激变欧洲》（平田清明、佐藤经明）	《经济评论》第 39 卷第 7 号（日本评论社）
491		7	论说	《社会主义与资本主义——市民社会与世界体系的视角》	《神奈川大学评论》第 8 号（神奈川大学宣传委员会）
492		9	论说	《现代资本主义论的诸潮流》	《向现代资本主义论迈进的路标——以鲁道夫·希法亭〈金融资本论〉为基轴》（古泽友吉编著，三岭书房）
493		10	论说	《东欧市民革命的认识论》	《经济评论》第 39 卷第 10 号（日本评论社）
494	1990	10	论说	《作为方法论试金石的日本》	《窗》第 5 号（窗社）
495		10	合议	《民主集中制是放弃、坚持还是改革》PART 2（平田清明、加藤哲郎、桥本刚、藤井一行）	《窗》第 5 号（窗社）
496		11	访谈	《世界政治经济体系的大转换与日本——日本是否能从生产性至上主义中脱离出来》（平田清明、阿兰·利比茨）	《经济学人》第 68 卷第 49 号（每日新闻社）
497		11	论说	《写在松浦要教授学位论文在版之际》	《商学论纂》第 32 卷第 4 号（中央大学商学研究会）
498		12	讲演	《东欧市民革命的现状与展望——如何理解〈新时代〉》	《社会运动》第 120 号（社会运动研究中心）
499		12	采访	《现存的社会主义国与马克思主义的方向》	《时代与私学》第 1 卷第 2 号（时代与私学社）
500	1991	1	采访	《大学与学问——世界认识与自我认识之间》	《时代与私学》第 2 卷第 2 号（时代与私学社）
501		2	小论	《现代经济分析中调控为何必要》	《GRAPHICATION》第 53 号（富士施乐）

续表

序号	年份	发表月	种类	文本	出处
502	1991	2	论说	《东欧市民革命与人权·宗教》	《东洋学术研究》第 30 卷第 1 号"特集《人权、全球主义与宗教》"（东洋哲学研究所）
503		2	小论	《何谓 20 世纪》	《神奈川大学评论》第 9 号（神奈川大学宣传委员会）
504		3	论说	《重农主义与法国革命——革命前夜的经济学家魁奈个人史》	《经济贸易研究》第 17 号（神奈川大学贸易经济研究所）
505		6	小论	《在中国合作校的讲演后记》	《神奈川学园报》第 34 号（神奈川大学）
506		7	小论	《身处世纪的峡谷》	《神奈川大学评论》第 10 号（神奈川大学宣传委员会）
507		10	论说	《社会主义与资本主义——危机与变貌的认识论》	《经济理论学会年报》第 28 集《资本主义与社会主义》（青木书店）
508		12	小论	《社会形成与调控方式》	《BULLETIN》第 14 号（日法经济学会）
509	1992	—	论说	RAPPORT SALARIAL, RAPPORT TRANSAC-TIONNEL ET MODE DE REGULATION：POUR UNE APPROCHE REGU-LATIONNISTE DE L'ECNOMIE JAPONAISE	Mondes en dáveloppement, tome 20, numéro 79/80
510		2	小论	《弗朗斯瓦·魁奈的历史空间》	《图书》第 512 号（岩波书店）
511		2	报告	《现代资本主义与调控》	《社会运动》第 143 号（社会运动研究中心）
512		3	采访	《苏联解体后的社会主义》	《公明》第 362 号（公明党机关纸局）
513		3	论说	《现代日本经济分析的调控——雇佣关系、交易关系与积累体制》	《经济贸易研究》第 18 号（神奈川大学贸易经济研究所）
514		6	论说	《日本经济分析视角的转换——B. 柯利安〈逆转的思考〉》	《经济评论》第 41 卷第 6 号（日本评论社）

续表

序号	年份	发表月	种类	文本	出处
515		7	论说	《马斯特里赫特条约与国民国家的变貌(上)——对欧盟的期待与抵抗》	《经济学人》第70卷第29号(每日新闻社)
516		7	论说	《马斯特里赫特条约与国民国家的变貌(下)——向超国家关系迈进的EC》	《经济学人》第70卷第30号(每日新闻社)
517		8	报告	《现代市民社会与企业国家》	《经济评论》第41卷第8号(日本评论社)
518	1992	10	论说	《严重化的法国政治和市民社会的分裂》	《经济学人》第70卷第44号(每日新闻社)
519		11	短篇	《身边随想——在两个城市之间》	《京大宣传》(京都大学宣传委员会)
520		11	论说	《国家的变貌——地域统合与民族特性(CIE与EU)》	《国家的变貌》(神奈川大学评论编集专门委员会编,御茶水书房)
521		11	报告摘要	《马斯特里赫特条约的特征与展望》	《EC统合与日本的课题》(教育总研公开研究会,国民教育文化综合研究所)
522		1	报告	《最近的欧洲——〈马斯特里赫特条约〉思考》	《东京河上会会报》第65号(东京河上会)
523		3	教材	《新现代社会》(高等学校公民科文部省检定经济教科书)	清水书院
524	1993	6	小论	《学史随想——弗朗斯瓦·魁奈与调节学派——》	《BULLETIN》第15号(日法经济学会)
525		6	小论	《序——在公共中实现自我价值》	《新社会运动的25年》(岩根邦雄,协同图书服务有限公司)
526		7	论说	《神奈川大学课程修订》	《大学与教育》第8号(东海高等教育研究所)
527		9	著作	《市民社会与调控》	岩波书店
528		2	论文	《现代市民社会与企业国家》	御茶水书房
529	1994	2	合著	《现代市民社会与企业国家》(平田清明、加藤哲郎、伊藤正纯、山田锐夫、黑泽惟昭合著)	御茶水书房

续表

序号	年份	发表月	种类	文本	出处
530		3	小论	《生涯学习的基点》	《南风》第 42 号(鹿儿岛经济大学宣传委员会企划宣传室)
531		3	论文	《现存社会主义破坏后的思想状况——历史与道德的和解是否可能》	《立命馆产业社会论集》第 29 卷第 4 号(立命馆大学产业社会学会)
532		3	采访	《区域经济对社会的贡献》	《鹿儿岛新报》(鹿儿岛新报社)
533		3	短篇	《给二十一世纪的寄语》	《神奈川大学评论》第 17 号(神奈川大学宣传委员会)
534		4	采访	《目标综合性大学》(采访鹿儿岛经济大学新任校长平田清明先生)	《南日本新闻》(南日本新闻社)
535		5	短篇	《为自己的时间负责》	《南风》第 43 号(鹿儿岛经济大学宣传委员会企划宣传室)
536		6	短篇	《追悼广松涉先生》	《南日本新闻》(南日本新闻社)
537		7	短篇	《求大同存小异》	《南风》第 44 号(鹿儿岛经济大学宣传委员会企划宣传室)
538	1994	7	短篇	《韧负与卢梭》	《南风》第 44 号(鹿儿岛经济大学宣传委员会企划宣传室)
539		8	短篇	《新图书馆之思——开馆之喜》	《图书馆便笺》第 7 号(鹿儿岛经济大学附属图书馆)
540		8	采访	《关于本地区的经济振兴》(周日特集：平成的经济学之问)	《鹿儿岛新报》(鹿儿岛新报社)
541		10	报告摘要	《魁奈经济表与其理论意义》	《经济学史学会第 58 届大会主题报告摘要》(论题：《魁奈诞生 300 年——经济表的理论的意义与现代的意义》)
542		11	短篇	《最初的财政白皮书——雅克·内克尔〈白书〉与法国革命》	《九州财务》第 59 号(财政部九州财务局)
543		11	短篇	《"强势改革"：亚洲的目标》	《读卖新闻》(读卖新闻社)
544		11	报告摘要	《马克思资本概念的再展开》	《经济学史学会大会报告集》(第 59 届全国大会)

续表

序号	年份	发表月	种类	文本	出处
545	1994	12	访谈	《国破五十年——培育 21 世纪人材》（今村武俊与的访谈）	《鹿儿岛》第 87 号（随笔鹿儿岛社）
546	1995	1	短篇	《18 世纪日本的宝历治水与平田靭负》	《南风》第 47 号（鹿儿岛经济大学宣传委员会企划宣传室）
547		2	短篇	《小发现——本馆所藏〈国富论〉初版》	《图书馆便笺》第 9 号（鹿儿岛经济大学附属图书馆）

索 引

参考文献

1. 《马克思恩格斯选集》第1—4卷，人民出版社1995年版。

2. 《马克思恩格斯全集》第1—50卷，人民出版社1956—1985年版。

3. 《马克思恩格斯文集》第5—7卷，人民出版社2009年版。

4. ［英］米勒、波格丹诺编，邓正来主编：《布莱克维尔政治学百科全书》，中国政法大学出版社1992年版。

5. 马克思：《1844年经济学哲学手稿》，人民出版社2000年版。

6. 马克思：《资本论》第1卷，人民出版社1975年版。

7. 马克思：《资本论》第2卷，人民出版社2004年版。

8. 孙伯鍨：《探索者道路的探索——青年马克思恩格斯哲学思想研究》，南京大学出版社2002年版。

9. 张一兵：《回到马克思——经济学语境中的哲学话语》，江苏人民出版社1999年版。

10. 张一兵：《马克思历史辩证法的主体向度》，南京大学出版社2002年版。

11. 张一兵：《文本学解读语境的历史在场——当代马克思哲学研究的

一种立场》，北京师范大学出版社 2004 年版。

12. 张一兵、胡大平：《西方马克思主义哲学的历史逻辑》，南京大学出版社 2003 年版。

13. 张一兵、周嘉昕：《资本主义理解史——马克思恩格斯资本主义科学批判构架的历史生成》第 1 卷，江苏人民出版社 2009 年版。

14. 唐正东、孙乐强：《资本主义理解史——经济哲学视域中的当代资本主义批判理论》第 4 卷，江苏人民出版社 2009 年版。

15. 唐正东：《从斯密到马克思——经济哲学方法的历史性诠释》，江苏人民出版社 2009 年版。

16. 杜志新、姚顺良主编：《马克思主义原理新编》，南京大学出版社 1988 年版。

17. 刘怀玉：《现代性的平庸与神奇——列斐伏尔日常生活批判哲学的文本学解读》，中央编译出版社 2006 年版。

18. 胡大平：《后革命氛围与全球资本主义——德里克"弹性生产时代的马克思主义"研究》，南京大学出版社 2002 年版。

19. 肖前、李秀林、汪永祥主编：《历史唯物主义原理》，人民出版社 1991 年版。

20. 王浩斌：《市民社会的乌托邦——马克思主义的社会历史哲学阐释》，江苏人民出版社 2011 年版。

21. 俞吾金、陈学明：《国外马克思主义哲学流派新编——西方马克思主义卷》（上、下册），复旦大学出版社 2002 年版。

22. 马长山：《国家、市民社会与法治》，商务印书馆 2002 年版。

23. 俞可平等：《中国公民社会的兴起与治理的变迁》，社会科学文献出版社 2002 年版。

24. 曾枝盛主编：《国外学者对马克思主义若干问题的最新研究》，中国人民大学出版社 2006 年版。

25. 邓正来：《市民社会理论的研究》，中国政法大学出版社 2002 年版。

26. 余源培、荆忠：《寻找新的学苑——经济哲学成为新的学科生长点》，上海社会科学院出版社 2001 年版。

27. 俞吾金：《重新理解马克思——对马克思哲学的基础理论和当代意义的反思》，北京师范大学出版社 2005 年版。

28. 何增科主编：《公民社会与第三部门》，社会科学文献出版社 2000 年版。

29. 袁祖社：《权力与自由——市民社会的人学考察》，中国社会科学出版社 2003 年版。

30. 陈章亮、袁恩桢主编：《哲学与经济学世纪对话——对我国现代化面临矛盾思辩》，中国纺织大学出版社 2001 年版。

31. 余源培、吴晓明主编：《马克思主义哲学经典文本导读》上、下，高等教育出版社 2005 年版。

32. 杨耕：《为马克思辩护——对马克思哲学的一种新解读》，北京师范大学出版社 2004 年版。

33. 吴晓明、王德峰：《马克思的哲学革命及其当代意义——存在论新境域的开启》，人民出版社 2005 年版。

34. ［德］黑格尔：《法哲学原理》，商务印书馆 1982 年版。

35. ［英］亚当·斯密：《国民财富的性质和原因的研究》下卷，商务印书馆 1983 年版。

36. ［德］哈贝马斯：《公共领域的结构转型》，学林出版社 1999 年版。

37. ［英］J. 洛克：《政府论——论政府的真正起源、范围和目的》下篇，商务印书馆 1964 年版。

38. ［意］安东尼奥·葛兰西：《狱中札记》，人民出版社 1983 年版。

39. ［英］J. C. 亚历山大、邓正来编：《国家与市民社会——一种社会理论的研究路径》，中央编译出版社 1999 年版。

40. ［法］弗朗斯瓦·魁奈：《魁奈经济著作选集》，商务印书馆 1979 年版。

41. ［法］皮埃尔·罗桑瓦隆：《乌托邦资本主义——市民观念史》，社会科学文献出版社 2004 年版。

42. ［英］戴维·麦克莱伦：《卡尔·马克思传》，中国人民大学出版社 2005 年版。

43. ［日］广松涉：《唯物史观的原像》，南京大学出版社 2009 年版。

44. ［日］广松涉编注：《文献学语境中的〈德意志意识形态〉》，南京大学出版社 2005 年版。

45. ［日］望月清司：《马克思历史理论的研究》，北京师范大学出版社 2009 年版。

46. ［日］大塚久雄：《共同体的基础理论》，联经出版事业公司 1999 年版。

47. ［德］梅林：《马克思和恩格斯是科学共产主义的创始人》，生活·读书·新知三联书店 1962 年版。

48. ［法］蒲鲁东：《贫困的哲学》，商务印书馆 1998 年版。

49. 殷陆君编译：《人的现代化——心理·思想·态度·行为》，四川人民出版社 1985 年版。

50. Jean L. Cohen、Andrew Arato：*Civil Society and Political Theory*，Cambridge，The MIT Press，1992.

51. Ehrenberg，John，*Civil Society*：*The Critical History of an Idea*，New York University Press，1999.

52. ［日］平田清明：『市民社会と社会主義』，岩波書店 1969 年版。

53. ［日］平田清明：『経済科学の創造──「経済表」とフランス革命』，岩波書店 1965 年版。

54. ［日］平田清明：『経済学と歴史認識』，岩波書店 1971 年版。

55. ［日］平田清明：『経済学批判への方法叙説』，岩波書店 1982 年版。

56. ［日］アラン・トゥレーヌ、平田清明：『ポスト社会主義』，新泉社 1982 年版。

57. ［日］平田清明、山田鋭夫、八木記一郎編：「現代資本主義と市民社会」，『現代市民社会の旋回』，昭和堂 1987 年版。

58. ［日］平田清明：『市民社会とレギュラシオン』，岩波書店 1993 年版。

59. ［日］八木記一郎、大町慎浩編：『市民社会思想の古典と現代─ルソー、ケネー，マルクスと現代市民社会』，有斐閣 1996 年版。

60. ［日］カール・マルクス：『経済学批判』，『マルクス全集』第 10 冊，大镫閣 1923 年版。

61. ［日］カール・マルクス：『フォイエルバッハ論綱』（フォイエルバッハ論），同人社書店 1925 年版。

62. ［日］カール・マルクス：『猶太人問題を論ず』，同人社書店 1925

年版。

63. ［日］カール・マルクス：『経済学批判』，叢文閣 1926 年版。

64. ［日］カール・マルクス：『経済学批判』，『マルクス・エンゲルス全集』第七巻，改造社 1929 年版。

65. ［日］カール・マルクス：『経済学・哲学手稿』，大月書店 1963 年版。

66. Quesnay，F：『ケネー全集』，有斐閣 1952 年版。

67. ［日］アダムスミス：『国富論』（初版），岩波書店 2000 年版。

68. ［日］高島善哉：『経済社会学の根本問題』，『高島善哉著作集』第 2 巻，こぶし書房 1998 年版。

69. ［日］内田義彦：『日本資本主義の思想像』，岩波書店 1967 年版。

70. ［日］望月清司：『マルクス歴史理論の研究』，岩波書店 1973 年版。

71. ［日］平野義太郎：『日本資本主義社会の機構―史的過程よりの究明』，岩波書店 1934 年版。

72. ［日］吉田傑俊：『マルクス思想の現代的可能性 民主主義・市民社会・社会主義』，大月書店 1997 年版。

73. ［日］吉田傑俊：『国家と市民社会の哲学 シリーズ《現代批判の哲学》』，青木書店 2000 年版。

74. ［日］ジョン・エーレンベルク、吉田傑俊：『市民社会論 歴史的・批判的考察 歴史的・批判的考察』，青木書店 2001 年版。

75. ［日］吉田傑俊：『市民社会論―その理論と歴史―』，大月書店 2005 年版。

76. ［日］山田鋭夫：『市民社会論とレギュラシオン・アプローチ――

平田清明先生の学問的軌跡』，見八木紀一郎他編著：『復元する市民論』，日本評論社 1998 年版。

77. ［日］高須賀義博編，『シンポジウム「資本論」成立史—佐藤金三郎を囲んで』，新評論 1989 年版。

78. ［日］M. リーデル、池田貞夫：『ヘーゲルにおける市民社会と国家』，未来社 1985 年版。

79. ［日］ノルベルト・ボッビオ 、小原耕一：『葛兰西思想の再検討 市民社会・政治文化・弁証法』，御茶の水書房 2000 年版。

80. ［日］大塚久雄：『共同体の基礎理論』，岩波現代文庫 1955 年版。

81. ［日］大塚久雄：『資本主義と市民社会』，『宗教改革と近代社会四訂版』，みすず書房 1964 年版。

82. ［日］福富正実：『共同体論争と所有の原理』，未来社 1970 年版。

83. ［日］丸山眞男：『丸山眞男集』第 3 巻，岩波書店 1995 年版。

84. ［日］丸山眞男：『丸山眞男講義録』第 1 冊，東京大学出版社 1998 年版。

85. ［日］丸山眞男：『政治学に於ける国家の概念』（1936），《丸山眞男集 1》，岩波書店 1996 年版。

86. ［日］杉山光信：『戦後日本の「市民社会」』，みすず書房 2001 年版。

87. ［日］田中正司：『市民社会理論の原型』，御茶の水書房 1991 年版。

88. ［日］浜口隆一：『市民社会のデザイン』，而立書房 1998 年版。

89. ［日］田中正司：『市民社会理論と現代 現代の思想課題と近代思想の再解読』，御茶の水書房 1994 年版。

90.［日］佐藤慶幸：『人間社会回復のために 現代市民社会論』，学文社 2008 年版。

91.［日］田村哲樹：『国家・政治・市民社会』，青木書店 2002 年版。

92.［日］今井弘道：『新・市民社会論』，風行社 2001 年版。

93.［日］マイケル・エドワーズ、堀内一史：『《市民社会》とは何か21 世紀のより善い世界を求めて』，麗澤大学出版会、広池学園事業部 2008 年版。

94.［日］宮本憲一：『市民社会の思想』，御茶の水書房 1989 年版。

95.［日］中谷猛、中谷真憲：『市民社会と市場のはざま 公共理念の再生に向けて』，晃洋書房 2004 年版。

96.［日］佐藤和夫：『市民社会の哲学と現代』，青木書店 1984 年版。

97.［日］小柳公洋、桂木健次：『市民社会の思想と運動』，ミネルバ書房 1985 年版。

98.［日］石田雄、姜尚中：『丸山真男と市民社会 転換期の焦点』，世織書房 1997 年版。

99.［日］マイケル・ウォーザー、石田淳：『グローバルな市民社会に向かって』，日本経済評論社 2001 年版。

100.［日］望田幸男、碓井敏正：『グローバリゼーションと市民社会 国民国家は超えられるか』，文理閣 2000 年版。

101.［日］仲正昌樹：『グローバル化する市民社会』，御茶の水書房 2006 年版。

102.［日］マリー・カルドー 、山本武彦：『グローバル市民社会論 戦争へのひとつの回答』，法政大学出版局 2007 年版。

103. ［日］岩崎育夫：『アジアと市民社会 国家と社会の政治力学』，ア
ジア経済研究所 1998 年版。

104. ［日］羅一慶：『日本の市民社会におけるNPOと市民参加』，慶応
義塾大学出版会 2008 年版。

105. ［日］東条由紀彦：『近代・労働・市民社会 近代日本の歴史認
識』，2005 年版。

106. ［日］石塚省二：『〈現在〉市民社会への社会哲学的考察 六つの講
義から日常的ポストモダン状況にある社会を読む』，御茶の水書
房 1995 年版。

107. ［日］松下冽：『途上国社会の現在面目 国家・開発・市民社会』，
法律文化社 2006 年版。

108. ［日］中村浩爾：『民主主義の深化と市民社会　現代日本社会の
民主主義的考察』，文理閣 2005 年版。

109. ［日］ロバート・ペッカネン、佐々田博教：『日本における市民社
会の二重構造/現代世界の市民社会・利益団体研究叢書』，木鐸
社 2008 年版。

110. ［日］岩崎育夫：『アジア政治を見る眼 開発独裁から市民社会
へ』，中央公論新社 2001 年版。

111. ［日］島田誠：『古代ローマの市民社会』，山川出版社 1997 年版。

112. ［日］重田澄男：『資本主義の発見 市民社会と初期マルクス』，御
茶の水書房 1990 年版。

113. ［日］岩井克人 、三浦雅士：『資本主義から市民主義へ 貨幣論 資
本主義論 法人論 信任論 市民社会論 人』，新書館 2006 年版。

114. ［日］ベンジャミン・バーバー 、山口晃：『〈私たち〉の場所 消費
　　　社会から市民社会をとりもどす』，慶応義塾大学出版会 2007
　　　年版。

115. ［日］原田実：『労働の疎外と市民社会 初期マルクス経済学の研
　　　究』，雄山閣 1990 年版。

116. ［日］黒沢惟昭：『人間の疎外と市民社会の覇権』，大月書店 2005
　　　年版。

117. ［日］平田清明、内田义彦等：『地平設定のために・市民社会経
　　　済学批判——所有論としての「資本論」体系』，築摩書房 1970
　　　年版。

118. ［日］新村聡：「戦後日本の社会科学と市民社会論」，『経済科学
　　　通信』（80）1996 年版。

119. ［日］平田清明：「五十年代マルクスの市民社会論——歴史理論
　　　としての商品論の成立——」，経済学史学会編：『資本論の成
　　　立』，岩波書店 1967 年版。

120. ［日］平田清明：「所有論と歴史認識」，『極北の思想』（北海道解
　　　放大学出版会）4 号（廃刊号）。

121. ［日］平田清明：「範疇と日常語——市民社会と唯物史観」，『思
　　　想』No. 526. 1968 年。

122. ［日］平田清明：「マルクスにおける経済学と歴史認識（下の
　　　一）」，『思想』No. 540. 1969 年。

123. ［日］平田清明：「個体的所有概念との出会い——労働と所有の
　　　ディアレクティーク——覚え書」，『思想』1975 年 11 月号。

124. ［日］平田清明：「個体的所有概念との出会い——労働と所有の
ディアレクティーク——覚え書」，『思想』1975 年 12 月号。

125. ［日］望月清司：「マルクス歴史理論の形成——分業論的歴史分
析の展開」，『思想』No. 539. 1996 年 5 月。

126. ［日］大畑裕嗣：『日本における市民社会の理論とイメージ』，社
会学部論叢第 10 巻第 2 号、2000.3〔20〕。

127. 张一兵：《"市民社会"与"人"：一个共时性与历时性向度中的逻
辑悖结——读马克思的〈黑格尔法哲学批判〉》，载《江汉论坛》
1994 年第 5 期。

128. 张一兵、周嘉昕：《市民社会：资本主义发展的自我认识——来自
于马克思主义的一种谱系学分析》，载《南京大学学报（哲学·人
文科学·社会科学)》2009 年第 2 期。

129. 张一兵：《广松涉：日本新马克思主义的奠基者》，载《马克思主
义研究》2009 年第 11 期。

130. 唐正东：《法国调节学派的后马克思主义经济哲学方法》，载《南
京社会科学》2003 年第 12 期。

131. 俞可平：《社会主义市民社会：一个新的研究课题》，载《天津社
会科学》1993 年第 4 期。

132. 俞可平：《马克思的市民社会理论及其历史地位》，载《中国社会
科学》1993 年第 4 期。

133. 俞可平：《中国公民社会：概念、分类与制度环境》，载《中国社
会科学》2006 年第 1 期。

134. 郁建兴：《黑格尔的市民社会理论》，载《人文杂志》2000 年第

3 期。

135. 郁建兴：《社会主义市民社会的当代可能性》，载《文史哲》2003 年第 1 期。

136. 王南湜：《认真对待马克思的"历史科学"概念——关于历史唯物主义理论特征的再理解》，载《哲学研究》2010 年第 1 期。

137. 方朝晖：《市民社会的两个传统及其在现代的汇合》，载《中国社会科学》1994 年第 5 期。

138. 仰海峰：《超越市民社会与国家：从政治解放到社会解放——马克思的国家与市民社会理论探析》，载《东岳论丛》2005 年第 2 期。

139. 韩立新：《〈德意志意识形态〉中的市民社会概念》（上），载《马克思主义与现实》2006 年第 4 期。

140. 韩立新：《马克思历史理论的新解释——关于望月清司〈马克思历史理论的研究〉的译者解说》，载《现代哲学》2009 年第 4 期。

141. 韩立新：《望月清司对马克思市民社会历史理论的研究》，载《南京大学学报（哲学·人文科学·社会科学版)》2009 年第 4 期。

142. 邓正来、景跃进：《建构中国的市民社会》，载《中国社会科学季刊》1992 年总第 1 期。

143. 邓正来：《市民社会与国家知识治理制度的重构——民间传播机制的生长与作用》，载《开放时代》2000 年第 3 期。

144. 邓正来：《关于"国家与市民社会"框架的反思与批判》，载《吉林大学社会科学学报》2006 年第 3 期。

145. 何历宇：《市民社会的演变及基本理念》，载《学术研究》2000 年第 4 期。

146. 肖岁寒：《"市民社会"的历史考察》，载《天津社会科学》1999 年第 3 期。

147. 王代月：《马克思市民社会理论的发现——望月清司马克思市民社会理论研究》，载《国外理论动态》2010 年第 4 期。

148. 王浩斌：《市民社会概念的三个历史阶段》，载《理论探讨》1999 年第 4 期。

149. 袁祖社：《中国的市场化取向改革与"市民社会"公民独立经济人格的模塑》，载《陕西师范大学学报（哲学社会科学版）》2002 年第 6 期。

150. 袁祖社：《中国"市民社会"及其基本价值取向初探》，载《求是学刊》1999 年第 4 期。

151. 谷佃军：《论市民社会在中国的建构问题》，载《理论学刊》2002 年第 5 期。

152. 陈爱萍：《马克思"市民社会"概念的演变》，载《安徽师范大学学报（人文社会科学版)》2005 年第 3 期。

153. 阎月梅：《西方学者杰·亨特谈马克思的市民社会概念发展的三个阶段》，载《国外理论动态》1996 年第 24 期。

154. 林娜：《论马克思"市民社会"理论的定位及超越》，载《东南学术》2004 年第 6 期。

155. 姚尚建：《当代中国市民社会：价值与可能》，载《社会科学辑刊》2005 年第 4 期。

156. 杨仁忠：《市民社会概念的政治哲学解读及其学理价值》，载《理论与现代化》2005 年第 5 期。

157. 胡健、董春诗：《市民社会的概念与特征》，载《西北大学学报（哲学社会科学版）》2005 年第 2 期。

158. 王海军：《当前我国民主政治建设存在的问题及其对策研究》，载《长白学刊》2004 年第 3 期。

159. 王海滨：《精神重建与中国现代性的建构》，载《马克思主义与现实》2015 年第 2 期。

160. ［英］G. 亨特：《马克思的市民社会概念的发展》，载《马克思恩格斯列宁斯大林研究》1996 年第 2 期。

后　记

本书的出版获得了国家社科基金项目"历史唯物主义视阈下日本市民社会派马克思主义及其当代价值研究"（18BZX033）、江苏省社会科学基金项目"战后日本马克思主义市民社会理论及其当代价值研究"（17ZXC001）、江苏省高校哲学社会科学研究项目"日本新马克思主义市民社会理论及其中国语境下的效应研究"（2016SJB720002）、江苏省高校优秀中青年教师和校长境外研修计划资助。

在书稿即将付梓之际，过往的种种仿佛过电影般如数回放。写作的过程的确是个艰苦的历练过程，只有经历过的人才能体味出其中的苦与甜，有太多的感谢想表达，有太多的人想感恩。

首先，我要感谢南京大学。从 1999 年进入南京大学外国语学院至今，断断续续、零零散散已有十九载。在这里，我度过了青涩而美好的大学时代，遇到了睿智而亲切的授业恩师，收获了丰富而珍贵的精神财富，找到了相随一生的人生伴侣，迎来了天使般可爱的快乐宝贝。我很庆幸来到了南京大学，也很感激这里带给我的一切。

南京大学哲学系应该算是我的第二个学习阵地。当快念完日语系的硕士课程时，我对于选择什么专业继续博士阶段的学习很是纠结。我的硕士导师赵仲明先生给了我很多有益的建议和帮助，在他的引领下，我开始慢慢走进哲学的神奇领域。我利用硕士三年级的时间开始了提前一年的随堂听课，主要旁听了张异宾教授的"马克思主义与当代西方社会思潮"和"文献研究与批评"、胡大平教授的"文化研究：基础和视角"等课程。记得张异宾先生在每一节"思潮"课上都会向我们推荐一本书，先生经常会说"这是我今天中午在书店刚读到的一本书，推荐给大家"，这常常让中午时光不知怎样就溜走的我们十分汗颜。在先生的课上，我知晓了居伊·德波的《景观社会》、莫斯的《礼物》、鲍德里亚的《生产之镜》，等等。尽管由于缺乏专业知识的积淀，我在很多文本读罢并没有产生很强的共鸣感，但是一年的听课时光，让我获取了很多先前无从得知的宝贵知识，并学会了利用不同的方法和视角来进行学习研究。钦佩并感叹于先生深刻的思想与渊博的学识的同时，我发现原来哲学的世界并不如想象中般枯燥而单调，相反是一门很睿智的学问。胡大平教授的"文化研究"是一门非常有意思的课程，从文化研究的视角上升到哲学层面，从哲学的维度来看待我们日常生活中的人与物。我至今仍然清楚地记得当时的个案分析有一个对"南京长江大桥"和电影《和你在一起》的文化学研究。作为从事日本文化研究的我而言，如此来理解哲学的确是一个很神奇的视角，充满了吸引力，也更坚定了我从日本语言文学专业转到哲学专业的决心。事实证明，我做了一个非常正确的决定。在哲学系的大家庭里，我遇到了才华横溢、治学严谨的老师们，也遇到了一直给予我无微帮助与鼓励的同学们。

本书稿是以我的博士论文为基础修改拓展而成的，选择日本学者平田清明的市民社会理论研究作为博士论文的主题，是以阅读并翻译完成其刊行于 1969 年的著作《市民社会与社会主义》为契机的。初次接触到这部著作，是在师从张异宾教授之后。先生对这部日本学者的著作显示出浓厚的兴趣，在先生的感染和推荐之下，我开始走近平田清明和他的世界。承蒙先生错爱，我有幸承担了该书的翻译工作。这项翻译工作之责任重大，我在接受任务时已经深切感受到。这是平田清明先生的一部非常重要的代表作，出版时便引起日本学界的热切反响，其学术影响自不用多言，而专业功底并不深厚的我是否能够胜任，是在翻译之初一直徘徊在我脑中的疑问。然而，先生一直给予的鼓励和指导让我坚持到最后。在初稿完成之后，先生从百忙之中抽出保贵的时间为该书作了审订。从发还的稿件中我可以明显地感受到先生进行了逐字逐句的修改。从措辞的推敲到术语的把关，甚至字体、版式等细微之处，都可以看到先生仔细推敲过的痕迹，其严谨的治学态度令人钦佩不已。借此机会，我想向将此翻译重任交付于我、并给予悉心指导的恩师张异宾教授致以深深的谢意。

文本翻译的过程，的确是一个艰辛的历程。为了最大限度地还原平田先生的真意，我翻阅了大量的文献，包括马克思经典文本，以及大量背景材料，在学习中体悟平田先生写下那些文字时的心境。该书大半译稿完成于博士二年级留学日本明治大学期间，明治大学的图书馆成为我的主要工作室。阳光明媚的午后，我坐在靠窗的位子翻译书稿几乎成为几个月来的习惯。我偶尔也会由于必须苦坐桌前翻译著作，无法外出听鸟语闻花香而感到懊恼与沮丧。我记得也曾与指导教授横井胜彦先生谈及此事，先生谈及 20 年前自己海外留学时期也曾经遭遇过同样的事情，当时也是纠结不已；然而，完成译稿那一刻的成就感让所有的艰辛与懊恼统统烟消云散，取而代之的竟然是想再译一本的冲动。当时听先生讲述这段经历时，对翻译时的纠结深有同感，我却无法想象译稿完成时的那种心境。直到译书完成之时，我才终于真正理解了先生的话。的确，抛开外部诱惑静下心来慢慢体会作者的真意，细细推敲作品中的每一段文字，是每位译者所必经的洗礼。

翻译文本是一个艰辛的历练过程，写作书稿也是如斯。译完平田的《市民社会与社会主义》一书，我决定对其各个时期的文本进行一个系统的阅读，以其市民社会理论研究为主题进行博士论文的写作。从论文的资料收集、文本阅读，再到论文撰写，是一段痛苦而艰涩的日子。非科班出身的我开始意识到自己的才疏学浅，缺乏系统的专业知识的积淀，让我的写作尤为困难。国内学界关于平田清明的译本和对其研究相对稀少，也为论文的写作增加了难度，我只能一点一滴从原始文本入手。而为了对平田的思想产生共鸣，恶补专业知识，翻阅马克思、恩格斯经典文本显得极为重要。我花了很长的时间来完成这一系列挑战，很感谢我的恩师张异宾先生，是先生的耐心等待和不断鼓励，让我可以顺利走过这段艰辛却收获丰硕的过程。

借此后记，我想向所有的师长与亲友表达感谢。感谢南京大学外国语学院和哲学系的所有恩师，是你们的悉心教诲和关怀备至，让我体味到了学识的魅力，感受到了大家庭的温暖；在书稿的写作期间，我得到了平田清明先生的弟子野泽敏治教授、内田弘教授、浅井和弘教授等日方诸位学者的大力支持，他们提供了各种文本资料和精神支持；日本明治大学的石井知章教授在我进行文本翻译时花费了大量的时间与我一同推敲译稿中的内容与措词，并提出了很多宝贵的意见；广松涉夫人广松邦子女士、望月清司先生、早稻田大学斋藤纯一教授以及诸多学界前辈在得知我正在进行的研究后，给予了很大的支持和鼓励，在这里一并致以诚挚的谢意。感谢为了本书出版付出辛勤努力的北京师范大学出版社的编辑老师；感谢我的工作单位南京工业大学的所有领导和同僚对我的支持和关心；感谢我的父母家人，你们永远是我最温暖、最贴心的港湾，没有你们一直以来的默默支持和奉献，这部书稿将无从完成；最后的感谢送给我的畅畅宝贝，你是上天赐予我的珍宝，感谢你让我的人生变得如此充实而美妙！

丁瑞媛

2018 年 6 月 19 日于日本早稻田大学

图书在版编目（CIP）数据

共同体、资本家社会与市民社会：平田清明的市民社会理论研究/
丁瑞媛著. —北京：北京师范大学出版社，2018.8
（当代国外马克思主义哲学研究丛书）
ISBN 978-7-303-22162-2

Ⅰ.①共…　Ⅱ.①丁…　Ⅲ.①市民-城市社会学-研究-日本-现代
Ⅳ.①C912.81

中国版本图书馆 CIP 数据核字（2017）第 035667 号

营 销 中 心 电 话　010-58805072　58807651
北师大出版社高等教育与学术著作分社　http://xueda.bnup.com

GONGTONGTI ZIBENJIASHEHUI YU SHIMINSHEHUI

出版发行：北京师范大学出版社　www.bnup.com
　　　　　北京市海淀区新街口外大街 19 号
　　　　　邮政编码：100875
印　　刷：北京盛通印刷股份有限公司
经　　销：全国新华书店
开　　本：710 mm×1000 mm　1/16
印　　张：24.25
字　　数：300 千字
版　　次：2018 年 8 月第 1 版
印　　次：2018 年 8 月第 1 次印刷
定　　价：75.00 元

策划编辑：饶　涛　　　责任编辑：张　爽
美术编辑：王齐云　　　装帧设计：王齐云
责任校对：陈　民　　　责任印制：马　洁